HEROÍNAS DESTA HISTÓRIA

Mulheres em busca de justiça por familiares mortos pela ditadura

Carla Borges | Tatiana Merlino (Orgs.)

instituto vladimir herzog

autêntica

ELIZA
BETH
TEIXE
IRA

DAM
ARIS
LUCE
NA

MAR
IAJO
SÉAR
AÚJO

ILDA
MARTI
NSDA
SILVA

ANGE
LA
MEN
DES

ELZI
TASA
NTA
CRUZ

DIAN
APILÓ
DEOLI
VEIRA

HEROÍNAS DESTA HISTÓRIA

CARO
LINA
REW
APTU

EUN
ICE
PA
IVA

MA
RLI
PERE
IRA

CLA
RA
CHA
RF

CRIM
EIA
DEAL
MEIDA

CLA
RICE
HER
ZOG

EGLE
VAN
NUC
CHI

ANA
DIAS

RIM MAR ILD DA
IAD IAJO AMA AR
ALM SÉAR RTI LUC
IDA AÚJO NS NA
IAN EUN ANGE CLA
PILÓ ICE LA RIC
EOLI PA MEN HE
EIRA IVA DES ZOO
LZI MA CARO EGL
ASA RLI LINA VA
TA PERE REW NU
RUZ IRA ARTU CH

PREFÁCIO

Mães coragem

Maria Rita Kehl

A dinâmica da vida social exige que as práticas de linguagem se renovem continuamente. Novas invenções, novos estilos artísticos, novas práticas sociais exigem novas nomeações. Algumas nascem como gírias e se incorporam ao repertório cotidiano. Outras nascem eruditas, mas o povo se apropria delas e exige que saiam do panteão. No entanto, alguns fenômenos existentes no mundo são impronunciáveis. Talvez pelo horror que evocam, permanecem num estado de exceção em que não podem ser nomeados.

Esse é o caso de mães e pais que perdem seus filhos. Qual o nome disso? Quem perde os pais é órfão ou órfã. Quem perde o cônjuge é viúvo ou viúva. Mas a perda de um filho não se chama nada. É algo que não deveria acontecer. Evoca uma dor única, impossível de se transmitir com precisão a quem nunca a sentiu. A perda de um filho ou uma filha desafia a ordem natural – muito anterior à ordem social – da vida.

Que dizer, então, das mães de filhos assassinados? "Mães de Maio" é como se autodenomina o grupo de mulheres cujos filhos foram executados em uma ação policial em São Paulo e Santos em 2006. São "Mães de Maio" desde então, e continuarão sendo até morrer, a indicar a impossibilidade de se encerrar um luto como esse.

Assim aconteceu com dona Elzita Santa Cruz, mãe do militante político Fernando Santa Cruz, desaparecido em fevereiro de 1974 aos 26 anos. Durante quatro décadas, dona Elzita nunca usou luto, porque esperou pela volta do filho. Trocou o luto pela luta: politizou-se. Dos agentes da repressão, dizia que "eram monstros que matavam jovens idealistas". Quando a filha, Rosalina, também foi presa, dona Elzita não a aconselhou a delatar os companheiros para amenizar a fúria dos torturadores: "Quer que eu diga para minha filha ser dedo-duro?". Perto da morte, aos 105 anos, ainda insistia em pelo menos saber as circunstâncias do desaparecimento de Fernando. A Comissão Nacional da Verdade não conseguiu apurar todas as circunstâncias, mas reconheceu que o Estado brasileiro cometeu crimes de lesa-humanidade, como a tortura e o desaparecimento de corpos. Dona Elzita, entretanto, morreu sem saber o que fizeram com o filho. É preciso, agora, que se faça Justiça.

Fruto de uma experiência de vida radicalmente diferente, a luta de Carolina Rewaptu, da terra indígena Xavante Marãiwatsédé, no Mato Grosso, tem conquistado importantes frutos. Na redemocratização do Brasil, seu povo obteve a demarcação de suas terras, embora em uma área muito menor do que o território original. No período da ditadura a Terra Indígena Marãiwatsédé teve parte de seu território "doada" a apoiadores do regime – às famílias Ometto e Da Riva, por exemplo. Os Xavante, até então isolados, foram levados à força em aviões da Força Aérea Brasileira para longe de suas terras. "Separaram famílias", conta Carolina. "Levaram crianças para viver em internatos...". Vale observar a hipocrisia de setores da elite que marcharam, contra o governo Goulart, "com Deus e pela família" – e não tiveram nenhum pudor em destruir as famílias de seus opositores. As terras demarcadas com muito custo agora estão sob as ameaças do governo Bolsonaro – de volta à velha prática de oferecer território em troca de apoio político. Carolina nasceu em 1960, quando os Xavante de Marãiwatsédé ainda eram isolados. Hoje, ela continua a lutar, como cacica de sua aldeia e líder de uma rede de mulheres coletoras de sementes do Xingu. Replantar para não deixar destruir. Replantar para reflorestar.

Muito longe da aldeia de Carolina, se encontra o bairro de Santo Amaro, na Zona Sul de São Paulo, onde, em 1979, durante uma greve, a Polícia Militar assassinou o operário Santo Dias e tentou fazer seu corpo desaparecer. Foi a coragem de Ana Dias, viúva de Santo, que impediu que isso acontecesse. Superado o trauma, Ana continuou na luta: "Acharam que iam matar e acabar com a greve. A luta só aumentou". "Por causa dela, o corpo de nosso pai não desapareceu", disse o filho de Ana e Santo. "Fui mais teimosa do que tudo", disse Ana, que,

Minutos depois, apresentaram-se 27 soldados. Ela identificou três envolvidos no primeiro sequestro de seu irmão, em setembro. Um dos acusados, ao saber da identificação, disse em voz alta: "Ela não sabe o que está dizendo".

Em 31 de outubro, avaliou outros 69 policiais e identificou mais três. No dia 1º de novembro, entre 58 policiais, apontou outros três. De todos, a maioria esteve em sua casa na primeira invasão. Apenas um, Jorge Alves dos Santos, foi indicado como participante na noite da morte de Paulo. Bastou.

Dias depois, a casa onde ela e o irmão moravam foi incendiada. Por medo de represálias, ela nem havia voltado, não morava mais lá. Após o assassinato de Paulo, Marli e sua mãe, dona do terreno, nunca mais pisaram na Vila Paulina. Tudo queimou, inclusive as provas de uma perícia nunca feita.

Ainda em novembro, seu Paulo, o pai, escreveu uma carta para o então presidente da República, o ditador João Figueiredo, pedindo justiça. "Eu acreditei, confiei. Tolinha, né?", ri. "Eu pensei: 'vai chegar uma pessoa que estava falada, a carta de uma pessoa para o presidente da República pedindo auxílio, vou ser atendida, né?'. Só que não." Ao contrário da expectativa dos dois, a virada do ano veio sem resposta.

Perguntei se ela considerou que o Brasil vivia em plena ditadura civil-militar. "Eu nem entendia. Tipo assim, não tinha essa noção. Hoje em dia se tem mais acesso a informação, mas 40 anos atrás era mais difícil. Sabia que seria um combate, mas eu e meu pai não sabíamos o que estava acontecendo. Corremos risco várias vezes, queríamos mesmo era justiça. Se eu tivesse a dimensão do que foi a ditadura, talvez não tomaria a atitude que tomei", disse.

A ditadura sempre soube quem ela era

Morar fora da Zona Sul do Rio de Janeiro não foi uma escolha da família Soares. Iara Gonzaga deu à luz Marli Pereira Soares no Hospital Municipal Miguel Couto, no Leblon, no dia 25 de outubro de 1954. Ela e o marido, Paulo Pereira Soares, saíram da maternidade e foram para casa, que ficava na favela da Praia do Pinto, uma das maiores na época, enraizada em uma das regiões mais valorizada da cidade. Seis anos depois, veio Paulo Pereira Soares Filho. "Éramos os únicos filhos do mesmo pai e da mesma mãe. A gente era assim ó, muito unidos", relembra.

A separação dos pais aconteceu ainda na infância. A mãe trabalhava como empregada doméstica, e o pai era feirante. Por isso, as crianças foram criadas um pouco com cada, incluindo avós e tias. "Quando eu chegava da escola, se eu tivesse uma borracha, um lápis, tinha que saber quem foi que deu. [...] Todos que me criaram era com aquele ritmo certinho, como deveria ser", diz orgulhosa. Paulo também recebeu os cuidados da irmã mais velha. Juntos, cultivaram um elo para além da vida-morte.

Durante uma madrugada em maio de 1969, um incêndio aniquilou parte significativa da favela Praia do Pinto. A causa nunca foi confirmada, mas "aquilo foi fogo botado", assegura Marli, com a firmeza de sempre.

Em 1969, pelo menos 15 mil pessoas ainda viviam na Praia do Pinto. Mas a cor, os traços e a presença dessa população contrastavam com os planos dos dirigentes locais para o Leblon. A remoção de favelas foi uma das políticas do Governo Militar, e a Zona Sul, como de costume, teve prioridade. Uma enchente violenta que, em 1966, deixou 250 mortos e mais de 50 mil desabrigados na cidade maravilhosa, serviu de muleta para a continuidade do plano de remoção dos moradores das favelas, intensificado pelo governador do estado da Guanabara Carlos Lacerda (1960-1965) e sucedido por Francisco Negrão de Lima (1965-1971). Nesse processo, articulações locais de resistência foram dissolvidas e lideranças foram presas de maneira arbitrária, como conta a história da Federação das Associações de Favelas do Estado da Guanabara (FAFEG), fundada em 1963.

Durante uma madrugada em maio de 1969, um incêndio aniquilou parte significativa da favela Praia do Pinto. A causa nunca foi confirmada, mas "aquilo foi fogo botado", assegura Marli, com a firmeza de sempre.

Aos 15 anos, trabalhando como empregada doméstica desde os 11, ela havia saído dali e vivia seu primeiro casamento em Niterói. Mas dona Iara, sua mãe, estava entre as milhares de pessoas que sobreviveram com a roupa do corpo.

No lugar, levantou-se o condomínio Selva de Pedra, que até hoje é habitado pela classe média carioca. Os moradores e as moradoras foram removidos para regiões como a Cidade Alta, Cidade de Deus, Cordovil... Foi assim que os familiares de Marli se espalharam. Longe o suficiente do lado Sul do mapa.

"Não perdi, por enquanto, a coragem"

O ano novo chegou, era 1980. "Alô Marli, onde você estiver, ligue imediatamente para o delegado Chaim. É assunto do seu interesse." Anunciado numa rádio carioca, o recado foi mencionado pelo jornal *O Globo*, dia 9 de abril, em notícia que relatava mais um reconhecimento. Desta vez, 157 soldados, entre cabos, sargentos e tenentes, ficaram cara a cara com ela no pátio da 54ª DP. "A empregada doméstica Marli Pereira olhou atentamente para cada um, mas não reconheceu nenhum deles", diz o texto da matéria.

Na foto mais emblemática do Caso Marli, como ficou conhecido, ela aparece de calça jeans, camisa de malha branca estampada e sapatos de salto alto caminhando no pátio da delegacia, a única mulher entre homens e mais homens. "Uma loucura. Como uma mulher ia encarar, sozinha, um batalhão inteiro da Baixada Fluminense? Sem o apoio de um movimento social, nada, sem apoio nenhum. Naquele momento da história do Rio de Janeiro, se hoje é milícia, antes era grupo de extermínio. Esses grupos eram fortes. Fortes mesmo. Principalmente na Baixada Fluminense. Esse era o enfrentamento que ela estava fazendo", diz o amigo e jornalista Almir Paulo.

O relatório final da Comissão Estadual da Verdade do Rio de Janeiro (2015) aponta um aumento da repressão policial nos territórios de periferia do Brasil durante o período ditatorial. Os esquadrões da morte, grupos paramilitares surgidos no final dos anos 1950, no Rio, com o intuito de "fazer justiça com as próprias mãos", se multiplicaram de forma ainda mais escrachada e com maior respaldo e conivência do estado após o golpe de 1964.

O cansaço e a frustração já machucavam bastante. Até aquela altura, os policiais identificados logo da primeira vez em que visitou o 20º BPM não tinham se apresentado em nenhum dos grupos. O coronel Cecílio Mendes afirmou ter enviado os mesmos policiais à delegacia mais de uma vez. "Sabe quando o quartel vai mandar para cá os matadores de Paulo? Nunca!", declarou ao jornal.

Em outra fala publicada na época, ela disse: "Tenho um compromisso com a minha consciência e com a justiça. Estou decepcionada com a polícia há seis meses. A todo instante sinto que serei agredida por alguém e que há um PM atrás de mim me perseguindo. Perdi meu irmão, minha casa, minha tranquilidade, mas não perdi, por enquanto, a coragem".

Marli perdeu o emprego e, por consequência, o abrigo que havia conseguido na casa da patroa desde que deixou a Vila Paulina. Sofreu ameaças de morte, coação e agressões verbais. Na delegacia ouvia, por exemplo, que era "comparsa do irmão", "uma vagabunda". Evitava pegar ônibus e até mesmo visitar parentes. As pessoas começaram a ter medo de estar perto dela, de se vincular de alguma forma e correr riscos. "Tive dias de não ter por onde me esconder. De estar correndo de tudo e me esconder até dentro de cemitério. Passei muita dificuldade, muita mesmo. Não tenho nem conta de quantas vezes precisei me mudar. Ninguém queria saber de ficar muito perto de Marli não, a não ser o repórter, porque é a profissão", conta.

Com a repercussão, e por intermédio de jornalistas, o advogado Luís da Rocha Braz passou a acompanhar o caso. A juíza Anna Maria Faber, substituta na 4ª Vara Criminal de Nova Iguaçu, exigiu que os soldados faltantes do BPM fossem submetidos ao reconhecimento da irmã da vítima, inclusive aos sábados e domingos. Os prazos continuaram sendo adiados, desrespeitados. O sistema de justiça mostrou-se um tortuoso zigue-zague para Marli e o pai, um quebra-cabeças com peças ausentes. Ainda quando as sessões de reconhecimento aconteciam, eles eram avisados de última hora. Foi aí que a justiça começou a ruir, causar perda de peso, de emprego, de esperança.

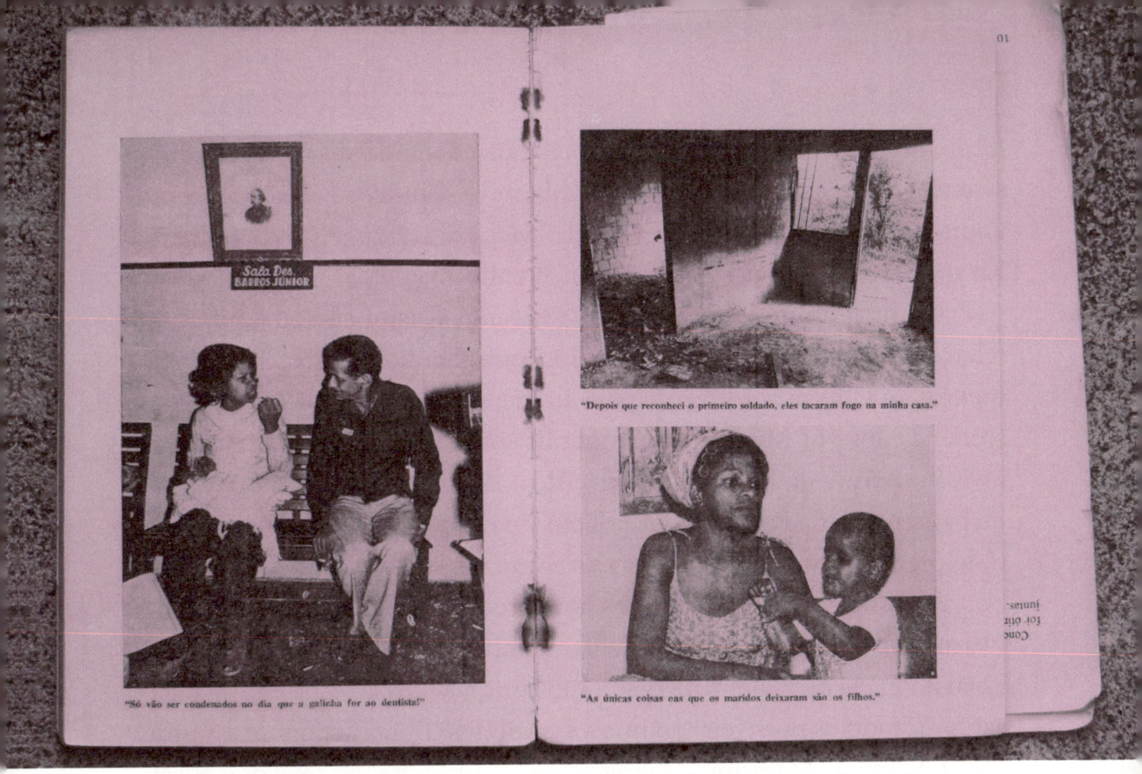

^ O livro *Marli mulher* registra a cronologia do Caso Marli. Nas fotos, Marli com Angelo no colo e ao lado do pai, Paulo Soares; a casa incendiada em Belford Roxo e com o filho Sandro. Crédito: Carolina Vilaverde, 2019

Paulo Soares estava com dois aluguéis atrasados, seis quilos mais magro e assustado com a possibilidade de machucarem a ele ou a filha. Não via a hora de vê-la em segurança com os netos. "Está difícil continuar, minha cabeça parece que está oca. Sou o chefe de família de 13 pessoas e não tenho podido trabalhar porque tenho que ficar à disposição o dia inteiro. Já soube até que estavam armando para me matar. Tenho certeza, e digo isso para o delegado e para a juíza, se não fosse a imprensa acompanhando o caso, eu já estaria morto e minha filha também", disse ao *O Globo* em 27 de abril.

"Meu pai praticamente largou tudo", diz Marli. "Tanto que tem a foto dele comigo na delegacia. Todo mundo teve medo, ele não. Meu pai me dizia: 'Se tiver que morrer, eu vou morrer junto'. No quartel da Polícia Militar, na época, era aquela guerra de nervos, aquele terror psicológico. Então, tipo assim, podia acontecer um disparo pro alto, algum 'acidente'. E ele me defendia, botava mesmo o corpo dele na frente do meu", lembra Marli, emocionada. Falando do pai, seus olhos se enchem de lágrimas. Levanta a cabeça buscando o céu e, quando a endireita, molhar o rosto é inevitável. "Meu pai... era meu companheiro. Eu sinto muita, muita saudade do meu pai", diz.

No final do mês de abril de 1980, Amin Chaim enviou à juíza um relatório no qual acusava o coronel Cecílio de dificultar os reconhecimentos. Solicitava autorização para ao menos enquadrar os sete policiais reconhecidos por Marli no ano anterior como participantes da primeira invasão, pois nada havia sido feito. Além disso, denunciou o diretor do Departamento de Polícia Metropolitana, o delegado Heraldo Gomes, por tê-lo pressionado para um desvio no rumo nas investigações.

A resposta foi ligeira, mas na direção contrária: o diretor do Departamento Geral da Polícia Civil transferiu Chaim para a Corregedoria. Logo no início de maio, o delegado substituto, Milton Costa, emitiu parecer indicando os possíveis criminosos apenas 48 horas depois de assumir. Em 9 de maio, Marli foi à delegacia e pela primeira vez teve que entrar sozinha na sala de reconhecimento, sem advogado nem jornalista. Mais tarde, ela contou que foi coagida a assinar o documento que afirmava a identificação dos supostos culpados.

Três homens foram indiciados: dois seguranças e um mecânico. O único policial responsabilizado foi Jairo Pedro Santos Filho, aquele que Marli avistara no quartel pouco depois do crime. Em 12 de maio, o juiz da 4ª Vara Criminal de Nova Iguaçu, de volta das férias, decretou prisão preventiva dos quatro e de mais um, supostamente delatado pelos demais, que estava até então internado no Hospital Psiquiátrico Pedro II, no Engenho de Dentro.

Dias depois, Jairo declarou ter sido o único matador de Paulo. No mesmo período, o então Ministro da Comunicação Social, Said Farhat, disse à imprensa que "o presidente Figueiredo está acompanhando com grande interesse as investigações sobre o Caso Marli e quer uma justiça que beneficie não só os ricos, mas que se estenda a todos, particularmente aos pobres". Em resposta, o assessor de comunicação da Secretaria de Segurança, o delegado Edgar Façanha, afirmou que "a justiça foi feita". Caso encaminhado. Mas era começo de junho quando os três civis, após a prisão preventiva, se disseram vítimas de ameaça e coerção para confessarem o crime.

No meio disso tudo, com uma história ainda hoje difícil de costurar, o único fio firme era Marli.

Havia uma ansiedade para tudo passar logo

A essa altura, Marli estava grávida de oito meses de Ângelo Luis, seu último filho, que nasceu com hidrocefalia. Enquanto Valciléia e Alexandre continuaram sob os cuidados da avó paterna, Sandro e Anderson foram para um orfanato. Entre todas as tarefas que esse momento exigia dela, a instabilidade financeira e o medo de deixá-los sozinhos por muito tempo, o abrigo foi a única saída. Para os cuidados com o caçula, contou com grande apoio da mãe, dona Iara.

Aos jornais, disse esperar ter a compreensão das crianças no futuro. Em 2019, quando ocorrem nossas entrevistas, conta que não sabe precisar quanto tempo ficaram separados. Foi o suficiente para fazê-la ficar sem ar, palavras e tranquilidade só de pensar. Sandro, o menino que presenciou explicitamente a violência sofrida pelo tio, mostrou sinais de abalo psicológico logo em seguida. Passou a se isolar e chorava constantemente.

"Porque orfanato é pra quem não tem pai e nem mãe. Filho é pra ficar perto da mãe. Mas eu ia fazer o quê?"

"O que eu mais me ressinto é do fato de ter deixado eles no orfanato... Sinto muito, muito mesmo", diz Marli, enquanto seus olhos encontram as águas mais uma vez. "Porque orfanato é pra quem não tem pai e nem mãe. Filho é pra ficar perto da mãe. Mas eu ia fazer o quê?"

Havia uma ansiedade para tudo passar logo. Para as coisas se resolverem, para sua vida voltar aos trilhos. Mas a espera parecia não ter fim.

O número de casos de violência na Baixada Fluminense continuava alto e as resoluções, praticamente nulas. De acordo com notícia publicada no jornal *O Globo* em 1981, só entre 1976 e 1978, antes mesmo do caso do Paulo, a média era de 1.800 assassinatos por ano. Em Nova Iguaçu, por exemplo, a polícia e a justiça deixaram de apurar homicídios ocorridos até 1976 no município. Mais de 800 inquéritos foram arquivados. O motivo: os autores dos crimes continuavam desconhecidos. Muitas das vítimas foram enterradas como indigentes no cemitério de Marapicu, também conhecido como "o cemitério do Esquadrão da Morte". O caso de Paulo foi citado nessa reportagem como um dos "mais de 12 mil homicídios à espera de julgamento" na Baixada.

Quem aguardava, nesse caso, eram Marli, seus pais, a sobrinha nascida meses depois do assassinato e o sobrinho mais novo, hoje adulto. Enquanto a espera não findava, as jornalistas Maria Alice Rocha e Maria Teresa Moraes a entrevistaram e lançaram o livro *Marli mulher*, editado, traduzido e publicado também na França.

No mesmo ano, a dupla Ivan Lins e Vitor Martins homenagearam Marli com uma música. A letra de "Coragem, mulher" (1980) diz assim:

Essa firmeza nos teus gestos delicados
Essa certeza desse olhar lacrimejado
Haja virtude, haja fé, haja saúde
Pra te manter tão decidida assim

Que segurança pra dobrar tanta arrogância
Que petulância de ainda crer numa esperança
Quem é o guia que ilumina os teus dias?
E que te faz tão meiga e forte assim

Coragem, coragem, coragem, mulher
Coragem, coragem, coragem, mulher

Como te atreves a mostrar tanta decência?
De onde vem tanta ternura e paciência?
Qual teu segredo, teu mistério, teu bruxedo
Pra te manter em pé até o fim?

Os artistas usaram a arrecadação dos direitos autorais da música e doaram à Marli, com um total de 100 mil cruzeiros, conforme matéria do jornal *O Globo*, de 1982. "Com esse dinheiro, comprei minha primeira triagem", lembrou. Triagens eram casas provisórias com quarto, cozinha e banheiro num cômodo só, parecidas a vagões de trem. "Dei um basta. Foi quando eu me estabilizei onde eu moro, que não é nesta

^ Marli encara batalhão da PM em mais uma tentativa de reconhecimento dos responsáveis pelo assassinato de seu irmão. Crédito: Alberto Jacob/Agência O Globo, 1979

casa, mas é no mesmo bairro. Eu falei: 'Agora chega. O que tiver de ser vai ser, não vou me esconder mais em lugar nenhum'. Continuei com medo, mas falei: 'Tá na mão de Deus'. Embora eu não viva dentro da igreja, sou católica, tenho uma fé incrível e várias coisas vêm da minha humilde fé".

Marli morreu

O primeiro trabalho com carteira assinada veio em 1982, como empregada doméstica. A partir de então, já não queria visibilidade. Cansou. Marli desejava pegar ônibus em paz, ver carros passando por ela sem sentir medo, estar com os filhos. Com o desenrolar da história, grande parte dos policiais acusados por ela nem foram julgados.

Aos convites para palestrar, gravar depoimentos ou conceder entrevistas a resposta passou a ser sempre "não". Para quem a reconhecesse na rua, dizia não ser quem é. Para a imprensa, quando procurada, dizia ter morrido. Foi o que ela disse à jornalista do jornal *O Globo* em 1988. "Escreve aí, Marli morreu".

Com seu pedido atendido, a notícia foi publicada e contou que o principal acusado, o PM Jairo, foi absolvido em abril de 1986. Ao saber disso, o jornalista e escritor Antonio Callado escreveu um artigo intitulado "Protegei Marli", demonstrando preocupação por sua vida. Em agosto de 1987, ela conseguiu uma vaga como secretária no então Conselho de Justiça, Segurança Pública, Direitos Humanos e Defesa das Vítimas de Delito, durante a gestão do governador Leonel Brizola. O título da matéria foi: "Marli garante, Marli morreu".

Até hoje a chamam de Marli Mulher, principalmente as pessoas mais velhas, em alusão ao livro publicado sobre ela. "Mas teve um tempo que eu comecei: 'Ah, Marli Mulher morreu!'", lembra. Ela desempenhou um papel ativo e deliberado no seu próprio desaparecimento público e político. Foi uma decisão consciente. "Precisei matar a Marli para viver, como se a criminosa fosse eu. Pensei que, vivendo no anonimato, correria menos risco. Agora eu não sei nem se eles estão vivos, quem ficou preso ou quem não ficou, porque eu larguei mesmo pra lá de vez."

A história se repete

Bastou a pergunta sobre a morte do seu filho, Sandro Luiz, aos 15 anos, e as águas voltaram aos seus olhos. Desta vez, de forma arrebatadora. De todas as lágrimas, silêncios e alguns sorrisos tristes colhidos até ali, nada pareceu tão dolorido. Marli desabou, seu corpo não resistiu voltar a esse episódio. O gravador foi interrompido e o assunto só ressurgiu na segunda entrevista.

Era 1993. "Eu estava cozinhando, tinha feito salsicha. E aí uma vizinha veio me dizer que eu deveria ir com ela. Eu disse que não, estava ocupada. Ela insistiu e, por fim, acabou me convencendo. Lá estava o corpo do meu filho, e de mais dois meninos. Eu vi de longe o *shorts* que ele tinha saído de casa. Depois, eu fiz o reconhecimento do corpo. Hoje ele teria 41 anos. Eu não tive coragem de, naquela época, fazer a mesma coisa que fiz pelo Paulo. Eu sabia que não ia dar em nada, não queria colocar ninguém em risco", conta, como se os dedos tocassem neste dia da forma mais cuidadosa possível, com pavor de ultrapassar a superfície da memória.

"Depois da morte do meu filho, eu me isolei mesmo, de fato", diz a mãe. Ele foi assassinado por policiais uma semana antes do Carnaval. Ela, que já tinha sido a Marli que desfilava, parou. "Eu estava com a fantasia pronta. Todos me falaram para ir desfilar, mas não fui. E nunca mais fui", afirma. As lembranças do filho ficam ainda mais vivas em junho, mês do aniversário dele e das festas juninas às quais gostavam de ir juntos.

Sem exigir respostas da polícia, da justiça, da lei, a mãe decidiu deixar seus pés e o coração longe das delegacias. Os anos se passaram assim, impunes. "Eu só fui chamada a prestar depoimento da morte do meu filho 13 anos depois", diz. "Treze anos depois", repetiu, ainda descrente. "Recebi a intimação e fui ao Fórum. Entrei em uma sala, tinha um monte de policiais. Falei que eu não queria mais saber. Por mim podia arquivar, eu já estava muito sofrida. Não tinha como fazer reconhecimento, não assisti a morte do meu filho", conta com a voz trêmula.

Quem estava ao seu lado no caso do Paulo foi o pai. Nos últimos anos, o fiel parceiro tem sido Anderson, seu filho mais próximo. "Ele me acompanha em tudo, tudo mesmo, nas coisas boas e ruins", reforça. Chegando ao Fórum, ela encontrou um jovem que depois soube ter sido um sobrevivente do caso. "Ele estava sozinho e quando o abordei, me disse que estava enganada. Ficou assustado, não queria se identificar. É um menino preto, pobre", diz, mostrando não se surpreender com a semelhança entre eles. "A gente [que é preto e pobre] fica desprotegido. Porque o rico, as pessoas com condições, normalmente vão com advogado, mas não foi o caso. Eu me senti acuada e apavorada. Se eu não tive condições antes, depois de treze anos..."

"O coração não esquece"

Ela não teve tempo para o luto, nenhum deles. "O luto a gente carrega pra vida inteira. É pra vida inteira", sorri. "Tem uma saudade que não passa", traduz. Outras despedidas vieram depois. Seu pai faleceu oito anos depois do assassinato do filho. Foi atropelado aos 58 anos.

A mãe foi mais tarde. Ainda passaram por outros desafios juntas, como a enchente de 1996. Dezenas de pessoas perderam a vida, e milhares de outras perderam suas casas. Marli e a família ficaram bem, mas muito escoou: fotos, documentos, a cópia da carta enviada ao presidente da República e até umbigo de criança que guardava de lembrança. Dona Iara faleceu aos 79, após muitos infartos e acidentes vasculares cerebrais. Tudo isso foi amontoando solidões ao redor de Marli.

"Feliz, feliz, a pessoa que perde, que luta, não adianta... Por mais que esteja sorrindo, sempre tem uma ponta de tristeza. Por isso eu corri muito tempo, porque essas coisas mexem com o meu interior, mexem com o meu emocional", diz com a voz embargada. "Se eu pudesse ir pra um lugar onde ninguém me conhecesse, que eu pudesse viver outra vida, esquecer do passado... Mas é difícil. Podia até acontecer, mas o coração não esquece."

E o corpo registra. Diagnosticada com micose fungoide, forma rara de linfoma cutâneo que afeta primariamente a pele, anos atrás uma médica perguntou se ela tinha sofrido algum impacto emocional forte nos últimos 20 anos.

"Depois de tudo, tudo, eu quis viver"

Aos 65 anos, no momento em que conversamos, Marli tem se permitido viajar. "Já estou na terceira idade", diz. "Então quero mais é viver. O que eu não conheci a vida toda, não vivi a vida toda, estou fazendo agora. É maravilhoso! Lógico, eu compro as passagens no boleto, porque não tenho cartão. E as pousadas, a gente paga tudo dividido", conta animada.

Foi em 2018 a primeira vez que Marli viajou para outro estado com a intenção única de se divertir. Desde criança, o lazer nunca foi acessível. Enquanto eu a ouvia contar do sonho de ser só uma turista dali pra frente, cheguei a imaginá-la em pé, em frente ao mar, esperando a água tocar seus pés em alguma cidade que despertasse nela a menor dor possível. Esse lugar era Salvador, na Bahia. "Se pudesse, moraria lá", revela. Depois foi à Natal, no Rio Grande do Norte. "Você sai, passeia, e não fica ali... Tem que esquecer um pouco. Eu sei que hoje o meu

^ "Se eu pudesse ir pra um lugar onde ninguém me conhecesse, que eu pudesse viver outra vida, esquecer do passado..." Crédito: Zeka Araújo/Agência O Globo

final de dia vai ser horrível, pelas coisas que eu tô revivendo. Só que faz parte, né? Tem que conviver", desabafa.

Outro desejo-dignidade é ter mais conforto. Viver bem, ter uma casa melhor e não faltar dinheiro são objetivos que ela ainda persegue. "Graças a Deus, eu tenho a minha casa hoje, mas só eu sei a dificuldade pra fazer essa reforma", diz se referindo a uma obra em seu banheiro. "Dá pra viver com a minha aposentadoria, mas é muito custoso. De vez em quando o Anderson fala: 'Lembra, mãe, quando a gente comia angu doce de manhã e angu salgado de noite?'. Sinto por não ter dado condições melhores para eles. Até hoje, quando me pedem dinheiro, quando posso, eu dou", fala com ternura.

Ela confessa se sentir só, mas logo trata de desbaratinar a solidão. Planeja outra viagem, senta na porta da "birosca", joga conversa fora com as amigas, os vizinhos e bebe sua cervejinha.

– E como é hoje na sua família, Marli?

– Todo mundo tem suas vidas, meu bem. Então a gente se vê muito pouco, assim, todo mundo.

Ela mostra a foto de uma das netas vestindo beca preta e faixa azul, a menina segura um canudo de formação universitária. Ver os mais novos da família entrando na universidade parece um alento, motivo de risada fresca. Repetiu várias vezes, orgulhosa, que a filha mais velha se formou em História aos 46 anos. Taí algo que ela gostaria de ter feito e ainda não fez. Terminou o segundo grau bem depois de tudo o que aconteceu e até pensou em encarar o ensino superior, mas achou melhor não. "Mas, se eu tivesse estrutura, seria advogada."

Sem votar há anos, diz temer a atual conjuntura do país e, ao mesmo tempo, não confia mais no sistema político brasileiro.

Os nomes dos policiais envolvidos na morte de seu irmão, antes na ponta da língua, não a interessam mais. Mesmo naquela época, no auge de sua dor, dizia que sua luta não era contra a Polícia Militar, mas contra os policiais assassinos. "Hoje eu não tenho mais o ódio que eu tinha, muitos deles morrem também", pondera. Mas o medo e os resquícios da perseguição que sofreu permanecem. Só que agora ela já não se esconde.

– Se quiserem me encontrar, é na porta da birosca.

A incerteza nos trouxe aqui

Nada estava certo na primeira vez em que a vi. Quase desistindo de encontrá-la, publiquei nas redes sociais um chamado a pessoas que pudessem me ajudar a contar sua história. Foi quando um amigo me escreveu: "Quem você está procurando na internet é a tia Marli", disse, mesmo sem nenhum grau de parentesco. Custei a acreditar. "Ela ficou conhecida como Marli Mulher, não é?", continuou. Ele estava certo.

A gentil conexão entre nós duas me adiantou que ela era bastante fechada e não gostava de falar do passado. Sem sucesso nas tentativas de contato por celular, resolvi ir até o Rio de Janeiro tentar a sorte no bar onde ela, eu saberia mais tarde, mata um pouco da solidão. Mesmo assim, me preparei para um retorno negativo. Depois de breve espera, vi uma mulher de tranças e um rosto semelhante ao estampado em páginas e páginas de jornais de outra década. Pouco mudou.

– Essa é a amiga que eu te disse, sobre um projeto de livro, lembra? – ele diz me apontando.

Ela me encarou muito séria e fez um movimento com a boca e o nariz ao mesmo tempo, ensaiando uma careta. Seus olhos fizeram um raio-x das minhas intenções.

Depois de breve espera, vi uma mulher de tranças e um rosto semelhante ao estampado em páginas e páginas de jornais de outra década. Pouco mudou.

– Você é teimosa mermo, hein? Senta aí, mas isso ainda não é uma entrevista, viu?

A comunidade onde ela mora respirava ao nosso redor, tranquila. Depois me contaria, aos risos, quantos jornalistas espantou anos atrás na tentativa de se proteger. Romper essa linha demandava um acordo: Almir Paulo, seu amigo, estaria com ela em todas as entrevistas, como um assessor. Assim foi.

Nossa primeira entrevista aconteceu na região central do Rio, em abril de 2019, no dia seguinte ao brutal assassinato do músico Evaldo dos Santos Rosa, em Guadalupe, Zona Oeste do Rio de Janeiro.

Segundo o Ministério Público Militar, naquela tarde, o Exército disparou 257 tiros contra o veículo da família de Evaldo, enquanto se dirigia a um chá de bebê.

– Hoje de manhã eu vi as reportagens, e teve um músico que o carro foi metralhado com a família. E ele era o quê? Preto.

– E o que significa ser preta pra você, Marli?

– É o que eu sou – diz, enquanto nos encaramos em silêncio.

Me reconheço nela, não só por termos o mesmo tom de pele, mas também por saber, de formas diferentes, o que significa ser uma mulher preta no Brasil.

Então prossegue: "E realmente, em todos os cantos, todas as classes sociais, o negro é o mais prejudicado. Não tem como. Você vê nas notícias: 'Ah, porque matou fulano'; dificilmente é um branco. É difícil ver a polícia confundir um *playboy*, esses não são confundidos. E hoje em dia tá aí, continuam as mesmas coisas, as mesmas violências. Morre muito policial, mas também eles matam bastante. O caso da vereadora [Marielle Franco, assassinada em março de 2018], por exemplo, com todo o aparato, a pessoa com partido e com tudo... E aí? Era esse o meu medo. Se a pessoa chega num patamar e acontece, imagina quem não está em lugar nenhum".

Por decisão dela, a última entrevista aconteceu no bairro de Santa Teresa. "Já pensou a gente no meio da entrevista e começa um tiroteio? Eu, hein?!", me dizia em mensagens de voz. "Hoje, por exemplo, a polícia entrou. Colocaram fogo perto de casa". Era abril de 2019 e o governo de Wilson Witzel estava só começando. Não sabíamos que o cenário de guerra se tornaria ainda pior com o passar dos meses.

Lideranças fascistas tornam o cotidiano nas favelas ainda mais difíceis. Mas a violência do Estado nunca se ausentou. Em 2016, o neto dela foi baleado nas costas por policiais militares enquanto trabalhava como mototaxista. No hospital, policiais disseram não ser necessário que a família fosse até a delegacia. Mas Marli nunca foi de obedecer, ouviu o conselho de Almir e foi. "Ah, mas se eu não tivesse ido... Chegando lá, eles estavam com o documento pronto para falar que meu neto era bandido". Mesmo cansada pelo passar dos anos, afirmou para quem quisesse ouvir: "Se o meu neto morrer, o Brasil verá o Caso Marli número dois!". Ele sobreviveu. Revés atrás de revés, seu corpo ainda mostra a integridade de quem respeita a justiça como um direito. Justiça, para ela, é se manter negra, periférica e viva.■

Crédito: Zion Malik

SEMAYAT OLIVEIRA

É jornalista formada pela Universidade Metodista de São Paulo e especialista em Cultura, Educação e Relações Étnico-Raciais pela Escola de Comunicação e Artes da USP. Cofundadora do coletivo jornalístico Nós, mulheres da periferia, ativo desde 2014, foi com esse grupo que iniciou uma trajetória como documentarista. Juntas, as integrantes do grupo lançaram o curta *Nós, Carolinas: vozes de mulheres da periferia* (2017). Desde então, Semayat trabalhou como pesquisadora e roteirista do documentário *Quem te penteia* (2018) e como diretora do média-metragem *Na disciplina: samba e cidadania* (2019). Atuou como coordenadora de Comunicação no Instituto Vladimir Herzog entre 2018 e 2019.

Crédito: Acervo Instituto Vladimir Herzog

CLARICE HERZOG

A voz que gritou por verdade

Miriam Leitão

O criminalista nomeado como perito pelo governo brasileiro, Alberto Toron, defendia suas teses na Corte Interamericana de Direitos Humanos (CIDH), em San José, Costa Rica. Disse que não estaria ali se o Estado brasileiro já não tivesse reconhecido que "Vladimir Herzog foi brutalmente assassinado e barbaramente torturado". Em seguida, afirmou que não poderia haver punição aos assassinos. "A coisa julgada não pode ser ofendida", disse. Uma voz feminina protestou no plenário: "Não é nada disso. Tá tudo errado". O advogado olhou a sua volta com ar confuso. "Hay que aguardar en silencio", avisou o presidente da Corte. Toron repetiu que o crime estava prescrito. Mais uma vez, alguém protestou no plenário. O presidente da sessão voltou a pedir silêncio. Mas Clarice Herzog estava acostumada a ser a voz que incomoda.

Era dia 24 de maio de 2017. A Corte Interamericana ouvia as partes na ação que julgava o Estado brasileiro pela prisão, tortura e morte do jornalista Vladimir Herzog aos 38 anos. Clarice repetiu diante do tribunal a mesma denúncia que fazia há 15.187 dias: seu marido fora assassinado pela ditadura militar brasileira. Michel Temer, o sétimo presidente civil após o fim da ditadura, mandara um grupo de oito pessoas, entre elas um general, para defender o indefensável. E contratou um perito. O Brasil jamais condenou qualquer pessoa pelo assassinato do jornalista, nem de tantos outros mortos no período, mas o governo alegava ter feito o possível.

Em São Paulo, em outubro de 1975, no cemitério israelita, 41 anos e sete meses antes, a ordem dada por alguns homens que cercavam o cortejo foi para que enterrassem o corpo o mais rapidamente possível.

^ De 1965 a 1968, Clarice e Vlado moraram em Londres. Na fotografia, vê-se o casal ao lado dos amigos Fernando e Fátima Pacheco Jordão. Crédito: Acervo Instituto Vladimir Herzog

Um grito interrompeu o cumprimento da imposição. Era a voz de Clarice: "Não! Não enterrem!".

Ela se colocou na frente dos funcionários e explicou que Vlado, como o chamava, só seria enterrado depois que Zora, a mãe do jornalista morto, chegasse. Foi tão taxativa, que tiveram de aguardar a chegada da mulher para enterrar o filho único, o mesmo que ela tentara proteger da tirania, durante a Segunda Guerra Mundial.

"Eles eram judeus. Ela pegou todas as suas joias e entregou a um homem, um alemão, que disse que a ajudaria a fugir da Iugoslávia com seu marido e filho. Mas o homem os deixou num hotelzinho e sumiu. A família teve que atravessar a fronteira a pé, ela com o filho nos braços", contou Clarice, naquela tarde de 2017, no tribunal, ao falar sobre o destino trágico de Zora.

Vlado nasceu em 1937, em Osijek, na antiga Iugoslávia e atual Croácia, então sob o domínio nazista. Por decisão de Zora, a família fugiu para a Itália e depois veio para o Brasil, onde chegou na véspera do

Natal de 1946, convencida de que aqui o menino estaria protegido dos riscos que pesavam sobre seu povo. O extraordinário talento de Vlado para idiomas fez com que ele aprendesse o português rapidamente. No primeiro ano do antigo primário, ele ficou em primeiro lugar na escola. Sua mãe sempre achou que fizera a escolha certa. Depois do crime, Zora passou a resumir assim a sua saga: "Salvei meu filho dos nazistas, para ele morrer aqui".

Os olhos em Clarice

Todos os fatos dessa história são fortes e dolorosos. Aqui vamos revisitá-los, olhando para Clarice. Quem era ela antes de tudo isso? Clarice nasceu no bairro de Pinheiros com o sobrenome Ribeiro Chaves. Era a mais velha de três irmãos, e cresceu numa São Paulo diferente dos dias atuais. Um dos seus prazeres era ir de bicicleta até a casa da avó materna, cruzando livre as ruas da cidade. Uma sensação da qual se lembra até hoje é a de ser sempre bem-recebida pela avó Clara, descendente de alemães e casada com um italiano. Sua mãe, Inês, era dona de casa. Seu pai, João, construtor de casas. Clarice tinha paixão por filmes, teatro e livros, prazeres que conservou pela vida toda. O problema é que, quando jovem, sempre esbarrava no controle rígido de despesas feito pelo pai. Ela se lembra de um diálogo frequente:

– Pai me dá um dinheiro?

– Para quê?

– Para ir ao cinema.

– Mas você já foi na semana passada.

Ela não conseguia explicar ao pai, homem prático e que adorava a filha, que cinema, teatro e livros são produtos culturais que se consome sempre. Os irmãos a admiravam. João, o do meio, seguiu a irmã na sua paixão por cultura e foi teatrólogo. Waldir, o mais novo, virou construtor como o pai. Seu encantamento pela irmã era tal que ele chegou a pedir à namorada que copiasse o penteado de Clarice. Nádia Rebouças, a namorada adolescente de Waldir, disse que era a primeira vez que ela via um outro tipo de mulher. Independente e forte, culta e intensa, bonita e ousada. Assim era Clarice.

^ Clarice e o filho André em fotografia do jornalista Vladimir Herzog, morto pela ditadura militar em 1975. Crédito: Arquivo pessoal

Ela fez curso técnico em Química Industrial no ensino médio, calculando que assim teria rápida autonomia financeira. No curso, conheceu Fátima, amiga da vida inteira. As duas saíram de lá empregadas. A ideia era fazer o curso superior em Química. O Mackenzie, onde elas estudavam, ficava na rua Maria Antônia. Um dia, ela foi andar pela Universidade de São Paulo (USP). No ambiente de efervescência cultural e política, Clarice entendeu que sua vida não era num laboratório. Fez vestibular para Ciências Sociais e passou. Fátima a seguiu.

As duas tinham rotinas pesadas. Trabalhavam das nove da manhã às cinco da tarde e de noite estudavam. E ainda tinham vida cultural. Fátima fazia parte da Sociedade Amigos da Cinemateca e lá conheceu um frequentador assíduo, um estudante do curso de Filosofia chamado Vladimir Herzog. Ficaram amigos. Clarice estava noiva de um arquiteto, mas ele fora para Cuba fazer um curso de dois anos. Ela, de aliança no dedo, circulava bela e culta, atraindo olhares – como os de um estudante grego, com quem passou a sair, sem compromisso.

"Para mim, ela passou a ser a referência de mulher. Nunca tinha visto alguém assim. Uma mulher independente, que faz Sociologia, que vai para Londres, onde tem os filhos, trabalha. Clarice virou um símbolo."

Um dia, foi com Fátima à Cinemateca para assistir ao filme *Madre Joana dos Anjos*. Vladimir se aproximou, com os olhos postos na amiga de Fátima, mas a exibição do filme foi cancelada. Ele propôs, então, que fossem para a casa dele improvisar uma festa. Disse que chamaria uns amigos do *Estadão*; morava perto do jornal. Os três foram. Vladimir saiu para chamar os amigos e, ao voltar, a decepção: Clarice se despediu e disse que não ficaria. Tinha um encontro com o grego.

"Vlado ficou na pior situação. O motivo da festa havia ido embora e ele tinha que continuar recebendo os amigos", conta Fátima.

Mas ele não desistiu. Inventou outros pretextos para encontros. Na casa de Vlado, Fátima conheceu Fernando Pacheco Jordão, e os quatro passaram a sair juntos. Fernando e Fátima engataram um namoro. Clarice e Vlado, também. Quando os quatro saíam, Clarice era quem estava no volante. Era a única que sabia dirigir e tinha seu próprio automóvel, um espaçoso Chevrolet. Clarice ainda tinha aliança no dedo; avisou que só a tiraria depois de comunicar ao noivo, o fim do compromisso.

A vida em Londres

Foi uma questão de tempo, pouco tempo. Vlado e Clarice se casaram apenas no civil e seguiram para Londres, onde já estavam Fátima e Fernando. Lá, nasceram Ivo e André. Em São Paulo, a família Ribeiro Chaves se reunia às vezes para sessões de slides que chegavam pelos correios. As imagens projetadas mostravam Clarice e Vlado em sua vida em Londres. O nascimento de Ivo e depois, de André.

"Para mim, ela passou a ser a referência de mulher. Nunca tinha visto alguém assim. Uma mulher independente, que faz Sociologia, que vai para Londres, onde tem os filhos, trabalha. Clarice virou um símbolo", diz Nádia.

Vlado foi trabalhar na BBC de Londres junto com Fernando. Clarice e Fátima fizeram participação num programa do Center of Information do Foreign and Commonwealth Office (FCO). "A Inglaterra naquela época era um centro de inovações. A ideia do programa era mostrar produtos avançados, lançamentos, falar de cursos e novidades do país", conta Fátima. Os registros recentemente recuperados mostram Clarice, no auge de sua beleza e carisma, apresentando produtos ingleses para o público brasileiro.

Os dois casais compraram em sociedade, por 100 libras, um carro Skoda tcheco. Em algumas folgas ou feriados, Vlado e Clarice viajavam pela Europa. Um dia, na Iugoslávia, uma moradora local foi falar com ele. Clarice não entendeu o que falavam, mas sentiu que seu marido estava levando uma bronca. Depois, ele explicou: "Ela está brigando comigo porque é você quem está dirigindo".

Em 1968, eles decidiram voltar. A família Ribeiro Chaves foi ao porto receber Clarice, que chegou de navio com os dois filhos e a mãe, Inês, que fora ajudar a filha. Vlado ficou em Londres terminando um curso de Televisão. Em casa, Clarice encontrou uma surpresa: Vlado tinha conseguido, não se sabe como, encomendar um vaso com flores para recebê-la. A volta dele estava prevista para meses depois. Clarice logo arranjou emprego numa empresa de publicidade. A situação política no Brasil estava cada vez mais tensa – era o difícil ano de 1968. Os estudantes nas ruas, o regime endurecendo.

A volta no pior momento

Em 2 de outubro estourou a lendária Batalha da Maria Antônia, ocorrida na rua de mesmo nome, onde se enfrentaram a esquerda da USP e a direita do Mackenzie. Clarice foi para a sua antiga escola com a amiga Fátima, que ainda estudava, e uma colega do curso de Química Industrial, Sandra Brizola. Acabaram retidas na rua. Nádia se lembra de que ela e Waldir foram levar alimentos para Clarice. Dois meses depois, a ditadura deu o golpe fatal e baixou o Ato Institucional Número Cinco (AI-5). Ficou a dúvida: nesse clima, Vlado deve ou não deve voltar ao Brasil? A alternativa era Clarice ir para Londres. Vlado decidiu voltar, ficar com sua família e seu país.

Ele a encontrou ganhando bem e avançando na sua bem-sucedida carreira com pesquisas de publicidade. Ele se dedicou ao jornalismo, enquanto alimentava o sonho de ser cineasta. Ao mesmo tempo, queria resistir à ditadura pacificamente. A essa altura, já no início dos anos 1970, costumava-se dizer que havia dois movimentos pacíficos contra a ditadura: a Igreja Católica, liderada por dom Paulo Evaristo Arns, e o Partido Comunista Brasileiro (PCB). Como Vlado era judeu, dizia que só lhe restava o partido. No jornalismo, usava toda a técnica que aprendera em Londres e chegou ao cargo de diretor de jornalismo da TV Cultura. Queria fazer uma TV educativa no Brasil, tão boa quanto a BBC.

Nos fins de semana, a família ia para o sítio em Bragança Paulista, ou para uma casa alugada com os irmãos em Ilhabela. Ela ia dirigindo, e ele lendo jornais e revistas nos vários idiomas que dominava. Na praia, ele pescava e cozinhava, e ela curtia o mar ou lia os muitos livros dos quais se cercava. “Éramos uma juventude assim, que sonhava, que tinha interesse em trabalhar contra a ditadura, que era bem informada, lia muito, ouvia música, gostava de cinema", conta Nádia.

Em 1963, Vlado realizava seu sonho de fazer cinema: fez um curta chamado *Marimbás.* Tinha outros em mente, um deles sobre Antônio Conselheiro. Mas a morte chegou como um corte seco. Era a tarde de sexta-feira, 24 de outubro de 1975, quando dois homens bateram à porta de Clarice, perguntando por Vlado. Ela respondeu que ele estava no trabalho. Os homens disseram que queriam contratá-lo como fotógrafo de um casamento. Ela avisou que ele não era fotógrafo. Eles pediram o endereço do trabalho dele. Ela disse que sabia ir, mas não tinha o endereço. Quando os homens saíram, telefonou para o marido e avisou. Vlado estava colocando o jornal no ar. Clarice pegou os filhos, Ivo e André, de 9 e 7 anos, e foi para a TV. Queria levá-lo para o sítio, para evitar que ele fosse preso no fim de semana, com menos espaço para a notícia circular.

Clarice dirigiu apressada pelas ruas de São Paulo até a TV Cultura, mas os agentes da repressão foram mais rápidos. Quando ela chegou, os jornalistas negociavam com os policiais para que Vlado se apresentasse no dia seguinte, sábado, no Destacamento de Operações de Informação – Centro de Operações de Defesa Interna (DOI-CODI) do Segundo Exército. Eles aceitaram e Vlado achou uma vitória. Colocou o jornal no ar e foi para casa dormir. Eram as suas últimas horas de vida.

Quando ele saiu, no dia 25 de outubro de 1975, para se apresentar, Clarice foi à casa da sogra contar o que estava acontecendo: "Eles vão matar o Vlado, como mataram seu tio", gritou Zora, em desespero. O tio de Clarice fora morto na ditadura de Getúlio. Clarice tentou acalmá-la: "Não tem isso, dona Zora. Não vão torturá-lo. Isso acabou".

A dor e a coragem

Depois da morte de Vlado, Clarice ficaria conhecida no país inteiro. O jornalista Zuenir Ventura acha que ela é uma dessas pessoas que se revelam em situações-limite. Ele a define como "uma bem-sucedida publicitária, serena e mansa". Zuenir admite que nunca imaginou que ela fosse capaz de tanta coragem. "Foi ela quem disse primeiro: 'Mataram o Vlado!' – uma frase que, por não poder ser escrita pelos jornalistas, passou a correr de boca em boca, como uma senha contra a farsa que havia sido montada pelo DOI-CODI."

Nádia não se surpreendeu com a força da amiga, porque a vira sempre forte. Ela se lembra do grito de Clarice quando a família chegou: "Mataram o Vlado!". "Desde sempre, Clarice era essa guerreira que ela se mostrou depois daquela morte. Era inovadora, assumira completamente o papel de mãe, profissional, intelectual, mulher pensante", diz Nádia.

Fátima também nunca esqueceu o grito de "Mataram o Vlado!" dado por Clarice. E se lembra de mais: "Foi na morte, a meu ver, que ela mostrou toda a sua força. Clarice conduziu aquele enterro. Foi ela quem decidiu que seria uma cerimônia judaica. Tudo o que aconteceu naqueles dias e depois esteve sob o comando dela. O regime queria silêncio, mas em cada passo, Clarice fez uma intervenção para dar mais visibilidade ao que acontecia. Não foi apenas a viúva; foi mais forte do que a história tem contado. Ela manteve um fio vivo".

Daquele dia em diante, Clarice sempre repetiria a mesma denúncia: a de que o marido fora assassinado pela ditadura. Ao ser tão determinada, ela ajudou o Brasil, um país que se acostumou ao esquecimento e à impunidade. A longa resistência de Clarice é uma luz que ilumina os erros que o país tem cometido diante da sua própria história.

O Estado blindou com um bloco de mistério o que aconteceu naquelas horas em que Herzog ficou dentro do DOI-CODI e, assim, protegeu seus assassinos e todos os cúmplices com um silêncio que atravessou os tempos, a mudança de regime e chegou aos dias de hoje. Contudo, a voz de Clarice jamais se calou. Era o governo do general Geisel, depois veio o do general Figueiredo. Vieram os presidentes civis José Sarney, Fernando Collor, Itamar Franco, Fernando Henrique Cardoso, Luiz Inácio Lula da Silva, Dilma Rousseff, Michel Temer, Jair Bolsonaro. Oficialmente nada foi dito até hoje sobre os mandantes da prisão de Vlado Herzog, os torturadores, os assassinos. O grito de Clarice permaneceu.

A primeira vez que gritou "Mataram o Vlado" foi quando viu chegarem a sua casa os diretores da TV Cultura, chefiados pelo diretor geral. Eles apareceram no fim do dia 25 de outubro de 1975, e nada precisaram dizer; ela os viu e concluiu. Depois daquele dia haveria muitas lutas. A primeira foi contra a mentira, porque ao Exército não bastou matar: quis também forjar uma cena de suicídio, com a divulgação da foto em que ele tem uma corda amarrada ao pescoço e as pernas dobradas no chão. Sequer tiveram o cuidado de montar uma farsa crível. Para um judeu, a versão do suicídio era uma violência a mais. Ele teria que ser enterrado junto aos muros do cemitério.

"Quem lavou o corpo dele contou que ele estava arrebentado internamente", lembra Clarice, chorando de novo a dor eterna.

Como na tradição judaica o caixão fica fechado durante o velório, ela viu o corpo de seu marido apenas de relance. No cemitério começou a longa resistência. Clarice mandou que esperassem por Zora. O rabino Henry Sobel decidiu que enterraria Vlado na parte central do cemitério, negando, na prática, a versão do suicídio. Os jornalistas iniciaram uma mobilização. Na missa ecumênica, uma semana depois, a Catedral da Sé reuniu, pela primeira vez, três sacerdotes de religiões distintas – dom Paulo Evaristo Arns, o rabino Henry Sobel e o pastor presbiteriano James Wright. A ampla igreja ficou pequena para as oito mil pessoas que foram chorar a morte de Vlado. O pequeno Ivo guardou lembranças vagas desse dia: da imprensa, com seus equipamentos enormes que impediam que ele visse o altar, e dos abraços aconchegantes que a mãe recebeu de dom Paulo e de dom Helder Câmara ao fim da cerimônia. Quando ela levantou a voz em desespero, dom Paulo tentou acalmá-la, mas dom Helder falou: "Deixa ela berrar, deixa ela pôr essa raiva pra fora".

Na missa ecumênica, uma semana depois, a Catedral da Sé reuniu, pela primeira vez, três sacerdotes de religiões distintas – dom Paulo Evaristo Arns, o rabino Henry Sobel e o pastor presbiteriano James Wright.

Clarice havia tentado proteger os meninos e dizer que a morte fora por atropelamento, mas a versão durou pouco. A casa cheia de gente, as conversas, a polícia, a imprensa. Ela confirmou a dúvida das crianças, dizendo – "Mataram o papai" –, e tentou explicar a eles o que era uma ditadura. Depois decidiu levar os filhos a todos os momentos da luta que se iniciava ali.

Clarice tinha 34 anos quando ficou viúva. Trabalhava na multinacional de publicidade Standard Ogilvy & Mather. Até então, as rendas somadas davam a eles um bom nível de vida. A partir dali, seria tudo por conta dela. A dedicação à profissão passou a ser mais intensa: teria que sustentar os filhos e tentar suprir a falta do pai. Vlado trabalhava muito, mas quando estava no sítio, ele se dedicava a dois *hobbies:* pescar e olhar as estrelas. Tinha um telescópio e à noite investigava o céu. Levava o filho mais novo, André, para as pescarias. Ivo era chamado para as observações astronômicas. "Um dia ele me acordou para ver os anéis de Saturno", lembra Ivo.

Depois da morte do pai, Ivo olhava o céu e sonhava. Quando eles voltavam à noite do sítio, a mãe ao volante e aquele vazio imenso no peito, Ivo pensava que tudo aquilo poderia ser uma mentira. Num tempo sem regulamentação sobre o uso de cintos de segurança, Clarice os colocava deitados no bagageiro da Caravan em um colchão. Ivo vinha imaginando que o pai estava apenas escondido e apareceria, de repente, para encerrar aquele pesadelo.

O colégio em que eles estudavam, a Escola Vera Cruz, tentou amenizar a dor e acolhê-los, mas um dia um colega perguntou se o pai deles havia se matado. Ivo se enfureceu. Em casa, perguntou à mãe se o país onde o pai nascera iria fazer guerra contra o Brasil e se foi por isso que ele morrera. Ivo tentava processar as informações de que o pai era judeu, nascera em outro país e havia sido assassinado pelo Exército brasileiro. Difícil a carga das crianças. "Eu queria proteger meus filhos o máximo que eu pudesse e queria provar que Vlado fora assassinado", lembra Clarice.

Cada um dos meninos reagia à sua maneira. Toda vez que alguém vinha visitá-los, Ivo sentava-se entre a mãe e a pessoa e ouvia toda a conversa. André se afastava e mergulhava em seus brinquedos. Ela tomou o cuidado de não deixar que as crianças vissem a foto da farsa montada pelo Exército. Aquilo era duro demais, inclusive para ela. Ivo até hoje se esquiva da imagem, que se tornou frequente em qualquer reportagem sobre Herzog.

Numa entrevista concedida ao cineasta e amigo João Batista de Andrade, após muitos anos, para o documentário *Vlado: 30 anos depois* (2005) ela falou de sua dor naquele momento. Ele perguntou o que era o Vlado para ela, ao que ela respondeu: "Vlado é uma dor de estômago danada, um apertão no estômago. É um negócio que eu não consegui engolir. Tenho uma sensação de culpa, de ter deixado ele morrer. Eu queria que meus filhos tivessem um pai que... morreu. Está virando meio mitificado para eles e eu não consigo deixar ele mais humano. Eu queria que a gente ficasse um pouco mais junto, para fechar o ciclo".

Nesse turbilhão de sentimentos – dor profunda, culpa, sensação de história interrompida e a preocupação de dar aos filhos o pai humano que ele fora, e não o símbolo em que se transformava –, ela viveu o longo cotidiano do depois. Nos primeiros dias após a morte de seu marido, havia ainda aquele carro parado na porta com policiais dentro e homens que a seguiam na rua. O telefone de sua casa tocava, e anônimos faziam ameaças. Clarice não se intimidava: "Eu não tinha medo. Não sou pessoa de ter medo. Pensava, na verdade, que éramos as pessoas mais protegidas no Brasil naquele momento, porque eles tinham matado o Vlado, não iriam sair por aí matando a família dele".

A coragem é natural em Clarice. Na verdade, havia, sim, o risco. Aqueles tempos eram irracionais. Zuzu Angel seria assassinada em abril de 1976, justamente porque denunciava a tortura e a morte do filho Stuart Angel. Clarice também decidiu denunciar. E foi o que fez ao longo dos anos e das décadas seguintes.

Houve momentos de perplexidade. Às vezes, dirigindo o seu carro para o trabalho, olhava a sua volta a vida normal, que seguia adiante e se revoltava: "Eu pensava: 'Como é possível? As pessoas continuam vivendo, andando, rindo, não sabem o que está acontecendo?'".

Ela procurava adivinhar o que não sabia. O que acontecera naquelas horas em que ele ficara a sós com seus carrascos? Com fiapos de fatos, Clarice tentava reconstituir mentalmente a cena do crime. "O que passava na minha cabeça: tinha um papel rasgado com a letra dele, mas não era a linguagem dele, com os nomes de quem trabalhava com ele. Colegas que já estavam presos o ouviram gritar. Ele deve ter aceitado escrever aquele depoimento, mas depois, quando pararam de machucá-lo ele rasgou o papel e o jogou neles. Então, eles entraram e arrebentaram com ele", diz ela, em depoimento para este livro. Décadas depois ela ainda tenta adivinhar o que houve. O Brasil não lhe entregou nem mesmo os fatos.

Nos dias após a morte, alguns amigos vinham visitá-la. Outros sumiram. Uma amiga, com especial senso de humor, quando ia ver Clarice levava livros e entregava aos policiais que ficavam dentro do carro em frente à porta da casa e dizia: "Leiam para passar o tempo".

A busca da verdade e da justiça

Os pais de Clarice foram solidários, tentaram ajudar, mas recaía sobre ela o peso da reconstrução de sua vida familiar, e uma parte disso era a luta pela verdade sobre aquela morte. Um dia, um amigo abordou o pai dela, em Bragança Paulista, com uma pergunta perturbadora: "O que aconteceu com o seu genro? Um homem casado, com filhos, se matar?".

Com a censura, muitos acreditaram na versão dada pelo governo. Clarice poderia simplesmente ter ido embora do país. Essa proposta foi oferecida a ela pela empresa na qual trabalhava. Um dia, seu chefe a chamou: "Clarice, você pode ir para a Inglaterra ou para qualquer outro lugar para onde queira ir; nós arranjaremos para você trabalhar". Ela respondeu: "Meu lugar é aqui, meu marido foi assassinado e eu tenho que provar a verdade e buscar justiça para os meus filhos".

Os que haviam ido à Catedral da Sé sabiam que ele fora assassinado. Mas e o resto do país? Era preciso avançar nessa luta. Mas como? O clima era de ameaças explícitas. Menos de três meses depois mataram o metalúrgico Manoel Fiel Filho no DOI-CODI, nas mesmas circunstâncias, acusado de integrar o Partido Comunista. Divulgaram uma foto em que ele aparecia enforcado sentado. Até o governo achou demais. O general Ednardo D'Ávila, na época o comandante do Segundo Exército, foi afastado do cargo pelo presidente Geisel. A preocupação de Clarice era não deixar esses crimes caírem no

^ Clarice concede entrevista em seu escritório de publicidade. Ao fundo, xilogravuras do artista Otávio Roth com os artigos da Declaração Universal dos Direitos Humanos. Crédito: Arquivo pessoal, 1985

esquecimento e combater a farsa da versão do suicídio: "Fui à Justiça porque era a Justiça. Eles estavam matando pessoas. Queria mostrar que isso estava acontecendo no país. Eu tinha que fazer; por mim, meus filhos e o país. Eu tinha que provar que ele foi assassinado".

Não foi fácil achar defensores de sua causa. Alguns advogados de São Paulo recusaram. Um deles usou uma desculpa radical. De que o caso só seria julgado no dia em que houvesse um tribunal de Nuremberg no Brasil. Foi aconselhada a desistir. O amigo Zuenir Ventura levou Clarice ao renomado jurista Heleno Fragoso, no Rio de Janeiro. Ele aceitou a causa, mas disse que na ação criminal ela nada conseguiria. Teria que entrar com uma ação cível, solicitando indenização pela morte. Era o que ela menos queria, por achar que a ditadura a usaria para cristalizar a versão do suicídio.

"Tinha medo de que o governo simplesmente pagasse, apenas para confirmar sua versão. Não estava atrás de dinheiro. Um dinheiro sujo de sangue. Queria provar para a sociedade que havia tortura nesse país, que ele fora assassinado", disse ela, em depoimento ao jornalista Claudio

Renato, do canal Globo News, numa reportagem por ele realizada, em 2013, sobre a sentença – que seria dada ao fim desse processo –, intitulada "A sentença – 35 anos", que no ano seguinte recebeu o Prêmio Vladimir Herzog de Anistia e Direitos Humanos.

Heleno Fragoso encontrou uma solução para o dilema. Entrar com uma ação declaratória de culpa pela morte de Herzog. Ele era criminalista, aceitou acompanhar o caso, mas indicou um jovem advogado para a área cível, Sérgio Bermudes. Em São Paulo, seriam Marco Antonio Rodrigues Barbosa e Samuel MacDowell. A ação correu na 7ª Vara Federal em São Paulo. O juiz titular, João Gomes Martins, era um magistrado experiente. "O juiz conduzia tudo de forma impecável, com dignidade, a gente tinha certeza de que a decisão seria a nosso favor", conta Clarice.

A União, então, impetrou um mandado de segurança para impedir o juiz João Gomes Martins de proferir sua sentença. Em seguida, ele foi aposentado compulsoriamente. O juiz substituto, Márcio José de Moraes, com apenas dois meses de magistratura, herdou o caso. Clarice achou que estava tudo perdido; afinal, um juiz muito jovem teria tudo a perder ao se posicionar contra o governo. O importante para ela era provar a responsabilidade do Estado no assassinato do marido. "Vlado tinha muitos planos, uma vida pela frente, ele pretendia fazer muita coisa por este país. Ele amava os filhos, a mim, e a vida", diz Clarice.

O que houve foi inesperado. O juiz Márcio José de Moraes considera que aquele processo o transformou como juiz e como pessoa. Depois de escrevê-la, ao ler tudo, ele se deu conta da grandeza do que estava em suas mãos. E sua sentença de 67 páginas, dada em São Paulo em 27 de outubro de 1978, termina com uma decisão histórica: "Pelo exposto, julgo a presente ação procedente e o faço para declarar a existência de relação jurídica entre os autores e a ré, consistente na obrigação desta de indenizar aqueles por danos materiais e morais decorrentes da morte do jornalista Vladimir Herzog, marido e pai dos autores".

Emblemático o fato de ter ocorrido num 27 de outubro. Naquele mesmo dia, três anos antes, Herzog fora enterrado e começara aquela resistência. Era a resposta que Clarice tanto buscava. A ditadura estava

^ Clarice discursa na cerimônia de lançamento do Instituto Vladimir Herzog. Ela atua como presidente da instituição desde a sua criação. Crédito: Acervo Instituto Vladimir Herzog, 2009

sendo condenada pela primeira vez em um tribunal. O Judiciário se impunha, mesmo na ausência do Estado de Direito, pela determinação da jovem viúva e de um juiz em início de carreira. Uma vitória improvável. "Fiquei absolutamente surpresa. Ele foi de uma coragem e de uma audácia que nós não esperávamos em uma pessoa tão jovem", conta Clarice.

Dias depois, dona Zora escreveu uma carta de agradecimento, que o magistrado guardou e entregou à família, anos depois. "Felizmente, além de cidadão, o senhor é juiz de Direito, e nesta condição conseguiu fazer ouvir seu veredito. Não somente colocando um ponto final nos mistérios que envolviam a morte do meu Vlado, mas abrindo também perspectivas para que outros injustiçados possam ter seus casos trazidos à luz. Meu filho não voltará, mas seu bom nome não ficará manchado. Se seu desaparecimento não foi em vão para o país, para mim sua perda é definitiva. Minha dor não tem consolo. Fizeram um símbolo do Vlado, justo ele, que detestava a notoriedade; a modéstia era uma de suas virtudes. Mas a sua honra foi restabelecida, graças a sua atuação de homem de bem, senhor juiz. De todo o coração venho agradecer-lhe, esperando que possa, ao longo de sua carreira, sempre agir de acordo com os princípios da justiça e da decência. Zora Herzog."

"A União recorreu ao antigo Tribunal Federal de Recursos, que confirmou a decisão. Ainda não havia Superior Tribunal de Justiça [STJ], o que significa que transitou em julgado na segunda instância. Em uma parte, eu mandei a Procuradoria Militar oficiar às autoridades para investigar os autores do crime. O que se pode dizer hoje é que o Brasil descumpriu uma ordem judicial", afirma o juiz Márcio José de Moraes para este livro. Clarice teria que brigar de novo e de novo, muitas e muitas vezes. "Eu sou briguenta. Eu vou atrás, não me amedronto", diz.

Ditadura é um regime em que o medo se espalha e contamina tudo a sua volta. É natural. Incomum era a atitude de Clarice. Antes de tudo isso, um dia ela chegou em casa e contou uma novidade para Vlado. Um amigo do trabalho, de esquerda, havia pedido para ela deixar um casal se encontrar na casa deles. E ela concordara. Vlado ponderou que seria perigoso. Ela respondeu: "Ah, mas eles precisam se encontrar". Vlado e Clarice ficavam no segundo andar da casa, deixando a sala, na parte de baixo, para os dois. Um dia, o homem subiu a escada e foi até Clarice: "Eu fui preso com seu tio, fui colega dele. Quero dizer que foi um grande companheiro", disse. Eram lembranças de outra ditadura, a de Getúlio, na qual fora assassinado o tio que Clarice sequer conhecera.

No dia em que ela depôs em San José, Costa Rica, na Corte Interamericana de Justiça, em 2017, ficaria exposta a maneira como a ditadura urdiu a impunidade de seus criminosos. Por mais de quarenta anos, Clarice se manteve incansável nas lutas pela democracia. Uma delas, pela Lei da Anistia, justamente a lei que seria usada contra ela e sua luta por justiça e verdade.

A Anistia como álibi

Em todos os países vizinhos houve caminhos para a investigação. No Brasil, entretanto, a Lei de Anistia se tornou um biombo para esconder torturadores. Em 1992, a revista *IstoÉ Senhor* publicou uma entrevista com o policial Pedro Antonio Mira Grancieri, na qual ele disse ser aquele que ficou conhecido como "Capitão Ramiro", e confessou ter sido o responsável pelo interrogatório de Vladimir Herzog. Mesmo com a divulgação dessa informação, todas as tentativas de processá-lo sempre bateram na mesma barreira: os tribunais alegavam que a Lei da Anistia perdoara os agentes do Estado. Em 2010, o Supremo Tribunal Federal (STF) confirmou.

Não foi isso que a multidão havia pedido nas ruas. Clarice esteve lá como em outras campanhas. Levava os filhos ao sindicato dos jornalistas nos dias de Prêmio Vladimir Herzog, criado em 1978. Concedia entrevistas para jornalistas e estudantes nas datas que lembravam a morte de Vlado. Participava das missas na Catedral da Sé em memória dele. Houve um grande ato ecumênico, na data dos trinta anos do crime, em 2005, com representantes de mais de vinte religiões diferentes – do candomblé ao catolicismo, passando por judeus e muçulmanos. A memória de Vlado reuniu todos eles.

Repetiu-se o feito nos quarenta anos da morte, em 2015. A cerimônia começou na praça da catedral, em um *flash mob* coral. Pessoas de pontos

^ Clarice e Ivo Herzog cumprimentam dom Paulo Evaristo Arns, cuja atuação foi decisiva para denunciar a farsa do assassinato de Herzog. Crédito: Arquivo pessoal

diferentes da Praça da Sé saíram em direção à catedral, cantando. Lá dentro tocava a orquestra comandada pelo maestro Martinho Lutero, acompanhada por mais de oitocentas vozes de dezenas de corais paulistanos.

Lucas Herzog, filho de Ivo, estava com Clarice nesse dia. O neto contou que no vestibular na Universidade Estadual de Campinas (Unicamp) caiu uma questão sobre o seu avô. Clarice disse que houve um momento em que ela sentiu que Vlado deixara de ser apenas da família; era, agora, do país. Ele era de todos os que lotaram a Sé na missa dos quarenta anos de sua morte. A igreja cantou "Calabouço", acompanhando Sérgio Ricardo. Com a cantora chilena Annie Murath, cantou "Gracias a la Vida". Quando Cida Moreira entoou o hino de João Bosco e Aldir Blanc, "O Bêbado e a Equilibrista", Clarice cantou junto. Foi bem na parte que diz "Tanta gente que partiu, num rabo de foguete", mas vacilou no "Choram Marias e Clarices" e não aguentou no verso "Uma dor assim pungente". Olhava o chão da igreja quando todos cantavam "Em cada passo dessa linha, pode se machucar".

Em muitos dos passos que deu, Clarice se machucou. Mas não foi por desejo de vingança que ela insistiu. Era outro o seu sentimento. "Ela quer sossego, ela quer descanso, mas só depois que houver justiça, e a verdade cem por cento posta. Ela é movida por isso", diz Ivo.

Movida por isso que ela aceitou a ideia de levar o caso à Corte Interamericana de Direitos Humanos da Organização dos Estados Americanos (CIDH/OEA) sobre a qual havia conversado com o Centro pela Justiça e Direito Internacional (CEJIL), em 2009. Ivo, a princípio, não queria, mas sua mãe o convenceu, dizendo que isso era importante também para as outras famílias de mortos e desaparecidos políticos. Infelizmente, o processo foi longo, penoso. Primeiro, foi para a CIDH ver sua admissibilidade. A família foi entrevistada de forma detalhada e minuciosa.

Clarice conta que quando Herzog entrou no DOI-CODI, naquele trágico 25 de outubro de 1975, ele começou a apanhar ouvindo gritos de "judeu", antes de começarem com os palavrões.

Quando o Estado foi citado, nessa etapa inicial, era ainda o governo Dilma. A Advocacia-Geral da União (AGU) disse que já tinham sido feitas as reparações, tendo inclusive sido dado um prêmio para o Instituto Vladimir Herzog. Ivo enfureceu-se e disse que se o governo achava isso, que levasse o prêmio embora. No diálogo que se estabeleceu depois, a família exigiu a mudança no atestado de óbito de Vlado. Em 2013, 38 anos depois do crime, foi corrigida a farsa do DOI-CODI. Outros governos fizeram acertos a conta-gotas. O momento mais triste do julgamento foi o do interrogatório de Clarice, em 2017. A jovem advogada da AGU que a interrogou tentou colocá-la em contradição e cobrou dela as migalhas dadas pelo Estado: "A senhora tem ciência da extensão do trabalho da Comissão Nacional da Verdade em relação a Vladimir Herzog, com a realização de laudo pericial e entrega de certidão de óbito retificada?", ela questionou. "Pera um pouquinho; isso foi exigência nossa. Não foi de nenhuma instituição. Nós exigimos porque foi usado, até muito pouco tempo, o atestado de óbito como suicídio", foi a reação de

Clarice. Ao que a magistrada respondeu: "Sim, mas a senhora recebeu uma certidão oficial retificada".

Ao fim do interrogatório, era impossível não sentir vergonha do país no qual Zora e Zigmund Herzog desembarcaram com o filho Vlado, nos anos 1940, cheios de esperança. Clarice conta que quando Herzog entrou no DOI-CODI, naquele trágico 25 de outubro de 1975, ele começou a apanhar ouvindo gritos de "judeu", antes de começarem com os palavrões. O que constrangeu o poder civil no Brasil? O que impediu a democracia de fazer justiça em um crime tão covarde da ditadura?

Ao fim do interrogatório, o presidente da Corte, em tom respeitoso, disse que valorizava sua presença. "Eu é que agradeço a oportunidade. Um cara maravilhoso, do bem, o meu marido. Que morreu apanhando. Um horror", respondeu Clarice.

Um horror que, no Brasil, permanece sem punição. Um sinal bizarro dessa impunidade, inclusive, é o fato de que o legista Harry Shibata, que deu o laudo do suicídio a Herzog sem sequer ver o corpo, é vizinho de Clarice. No fim, o júri não aceitou as teses de prescrição e de coisa julgada. Pela primeira vez, um tribunal internacional concluiu que o Brasil cometeu um crime contra a humanidade durante a ditadura militar.

O futuro da luta

Enquanto travava essa longa luta, Clarice viveu sua vida, teve destaque profissional, especializou-se em pesquisa qualitativa, abriu sua própria empresa, criou seus filhos. Ao lado dela sempre está o companheiro Gunnar Carioba, com o qual ela refez sua vida afetiva, e que manteve ótima relação com dona Zora enquanto ela viveu. Volta com frequência ao sítio de Bragança Paulista, com filhos e netos. Além de Lucas, ela tem duas netas gêmeas, Sofia e Helena, filhas de André, que em meados de 2019 mudou-se de Nova Iorque para Moçambique. Outro dia, Sofia, muito falante, admirando flores e pássaros no sítio perguntou:

– É tão bonito… Por que você não mora aqui vovó?

– Porque eu tenho que trabalhar.

– Por que não trabalha aqui?

A esperança é essa nova geração; a ela se dedica o Instituto Vladimir Herzog. Um dos seus vários projetos é o "Respeitar é Preciso!", que trabalha educação em direitos humanos junto à rede pública de ensino fundamental, com palestras, atividades de formação de professores e rodas de conversa voltadas para a valorização da diversidade, a inclusão de pessoas com deficiência, o combate ao *bullying* e a promoção do respeito na escola. Essas ações já vêm transformando as relações em sala de aula.

Quando Clarice disse "não", ela queria dizer "não". Na sua vida pessoal e nas lutas coletivas ela nunca aceitou ficar em silêncio diante dos crimes e da impunidade. E isso teve um impacto para além da família. Sua luta marcou o Brasil. Clarice foi a aliada perfeita da verdade. ■

Crédito: Rafaela Cassiano

MIRIAM LEITÃO

É de Caratinga, Minas Gerais. É jornalista e escritora com doze livros publicados, entre eles o *Saga brasileira: a longa luta de um povo por sua moeda*, que conquistou o Jabuti de Livro do Ano em 2012. Entre os prêmios recebidos está o Maria Moors Cabot, da Universidade de Columbia, o Vladimir Herzog pelo documentário *Uma história inacabada*, sobre os desaparecidos políticos, e o Esso pela reportagem com Sebastião Salgado sobre os índios Awá Guajá.

Crédito: Celso Imperatrice

DAMARIS LUCENA

É Mãe d'Água levando esperança pra lá do rio

Jéssica Moreira

Miúdos e amendoados, os olhos de Damaris só não dizem mais do que as vogais alongadas de seu sotaque maranhense. Era pelo solo quente da região nordestina que esses mesmos olhos corriam, apressados, para a beirada do rio, na noite funda da cidade de Codó, em busca da Mãe d'Água – aquela que, segundo a crença local, chama para as águas as mulheres tristes, a fim de livrá-las do sofrimento.

No caminho, cobras e bichos de tantas espécies se juntavam à menina, que aprendeu desde cedo que só sente medo da natureza quem não conhece o chão onde pisa. Cria dos rios, era no encontro com as águas que ela acreditava que poderia romper com as poças de dor que existiam dentro de si mesma.

Foi naquela cidadezinha pequena do norte do Maranhão que, em 22 de agosto de 1927, veio ao mundo Damaris de Oliveira Lucena, a mulher que, quarenta anos mais tarde, seria exilada em Cuba junto a três de seus quatro filhos e se tornaria memória viva e presente de um dos períodos mais tristes da história brasileira: a ditadura civil-militar.

Reconhecimento

São 7 horas da manhã de um sábado que promete sol quente, quando encontro, em São Paulo, a filha mais nova de Damaris, Ângela Telma Oliveira Lucena, uma das guardiãs da história da família.

A caminho de Valinhos, interior do estado, Telma tira da bolsa um pote pequeno de bolo e uma banana. O gesto de acolhida age como um calmante, abrindo espaço para as primeiras conversas sobre a mãe, que estava à nossa espera. Ela disse, porém, que a dificuldade de audição da mãe exigiria certa paciência e que, além disso, ela era bastante desconfiada.

Nove horas da manhã. Damaris já está de pé na casa onde hoje vive com outra de suas filhas, Denise Oliveira Lucena. Sentada no sofá, o cabelo branco e curto compõe o rosto de traços largos da mulher negra de riso curioso e olhos atentos. A descrença no jornalismo é, a princípio, escondida pela simpatia que ela transmite ao sorrir.

Minutos após nossa chegada, Damaris me olhou firmemente e perguntou: "Afinal, o que vocês querem tanto ouvir de mim? Você sabe, eu não gosto muito de jornalista. A maioria dos jornalistas escreve assim... Você diz uma coisa e se transforma em outra".

As palavras de Damaris são feito flechas. E, como tais, não atravessam sozinhas. Carregam a história e a ancestralidade dos rios maranhenses, dos povos negros e das florestas que tanto permearam e ainda continuam em seus caminhos.

Ouvir Damaris é como estar nessa história. É preciso aprender a escutar as flechas, que ora virão com ironia, ora com dor, com tristeza ou alegria.

A esperança pra lá do rio

O nome Damaris foi escolhido por seus pais, Manoel Oliveira e Guilhermina Costa Quintanilha, depois de lerem o Novo Testamento da Bíblia Sagrada durante os cultos na Assembleia de Deus. "Meu pai dizia que Damaris era uma viúva que botava um balaio na cabeça e vendia tecido."

Damaris "cresceu crente", como ela mesma diz, usando a expressão popular comumente empregada para se referir a quem pertence à religião protestante. A infância foi mergulhada nos cânticos do coral religioso, mas também, infelizmente, rodeada de miséria, ou dos "quase nada", expressão só dela para dizer da pouca comida do período. Mas, para além do rio, morava a esperança. E é disso que até hoje ela se alimenta.

"Eu atravessava o rio para buscar o rio do outro lado. Milho verde. Tinha umas hortas lá, eu atravessava. O meu pai ficava louco, ele não queria. Eu gostava de nadar. Era o que eu mais gostava. Parecia que lá longe tinha mais vida."

A mãe era uma mulher branca; o pai, um homem negro. Apaixonaram-se e casaram-se a contragosto de ambas as famílias, cerca de cinquenta anos após o falseado fim da escravidão no Brasil, em 1888. "A família dela [da mãe] dizia 'ela vai ser judiada por você, seu nego ordinário', e a família dele falava 'você vai judiar [dele] igual moça branca'. Daí misturou. Nós saímos mais pro meu pai."

O casamento dos dois gerava desconforto, assim como, anos mais tarde, a união de Damaris com Antônio Raymundo Lucena, conhecido como "Doutor", também causaria rebuliço na família do rapaz. Seus familiares sempre duvidaram da capacidade de Damaris por ela ser uma mulher negra.

"Meus parentes por parte de pai são africanos. Meu bisavô foi vendido aqui no Brasil com toda a família. Só ficou um pequenininho com minha bisavó. Então eu sou de gente que não se conforma com injustiça."

"Morreu, morreu praticamente de fome"

Aos 3 anos e meio, no barraco miúdo onde vivia com sua família, Damaris descobriu que, dali em diante, não seria mais possível ser apenas criança. O trabalho duro do pai na estrada de ferro não rendia sequer uma peça de carne na venda ao lado da casa. A única coisa que podiam comprar eram grãos já envelhecidos pelo tempo.

Médico não chegava ao povoado, e no dia em que o farmacêutico da região visitou a família, já não havia o que ser feito para curar a mãe, que havia adoecido. Só tinha um jeito, e esse jeito era impedido pela falta, pelos tais "quase nada" citados por Damaris.

"Aí o farmacêutico falou: 'Olha, essa senhora tem que tomar leite e comer carne'. Mas meu pai não recebia o pagamento. Tinha um bazar onde ele comprava que só tinha arroz, feijão e toucinho defumado. E minha mãe tinha que comer alguma coisa mais forte. Aí num tinha, atacou pneumonia dupla, aí morreu, morreu praticamente de fome."

A mãe morreu de falta, e ali, entre o pesar e o questionamento, Damaris descobriu do que a fome era capaz. O acontecido ainda hoje

^ Damaris Lucena e a amiga Joaninha Maranhão. Crédito: Arquivo pessoal, 1945

se encontra de forma apertada em seus olhos. Tem textura a sua dor. As vogais se alongam mais, enquanto leva a mão pousada sobre o joelho até a cabeça. A perda, porém, virou força impulsionadora para inventar sua própria sobrevivência e se orgulhar dos passos que deu do Nordeste até São Paulo.

"Muita gente passou fome. Época muito sofrida. Hoje, o nordestino vem de lá pra cá e ele num é bem recebido aqui, não. Quem construiu São Paulo, quem construiu o metrô foi o nordestino desempregado, que vinha de lá pra cá pra trabalhar, mas o sulista não gosta do nordestino."

Se, naquele tempo, a fome era uma constante, hoje a hora de comer é sagrada na família Lucena. Enquanto a entrevista acontece, a válvula da panela de pressão apita feito trilha sonora ao se misturar com as lembranças cheias de expressão de Damaris. Ela, que teve que aprender a quebrar coco pra viver, a entender o que podia ou não comer do jacaré ou da cobra, agora também faz questão de ver todo mundo reunido em volta da mesa.

Na lucidez da infância

Assim que a dona Guilhermina faleceu, seu Manoel se casou de novo. A primeira madrasta acabou fugindo com um caixeiro-viajante que entregava mercadorias na região, levando todo o pouco de alimento que Damaris e a irmã, Jovelina Oliveira, tinham para comer. Juntas, eram as únicas sobreviventes dos cinco filhos do primeiro casamento de seu pai, mortos pela mesma miséria que levou a mãe.

Quando o pai se casou pela terceira vez, a família aumentou. A menina teve que se multiplicar em muitas: foi mãe, doméstica, babá. O tempo corria, a madrasta orava sem parar, enquanto o pai atravessava a brutalidade da estrada de ferro. Damaris continuava sem entender por quê, mesmo fazendo tudo isso, a família ainda tinha que sobreviver com os "quase nada".

A fome, corriqueira, não se limitava apenas ao alimento que havia ou não à mesa da família Quintanilha Oliveira. Ela criava raízes em todo o povoado, inclusive na escola pública onde Damaris estudou apenas até o terceiro ano do antigo primário.

Um dia, baixaram um decreto que determinava que só podia entrar em sala de aula quem tivesse os pés cobertos por sapatos. "Meu pai não tinha dinheiro nem pra comida, ia ter dinheiro pra sapato?", lembra com a lucidez das crianças que se tornam adultas mesmo sem querer.

Embora tenha deixado a escola cedo, a curiosidade a fez se aproximar das palavras, chegando a quase tocá-las nos jornais. Era ela quem contava ao pai, não letrado, o que havia nas manchetes, degustando-as.

Nessa época, diziam pelo povoado que muitos russos estavam chegando ao Maranhão para fugir dos chamados "vermelhos" – modo pejorativo de se referir aos socialistas e comunistas. Ela imaginava que eles tivessem a pele vermelha, e se perguntava sobre como seriam essas pessoas.

A menina Damaris não poderia imaginar que, alguns anos depois, ela também seria tratada como "vermelha", nem que viveria cercada deles. Em Cuba, onde morou por dez anos, aproximou-se de muitas mulheres russas. "Sempre tive vontade de ir pra União Soviética ver a luta delas lá. A luta das mulheres."

"A versão masculina de Damaris"

A vida pacata a aborrecia. Queria ir para além do rio. Aos 16 anos, mudou-se para a cidade de Caxias, no Maranhão, onde a menina que amava nadar se fez também mulher operária. Na pequena fábrica, foi fiandeira e depois encarregada de compras da indústria manufatureira. Em seus dias de folga, ficava em casa, uma pensão que pertencia ao pastor da igreja, onde podia dormir, lavar e preparar o próprio alimento.

Foi no arrastar de uma tarde que Damaris, aos 18 anos, conheceu Doutor. Ele, aos 23, vez ou outra vinha para visitar os tios donos da pensão. Não demorou muito para eles se gostarem. "É como se Doutor fosse a versão masculina de Damaris e vice-versa", acredita Telma. Quando pergunto sobre o que mais a encantou nele, ela responde: "O jeito". Não é o físico ou intelectual, mas aquele que têm as pessoas que sabem como acolher, como prosear.

"O tio dele era paralítico, aí ele ia lá no quarto conversar com o tio. E eu uma vez tava lá também. Ele ficou conversando com a gente. Aí eu fiquei gostando do jeitinho dele."

Carinhoso, atencioso e boa praça – essas eram algumas das muitas características de Antônio. "Quando ele era mocinho, tudo que acontecia na casa chamavam ele pra arrumar. Se tinha uma geladeira [quebrada], ele ia lá e arrumava a geladeira. Parecia um doutor, sabia de tudo. Depois, ele aprendeu também a fazer ferramenta. Aí toda a família ficou chamando ele de doutor."

Tornar-se mãe, reconhecer-se negra

Fim dos anos 1940. Ela tinha 21, ele quase 26, quando resolveram se unir. Somaram os sonhos, a possibilidade de construir uma família e decidiram morar juntos em uma casa de pau a pique, onde viveram por quase um ano.

Damaris engravidou de um menino, Ariston, o primeiro filho do casal. Em busca de condições melhores de trabalho, Antônio foi trabalhar em Fortaleza, no Ceará, e Damaris permaneceu com a criança na mesma cidade, próxima à família do marido. Ariston tinha os traços e os cabelos negros e crespos como os da mãe, que teve que engolir a seco diversas discriminações raciais por parte da família do marido. Damaris cita uma fala da sogra a Antônio, com uma dor ainda embargada na garganta: "Ah, você não casou com uma negra? [Como] Você quer ter um filho branco?".

"Eu não fiquei chateada porque ela me comparou com negra. Que, de fato, eu num era branca. Eu fiquei chateada da humilhação. Eu num fiquei com raiva dela, fiquei chocada. Porque eu era negra, mas eu sou humana. Quem fez a riqueza do Brasil foram os negros africanos que os portugueses traziam para o Brasil."

Em 1950, persistindo as dificuldades de arrumar um emprego decente, Antônio subiu em um pau de arara cercado dos sonhos de outras pessoas e migrou do outono quente do Nordeste para o quase inverno da capital paulista. Em poucos dias, tornou-se operário na Fiação Tecelagem e Estamparia Ypiranga Jafet, uma fábrica de tecidos no centro da cidade e, após três meses, trouxe Damaris e o pequeno Ariston para fazer a vida com ele no Sudeste.

"O que é comunismo?"

Habituada a roupas curtas, pés à mostra, São Paulo se mostrou dura com Damaris logo de início. "Era um frio que Deus me livre, quase morri. Não tinha roupa de frio."

Mas a mesma São Paulo também foi generosa quando o assunto foi trabalho. Passadas apenas duas semanas, Damaris estava empregada na mesma fábrica em que Antônio trabalhava, a Jafet, onde inicialmente atuou no setor de tecelagem, antes de se tornar cozinheira, um ano depois.

Curiosa, não pensou duas vezes antes de se somar ao sindicato da empresa. No livro *Infância roubada: crianças atingidas pela Ditadura Militar no Brasil*, publicado em 2014 pela Comissão da Verdade do Estado de São Paulo "Rubens Paiva", Damaris relembra: "Eu vim escutar a palavra comunismo aqui em São Paulo, quando eu cheguei. Eu perguntei: 'Gente, o que é comunismo?'. 'Ah, companheira, comunismo é as pessoas que querem que as pessoas tenham escola, tenham alimento, hospital'. Ah bom, então eu pensei. 'Eu sou comunista porque eu quero

^ Olhar profundo e voz firme – assim sempre foi Damaris desde os tempos de militância, na criação dos filhos, no exílio e na luta para manter viva a memória de Antônio Lucena. Crédito: Arquivo pessoal

que tenha tudo isso para todo mundo'. Então, por isso eu me envolvi com a luta de beneficiar todo mundo".

Damaris é uma mulher esguia, alta, de olhar profundo e tom de voz que pode ser ouvido a alguns metros de distância. O cansaço das memórias que a entristecem também é aparente. Em uma frase curta, ela me conta, sem rodeios: "E o menino morreu, morreu de sarampo".

O menino a que se refere era o seu primeiro filho. Único nascido no Maranhão, Ariston não sobreviveu à doença, que acometeu muitas crianças no século 20. Depois de sua partida, Damaris e Antônio tiveram outro garoto, batizado com o mesmo nome. Quando ele estava com 9 anos de idade, veio o casal de gêmeos, Denise e Adilson. E, seis anos mais tarde, em 1966, a caçula Ângela Telma.

Os dois se dividiam entre os cuidados dos filhos, o trabalho na fábrica, a militância no sindicato e a construção de uma casa própria, em São João Clímaco, nos arredores de São Paulo. Nos primeiros anos em São Paulo moraram em uma vila de madeira pertencente à própria indústria.

A infância das crianças em São Paulo não foi como a de Damaris, no Maranhão. Sem os pés na terra, foi no concreto cinza da cidade da garoa onde, desde cedo, foram acostumadas à creche da própria fábrica onde seus pais trabalhavam.

Das tantas horas passadas dentro da indústria, apenas quinze minutos eram reservados à amamentação das crianças. Aquilo incomodava Damaris, que sabia que o tempo não era suficiente sequer para trocar a cria de um peito para o outro. Reconhecida ali como uma liderança, ela foi a responsável por levar a demanda aos patrões, conseguindo ampliar o tempo da amamentação para trinta minutos.

"Isso aqui é um puteiro"

Para além de presenciar a partida da mãe, no mesmo povoado ela aprendeu a sentir empatia pela dor e solidão que atravessam as trajetórias de tantas outras figuras femininas.

Quando era criança, uma porta na beira da calçada a desviou do destino de sempre. Ali, mulheres adornadas de vestidos de renda, maquiagem e batom avolumaram a curiosidade da menina, que arrancou a tábua que tapava o buraco do portão e entrou no espaço proibido.

"Menina o que você tá fazendo aqui?", perguntavam as mulheres. "Ah, eu vim ver vocês. Vocês estão tão bonitas, estão sempre muito arrumadas", a filha Telma se lembra do que sua mãe lhe contava. "Elas falavam: 'Olha, menina, deixa eu falar uma coisa pra você, não é pra você vir aqui. Sabe o que é isso aqui? Isso aqui é um puteiro'."

Como essas mulheres não podiam sair do prostíbulo, Damaris passou a comprar seus remédios, comida e também a passar suas roupas. Elas contavam das dores, do choro engasgado quando os homens saíam de seus quartos.

"Eu falava: 'Ah, meu Deus! É uma judiação essas mulheres'. Trabalham, coitadas, vivem disso. Eu num sabia nem o que era prostituição, pra falar a verdade. Hoje, tenho isso na minha cabeça, tenho muita preocupação com as prostitutas."

Ao serem rendidas, Elisa olhou irada para o guarda, não pensou duas vezes e, corajosamente, deu-lhe uma cuspida na cara, deixando Damaris apavorada. Até hoje não acredita como foram soltas.

A voz de Damaris

Durante a conversa, Damaris resgata da memória a primeira greve da qual fez parte. Diante de tão baixos salários, o operariado decidiu parar o trabalho para reivindicar aumento na fábrica da Jafet. Naquele dia, ela e Elisa Branco, também do sindicato, foram às ruas cheias de vontade de mudança.

Em meio ao protesto, as duas foram levadas presas para a delegacia, onde permaneceram durante cerca de quatro horas. Ao serem rendidas, Elisa olhou irada para o guarda, não pensou duas vezes e, corajosamente, deu-lhe uma cuspida na cara, deixando Damaris apavorada. Até hoje não acredita como foram soltas. Ao se lembrar daquela época, sorri e coloca a mão sobre a boca, como quem até hoje não acredita em tamanha audácia.

Depois disso, Antônio, que sempre apoiou a militância da companheira, teve receio de vê-la sair às ruas e correr o risco de ser detida novamente. "'Não vai sair amanhã, a greve vai continuar.' No outro dia, bem cedo, eu saí. Sumi de casa. Comecei a discursar no estádio. Aí, Antônio também estava lá e o companheiro que estava perto dele falou: 'É a voz da Damaris. É ela que tá falando'. Aí meu marido falou: 'Não, ela tá em casa'. E o amigo: 'É nada, ela que está falando'. Quando meu marido me viu ficou bravo. 'Ah, ela vai ser presa de novo'.", ele falava, mais em tom de preocupação do que de reprovação.

Juntos, chegaram a participar da campanha "O petróleo é nosso", em 1953, lutando contra as privatizações das riquezas nacionais. A essa altura ela já havia se filiado ao Sindicato dos Têxteis (Sinditêxtil) e, por causa de sua postura sempre destemida, recebeu o cargo de delegada sindical, sendo convidada a representar a categoria no Congresso de Mulheres Operárias do Rio de Janeiro, em 1956. Quando voltou, os patrões na Jafet não pensaram duas vezes, foi demitida.

Naquela época, as indústrias tinham uma lista dos funcionários sindicalizados ou, como diziam, "agitadores" – aqueles que mobilizavam outros operários em prol de melhorias nas condições de trabalho. Desde a demissão da Jafet, Damaris nunca mais conseguiu emprego em fábrica alguma. "Todo mundo sabia que quando eu fosse pedir emprego não teria emprego. Eu era comunista. Aí tive que ir pra casa de família", lembra.

Vassouras, espanadores e resistência

Para quem vinha do interior do Maranhão, lavava roupa no rio e as quarava sobre pedras, as máquinas de lavar não assustavam. Ela não se colocava limites e dava um jeito de aprender, mesmo a contragosto. Ainda assim, o trabalho era ingrato. "Trabalhar em casa de família é muito difícil, tem dona de casa tão exigente que é capaz de fazer você passar o dia inteirinho limpando a casa."

Mas foi como ajudante de cozinha de uma pensão que ela mais precisou exercitar sua cautela. Depois de dias na lida diária, logo percebeu que os sargentos e generais do batalhão bem próximo almoçavam todos os dias ali, numa coincidência nada feliz. "Eu tinha medo dos militares, eu tinha medo. Tudo uniformizado. Tenente, capitão, todos iam comer lá."

Em 1964, ano do golpe militar brasileiro, Antônio deixou de trabalhar na fábrica – no seu caso, por invalidez. A infecção que ele tinha em um dos olhos afetou também o outro – o único são que lhe restava, já que desde os nove anos ele só enxergava de uma vista. Damaris passou a acompanhá-lo nas vendas numa barraca de feira.

"Eu gostava de conversar na feira, falava dessas injustiças. E a ditadura fez muita injustiça no Brasil. Eu gostava da feira. Vender vassoura, vender espanador, tempero, [panela de] alumínio. Fazia muita amizade."

Para levar a mercadoria, logo foi necessário arranjar uma perua própria, e Damaris ingressou em uma autoescola. Havia 23 pessoas em sua turma de direção, na maioria, brancas e burguesas, enquanto ela precisava vender pimenta-do-reino para pagar todo o processo. De tão dedicada, ela foi a aluna que melhor conseguiu fazer uma baliza. Muitas vezes, na rua, ela foi chamada de puta, e o marido, de corno, pois as pessoas não aceitavam que uma mulher negra, nordestina tivesse carteira de habilitação, enquanto vários homens sequer sabiam dirigir.

O feito de Damaris é, para a família, um símbolo de revolta e inspiração de que, sim, mulheres negras podem fazer qualquer coisa e estar onde quiserem.

Quando Damaris virou Rosa

Damaris não é uma mulher de esconder seus medos, suas tristezas e angústias. Talvez seja isso que faça de seu discurso algo tão impactante. Reto, certeiro, como a tal flecha.

Damaris continuou atuando na feira com seu marido enquanto se engajavam também na militância. Ela se recorda: "No sindicato, tinha uns companheiros que começaram o movimento armado. Aí nos convidaram. 'Queremos, sim, queremos tomar parte.' Que foi, sei lá, se foi certo ou errado, mas tomamos parte do movimento armado". Foi assim que, em 1967, eles passaram a integrar a Vanguarda Popular Revolucionária (VPR), formada por dissidentes da Política Operária (Polop) e ex-integrantes do Movimento Nacionalista Revolucionário (MNR), em sua maioria estudantes e ex-militares.

O movimento possuía poucos recursos, e a forma mais viável que encontraram para angariar fundos e ter armamento para se defender foi organizar assaltos a bancos, embora Damaris e Antônio não tenham chegado a participar. "Meu marido nunca tomou parte de assaltamento de banco. Os companheiros que iam e diziam: 'Você não vai, não'. Porque ele só tinha uma vista e os companheiros não queriam que ele fosse."

Enquanto se protegiam entre si, fortalecendo os laços fraternais que os mantinham vivos, os integrantes da VPR tinham que estar sempre atentos. Nessa época, muitos deles trocaram de nome para continuar existindo em sociedade. As atividades do grupo eram agora alvo direto do regime militar, principalmente a partir de 1968, com o Ato Institucional Número Cinco (AI-5), quando a repressão apertou de vez e todos os opositores passaram a ser vistos como terroristas. Todo cuidado era pouco.

"Aí a imprensa começou a dizer que nós éramos bandidos. Que éramos assaltantes de banco. Que a gente era terrorista. Era uma campanha tão grande, mas tão grande, que todo mundo acreditava."

Damaris virou Rosa; Antônio, Zé. A família toda passou a viver na clandestinidade. Indo do litoral ao interior de São Paulo, moraram na Praia Grande, na Cidade Ocian e Embu Guaçu.

Pra quem teve uma história atrelada à omissão do Estado na sua vida e na de sua família, que sofreu por ser uma mulher negra e sempre lutou por uma vida mais digna, ser chamada de terrorista representava uma contradição tremenda. Era uma ofensa.

Para permanecer longe dos olhos do regime, com o consentimento do movimento, Damaris comprou uma casa para o casal na cidade de Atibaia, interior de São Paulo. Ela e Antônio viraram os fazendeiros dona Dulce e seu Eduardo, sendo ela a responsável pelos afazeres fora da residência. "Tinha um fofoqueiro lá que começou a nos vigiar. O homem começou a olhar pra ele [Antônio]. Ele não descia do carro, eu descia." Esse homem, na verdade era um agente infiltrado, que dirigiu até a polícia local para denunciá-los dizendo que ali "tinha um casal, um casal esquisito, diferente".

À época, a cidade estava sendo investigada e a delegacia local se mantinha vigilante para identificar possíveis núcleos contra o regime militar. O cerco estava armado. E se fechava.

Um, dois, três, eram quinze homens fardados

Eram 15 horas de uma tarde que corria tranquila naquele 20 de fevereiro de 1970. Antônio dormia, enquanto Damaris alfabetizava Denise e Adilson e trazia a menina Telma em seu colo. De repente, a pequena casa alargou-se toda em barulhos que vinham da parte externa, do quintal. Não havia tempo para pensar: o local estava tomado.

Um, dois, três, eram quinze homens todos fardados, parte da guarda municipal da cidade. Antônio não tinha outra escolha. Atirou, ainda de dentro de casa. As crianças começaram a chorar. Quando o tiroteio deu trégua, Adilson foi o primeiro a sair. Subitamente, encontrou o pai sentado ao lado do tanque, sem camisa, o corpo tomado por tiros, praticamente morto.

Atrás dele, Damaris vinha junto às duas meninas. "Mataram meu marido. Aiiiii...", Damaris solta um "ai" tão dolorido que o encontro das vogais vibra como se a dor estivesse estirada no chão da sala onde acontece a entrevista. "Foi muito difícil."

Um, dois, três, eram quinze homens todos fardados, parte da guarda municipal da cidade. Antônio não tinha outra escolha. Atirou, ainda de dentro de casa. As crianças começaram a chorar.

Todos ficaram em estado de choque, mal crendo no que seus olhos viam. Sem que tivessem tempo de se darem conta, os quatro foram estreitados no quarto pela guarda, numa continuação daquela tortura física e psicológica. Na verdade, não havia um canto da casa, nem grito, nem tom em que o coração não se estreitasse.

O corpo de Antônio permanece desaparecido. Chegaram a acreditar que ele havia sido sepultado como indigente no cemitério de Vila Formosa ou no Dom Bosco, em Perus, para onde foram levados dezenas de corpos de militantes políticos, mas as tentativas de localização não obtiveram sucesso no caso dele. Damaris só tem certeza da morte do companheiro porque seus olhos foram obrigados a ver sua forçada partida.

No Vale do Ribeira, na divisa do estado de São Paulo com o estado do Paraná, Ariston, o filho mais velho, soube da morte do pai e da prisão da mãe pelo rádio. Ele, que há dois anos já havia deixado a família para integrar o treinamento de guerrilha da VPR, apertou suas dores, e lá permaneceu. Meses mais tarde foi também capturado e torturado no Departamento de Ordem Política e Social (DOPS) e pela Operação Bandeirantes (OBAN). Ficou preso durante quase dez anos, saindo apenas com a aprovação da Lei da Anistia, em 1979.

Após o cerco do qual foram alvo, Damaris e os filhos foram levados para a delegacia de Atibaia. "Quando eu cheguei na delegacia, eles tomaram elas [as crianças] dos meus braços, levaram lá pro quartinho e mandaram o cacete em mim, deram uma surra. Os policiais todos queriam me bater. Cada um queria me dar uma pancada", conta, com pesar. As crianças ficaram na delegacia até o chegar da noite e só então foram levadas para o Lar Dona Mariquinha Amaral, um orfanato da cidade, e depois para o Juizado de Menores – atual Vara da Infância e da Juventude – de São Paulo.

O delegado do DOPS à época, Sérgio Fernando Paranhos Fleury, foi pessoalmente "cuidar" do caso, para exigir que Damaris abrisse o jogo sobre os demais companheiros da VPR. Ele se enfureceu; queria encontrar Doutor ainda vivo. Seus olhos azuis, bem azuis, mas sempre avermelhados, davam a impressão de que havia feito uso de alguma substância – o que só ampliava o temor de Damaris.

Com a cena do marido morto ainda viva na retina, Damaris teve, mais uma vez, que se virar e aguentar firme. Resistir, para que sobrasse um pouco de si para suas meninas e seus meninos.

Duas guerreiras: entre lágrimas e orações

No dia seguinte, em 21 de fevereiro de 1970, Damaris foi levada para o centro clandestino de tortura da OBAN, no bairro do Paraíso, em São Paulo. Lá, conheceu Eliana Rolemberg, na época estudante da Pontifícia Universidade Católica de São Paulo (PUC-SP) e militante, que já estava há alguns dias no local. As duas dividiram a mesma cama de solteiro num quarto gélido.

^ Zilda Xavier, a cubana Angela e Damaris Lucena na ilha de Pinos, durante o exílio em Cuba. Crédito: Arquivo pessoal, 1977

A força de uma mulher ajudava a outra a se reerguer. Toda vez que uma delas era torturada, a outra ouvia, ora rezando, ora chorando. Quando Damaris era levada, Eliana ficava rezando; muito católica, era de onde ela tirava forças. Já na vez de Eliana, Damaris, que não sabia rezar, chorava. Esse era seu clamor.

"Aiiin, quanto sofrimento. Eu chorava, ela chorava. Só tinha uma cama de solteiro para nós duas. Eu ficava sentada de lado assim e ela do outro lado, pra passar a noite. Eu tomei muito choque elétrico. Apanhei muito na prisão."

Próximo de completar o vigésimo terceiro dia em cárcere, um dos agentes lhe disse que em breve ela seria solta. Damaris foi uma das pessoas que foram libertadas em troca de Nobuo Okuchi, o cônsul do Japão à época, sequestrado numa operação organizada pela VPR para libertar presos políticos, como Madre Maurina Borges da Silveira, Chizuo Osava, Diógenes José de Carvalho de Oliveira e Otávio Ângelo.

Enquanto isso, no Juizado de Menores, as crianças eram preparadas para o reencontro com a mãe. Adilson relembra com detalhes: "Um belo dia, a Valquíria, que era a diretora da instituição, foi nos buscar, nos banhou, nos vestiu uma roupa mais ou menos e disse que a gente ia sair do país".

Para provocar Damaris, um policial disse que mataria os filhos na frente dela. A imagem cortante não cabia no coração daquela mulher que vira o marido ser assassinado semanas antes em sua própria casa. Sentia que agora estava realmente enlouquecendo. "Foi uma das coisas mais tristes da minha vida. Eu pensei: 'Se torturarem os meus filhos aqui, eu morro'. E falei para eles: 'Olhem, me matem e matem os meus filhos, está tudo terminado'. Para mim, foi muito terrível".

Como se as forças de seu útero também machucado gritassem, Damaris ficou menstruada bem no dia de sua saída do centro da OBAN. Com vergonha das roupas ensanguentadas, tomou emprestadas as de Eliana, apertadas, mais curtas. Por muitos anos, a saia marrom estampada com quadrados ficou pendurada no guarda-roupa da família. "Eu olhava aquela roupa e me dava um arrepio; eu num sabia muito bem o que era, mas aquela roupa me dava uma má impressão", relembra Telma.

Unidos novamente

Muito magra, com o rosto desfigurado e a voz alterada, o reencontro de Damaris com os filhos também foi um processo de reconhecimento. No caminho, ela tentava comer alguma coisa, mas sua mordida estava desencaixada por causa das surras. Dentro do avião, seu corpo não tinha forças sequer para segurar a pequena Telma em seus braços. Por isso, um comissário de bordo levou a menina durante todo o trajeto.

Ao chegarem ao México, os dez agentes da Polícia Federal que os haviam acompanhado não queriam permitir que ela falasse com a imprensa internacional, mas ela, corajosamente, pronunciou-se, denunciando também a tortura pela qual passava sua ex-companheira de cela, Eliana Rolemberg.

Eliana ainda passou por uma segunda prisão antes de ser exilada na França. Durante os anos que viveu na Europa, esteve na Divisão da Juventude da Organização das Nações Unidas para a Educação, a Ciência e Cultura (Unesco) e no Setor de Migrantes e Refugiados do Serviço Civil Internacional (SCI). Voltou ao Brasil após a aprovação da Lei da Anistia, em 1979.

"Eu era uma lutadora"

Damaris e as crianças foram encaminhadas para um hotel de luxo. Ficaram no México por um período de dezenove dias, ao fim do qual Fidel Castro ofereceu a eles asilo em Cuba, como resultado da articulação da VPR junto ao país socialista.

A chegada à ilha foi sinônimo de acolhimento. O avião pousou no aeroporto de Havana e, do lado de fora, o ministro da Comunicação à época estava a postos, à espera da família.

"Quando eu cheguei a Cuba, eu chorei muito. Duas coisas que me deixaram muito triste no Brasil: a morte do meu marido e minha expulsão do país. Eu não era criminosa, eu não era bandida, eu não era ladrona. Eu era uma lutadora. Me deportaram, me tiraram do Brasil na marra, me botaram num avião, sem eu querer ir, pra um país que eu nunca tinha ido, México, mas eu nunca nem tinha falado espanhol."

Os socos e pontapés sofridos na prisão renderam-lhe diversas cirurgias, todas realizadas em Cuba. Damaris retirou o útero e os ovários. No total, foram 83 pontos na barriga.

Para quem encontrava no nado um caminho para driblar as dificuldades na infância, era agora o azul-esverdeado do mar caribenho que trazia a esperança de um recomeço. Sabia que estava segura. Suas crianças teriam liberdade para brincar, estudar e conviver com outros meninos e meninas sem medo de, a qualquer momento, militares baterem à sua porta.

Eram os filhos que traziam o novo idioma até a mãe, que, depois de recuperada das cirurgias, também voltou a estudar. "Eu só tinha meu primário. Fiquei dois anos chorando, sem aprender o idioma, pra mim era difícil. Aí os companheiros falaram para eu voltar a estudar. Aí eu fui pro colégio estudar primário, e botaram lá uma moça que falava português."

Damaris, que até hoje desconfia da imprensa, orgulha-se por ter cursado dois anos de Jornalismo na ilha cubana. "Eu achei um espetáculo. Pra mim, foi uma das melhores coisas que eu já fiz na vida. Porque a gente analfabeta é uma tristeza, né?", lembra a mulher que, quando criança, teve que suspender seus estudos porque o pai não tinha dinheiro para lhe comprar um par de sapatos.

Soledad, presente!

Quando Damaris e os filhos chegaram a Cuba, foram instalados na mesma casa onde já vivia a paraguaia e também militante Soledad Barrett Viedma. Ela havia conhecido o brasileiro José Maria Ferreira de Araújo – integrante da mesma organização de Damaris, a VPR –, com quem teve uma filha, Ñasaindy, nascida em 4 de abril de 1969.

Quando a menina completou um ano e dois meses, o pai voltou ao Brasil para dar continuidade à sua luta. No entanto, chegando ao país, foi preso, torturado e morto pelo regime militar. Passados alguns meses, Soledad partiu de Cuba rumo ao Brasil, sem saber da morte de seu companheiro, deixando a filha aos cuidados de Damaris.

"Um dia, ela acordou e falou: 'Damaris, eu vou para o Brasil. E tu vai ficar com a Ñai'. A menina tinha um ano e alguns meses. Eu falei: 'Ah! Meu Deus'. Eu já tinha três filhos aqui em Cuba comigo. 'Eu vou lá pra terrinha e tu vai ficar com minha filha. Um dia a gente se encontra.' Depois de três anos mataram ela", me conta Damaris sobre um dos mais conhecidos e trágicos episódios do regime militar, o Massacre da Chácara São Bento, em Recife (PE).

"Damaris tem a sabedoria dos humildes. Criativa num ponto que precisa ser quando você tem pouco. Não só na questão prática, mas também nos sentimentos, o que você pode fazer com aquilo que te resta, que é a esperança", fala Ñasaindy orgulhosa sobre a mãe que lhe criou e com quem aprendeu desde cedo o que era a ética.

Mesmo vivendo bons dias em Cuba e acreditando no processo revolucionário da ilha socialista, Damaris sentia muitas saudades do Brasil. Sua família continuava no país, bem como seu filho mais velho, Ariston, preso desde que ela partiu para o país caribenho. "O Ariston

^ Damaris com os filhos Ângela Telma, Adilson e Denise de Oliveira Lucena. Crédito: Arquivo pessoal

passou quase dez anos preso. E eu num sabia notícias dele. Um brasileiro, às vezes, por acaso, entrava na prisão para visitar outras pessoas e dava notícias dele pra mim. Mas era muito difícil."

No tempo em que ela esteve por lá, seu pai, Manoel, morreu atropelado em uma via de São Paulo. Ela, que, por medo dos militares, preferia manter-se afastada de tudo que estivesse relacionado ao Brasil, soube do ocorrido apenas quatro anos mais tarde. Em maio de 1980, com a aprovação da Lei da Anistia no ano anterior, enfim chegou o momento de Damaris voltar a São Paulo.

Antes de sair, Damaris ainda teve de falsificar a certidão de nascimento de Ñasaindy, já que no documento original ela constava como filha de Soledad e o governo cubano não a deixaria sair sem a autorização da mãe. Na nova certidão foi chamada de Ñasaindy de Oliveira Lucena. "Eu ficava imaginando como seria meu sobrenome, ficava brincando com o sobrenome bem grande, que contivesse todos os sobrenomes que eu deveria ter", diz. Apenas em 1996 ela finalmente conseguiu tirar uma identidade com seu nome legítimo: Ñasaindy Barrett de Araújo.

Quando voltaram ao Brasil, foram para São Paulo, mas os olhares preconceituosos de alguns vizinhos os incomodavam. Seguiram, então, para Sumaré, interior do estado de São Paulo, onde poucos sabiam da vida militante de Damaris.

Ariston saiu da prisão e foi trabalhar, assim como os demais filhos. Damaris ainda trabalhou como empregada doméstica por muitos anos, até se tornar recepcionista em uma clínica, que foi seu último posto de trabalho. Sua vontade de mudança também a levou a abrir uma escola de educação infantil em sua casa, acolhendo, principalmente, crianças no contraturno escolar. Por conta das burocracias, o projeto precisou ser encerrado.

Em 2014, Damaris enfrentou a morte do filho Ariston, um tratamento de câncer no estômago, além das tantas mudanças políticas ocorridas no país. As filhas tentam deixá-la afastada desses acontecimentos para poupá-la de fortes emoções.

Como ela nos diz, tudo o que poderia fazer para os filhos era ensiná-los a serem humanos. Ela, que também teve em suas raízes a religião evangélica, mesmo não a seguindo mais, defende o que aprendeu ainda em sua cidade natal: "Amar o próximo como a ti mesmo. Eu sempre tive isso comigo. Como eu fui crente, amar teu próximo como a ti mesmo. Eu ensinei meus filhos a respeitar as pessoas, o ser humano".

"Minha mãe é minha heroína"

Sentadas debaixo do pé de pitanga plantado há tempos pelas mãos de Damaris, Telma e Denise se abrem em sorrisos ao tentar, minimamente, resumir o que a mãe é em suas vidas. Várias palavras surgem, mas, quando Denise a define, se limita a dizer: "Minha mãe é minha heroína".

Na outra ponta do país, em Recife, os diversos aprendizados deixados por Damaris são transmitidos nas palavras poéticas ditas ao telefone por Ñasaindy. Ela lembra com ternura que a beleza das ondas do mar quebrando na areia, descrita por Dorival Caymmi lhe foi cantada, pela primeira vez, na voz Damaris.

Para além da rigidez dos caminhos trôpegos da vida, Damaris nunca deixou de cantar, de inventar e de tirar riso das situações, encantando desde multidões que lotam estádios aos passantes da feira.

"Damaris é o povo. Quando a Damaris fala qualquer coisa, por mais simples que seja, é como se fosse um grande diálogo, pois carrega muita informação. Ela desenvolveu uma teoria de como viver", conta Ñasaindy.

O sonho de ser atriz trazido da infância pode ser sentido no dia a dia ao lado da família. Seja nas imitações caricaturais dos amigos próximos, seja na piada com as notícias do dia ou inventando ao neto que ela é uma bruxa.

Tudo nela é intenso. É robusta a sua força, como é a copa frondosa, toda farta de folhagem, da pitangueira que areja o ar. O fruto, de sabor agridoce, é talvez a metáfora mais concreta dos anos de vida da mulher que, mesmo nos ares tristes de São Paulo, carregou consigo a sabedoria das águas mornas do Maranhão.

A crença no desconhecido foi sua estratégia para aplacar a sombra da miséria que por tanto tempo rondou sua família. Talvez não tenha ainda encontrado todas as respostas das perguntas que se fazia, ao olhar a fome do mundo instalada em sua própria casa. Mas, com certeza, feito formiguinha – como é chamada por Ñasaindy –, Damaris não para. No sobe e desce das ladeiras sinuosas, Damaris se reinventa. É chão de Codó. É mar do Caribe. É Mãe d'Água levando esperança pra lá do rio. ■

Crédito: Arquivo pessoal

JÉSSICA MOREIRA

É jornalista graduada pela Faculdade Paulus de Tecnologia e Comunicação (FAPCOM). Moradora de São Paulo, no bairro de Perus, onde está o Cemitério Dom Bosco, é coautora do livro *Queixadas: por trás dos 7 anos de greve* (2013), uma reivindicação que atravessou o período da ditadura civil-militar no Brasil no bairro de Perus. É cofundadora do coletivo Nós, Mulheres da Periferia, sendo uma das diretoras do documentário *Nós, Carolinas* (2017). É repórter da Agência Mural de Jornalismo das Periferias desde 2010 e atua também como mobilizadora social e de redes sociais.

Crédito: Carolina Vilaverde

CRIMEIA DE ALMEIDA

Da mata à cidade, as lutas de uma guerrilheira

Tatiana Merlino

O som de aviões e helicópteros do Exército indica que estão próximos. Há meses sobrevoam a região. Com roupas verdes, um homem e uma mulher caminham na mata. Andam dias e noites por entre castanheiras, palmeiras e animais da floresta Amazônica até chegarem ao rio Araguaia. É uma viagem tensa. Um passo em falso pode ser fatal. Recém-saídos da região da guerrilha instalada no Pará para lutar contra a ditadura civil-militar no final dos anos 1960, não podem ser vistos pelos agentes que atacam o local. Ela está com medo. Acha que será presa.

Ao longo de duas noites, atravessam o rio, escondendo-se durante o dia em uma ilha no meio da travessia até o sol baixar. Enquanto tentam se esquivar da correnteza, um fluxo de água fria provoca cãibras fortes; ela fica nervosa, mas segue nadando. O medo é um motor. Certa hora, uma luz desponta no escuro da noite. É uma lancha da Marinha. Seu farol varre a extensão do rio. Os dois afundam o saco de roupas, abaixam a cabeça e interrompem as braçadas. Isso se repete de novo e de novo até alcançarem a margem.

Ao chegar a São Raimundo, então em Goiás, hoje Tocantins, seguem viagem até a cidade de Imperatriz, no Maranhão, um pouco de barca, um pouco de carona num pau de arara. A partir dali, cada um segue um rumo, conforme havia sido combinado. O dela, São Paulo.

A roupa que havia confeccionado para que não percebessem que acabara de sair da mata, uma saia preta um pouco acima dos tornozelos, faz com que seja confundida com uma freira. Assume o disfarce e compra um crucifixo para dar mais veracidade à personagem.

Em Imperatriz, homens do Exército visitam a pensão onde ela se hospeda. É o momento de maior tensão da viagem. Quieta, ouve quando os demais quartos são revistados. Os homens vão embora, mas o sono não chega. Parte rumo a Goiânia. O trajeto é longo. Começa a pé, pela estrada. Quando vê caminhões e jipes do Exército, entra no mato, faz um trecho por trilha, caminha, dorme, depois entra novamente na estrada. Somente quando deixa de ver sinais das tropas é que sobe num ônibus. Então, segue para São Paulo. São quase 30 dias de uma exaustiva viagem.

Crimeia Alice Schmidt de Almeida estava no terceiro mês de gravidez de seu companheiro André Grabois quando saiu do Araguaia, no final de agosto de 1972. Ela havia sido escolhida pelo comando da guerrilha, instalada na região desde 1966, para refazer o contato com o Partido Comunista do Brasil (PCdoB), na tentativa de romper o cerco que as Forças Armadas haviam imposto ao grupo.

Em São Paulo, Crimeia viveria na clandestinidade por alguns meses até ser sequestrada e levada para o Destacamento de Operações de Informação – Centro de Operações de Defesa Interna (DOI-CODI), temido centro de repressão da ditadura, na rua Tutoia. Foi torturada, mesmo estando no sexto mês de gravidez. Presenciou a tortura de sua irmã, Maria Amélia de Almeida Teles, de seu cunhado, César Augusto Teles, e de Carlos Nicolau Danielli, companheiro de organização. Seu filho, João Carlos, o Joca, nasceu na prisão. André Grabois desapareceu em 14 de outubro de 1973, após um ataque do Exército ao Araguaia. Ele não pôde conhecer o filho. Seus restos mortais nunca foram encontrados. O sogro de Crimeia, Maurício Grabois, dirigente do PCdoB, também foi assassinado na região pelo Exército no dia 25 de dezembro de 1973, junto do genro, Gilberto Olímpio Maria, casado com Victória Grabois, irmã de André. Seus corpos seguem desaparecidos.

Desde que saiu da prisão até o momento em que este perfil é escrito, em 2019, Crimeia luta – incessantemente – para encontrar os restos mortais dos desaparecidos políticos e para punir os responsáveis pelo sequestro, tortura e morte dos que lutaram contra a ditadura civil-militar. Esta é a história de uma das poucas sobreviventes da guerrilha. A história de uma mulher que dedicou sua vida a lutar por memória e justiça para o pai de seu filho e seus companheiros de luta. "Como eles foram silenciados, preciso contar essa história por eles." É o que tem feito.

Comunista sem partido

Durante algumas tardes dos meses de maio e junho de 2019, Crimeia me recebe para entrevistas em seu apartamento em São Paulo. Sentada numa cadeira de madeira, à frente de uma mesa redonda com tampo de vidro, ela mantém a firmeza dos tempos de guerrilheira. Tem 74 anos quando este perfil é feito, e permanece tranquila mesmo após longas horas de conversa, apesar do tema tão duro. Crimeia tem cabelos brancos curtinhos, usa óculos, está sempre de calças compridas e chinelos havaianas, que, faça chuva ou faça sol, não tira dos pés. É sarcástica, aparentemente brava e ainda se reivindica comunista. "Mas uma comunista meio anarquista, sem partido", esclarece, rindo.

A rebeldia de Crimeia vem de berço. Filha de uma dona de casa e de um ferroviário comunista, ela nasceu em 1946 em Santos, litoral de São Paulo, quando o pai foi trabalhar na cidade como estivador. Mas logo voltaram para a cidade de Contagem, região metropolitana de Belo Horizonte, em Minas Gerais, onde os pais haviam se conhecido e se casado. Suas memórias da infância na família de classe média baixa são divertidas. Subia em árvore, nadava na lagoa, andava de bicicleta. A mãe não tinha atuação política, mas valorizava os estudos e a independência das filhas, Crimeia e Maria Amélia, a primogênita.

Em 1962, filiou-se ao Partido Comunista Brasileiro, o PCB. Era época de efervescência política, quando se discutia o governo de João Goulart. Ela participava das manifestações pela reforma agrária, brutalmente reprimidas com espancamentos e prisões. Na mesma época, houve uma cisão do PCB, e foi criado o PCdoB (Partido Comunista do Brasil), para o qual Crimeia migrou após ser afastada por divergências em relação ao primeiro.

A situação da família se complicou com o golpe militar, em 1964. Seu pai foi preso e ficou seis meses desaparecido. Depois de uma longa jornada, ele foi encontrado. Estava detido no presídio em Ribeirão das Neves, região metropolitana de Belo Horizonte. Havia sido muito torturado, o braço, quebrado.

^ As irmãs Crimeia Almeida e Amelinha Teles, com Janaína, Joca, Edson e um amigo, em 1978, em João Pessoa, Paraíba. Crédito: Arquivo pessoal

Crimeia, Amelinha – como é conhecida a irmã mais velha – e os pais foram indiciados nos Inquéritos Policiais Militares abertos na sequência. As duas jovens foram interrogadas várias vezes, até altas horas, sob constrangimentos e assédios sexuais. Com a perseguição à família, seguiram todos para o Rio de Janeiro, na clandestinidade.

Ela queria continuar a estudar Química, curso no qual havia acabado de ingressar, mas decidiu fazer Enfermagem. Seria mais conveniente para a luta armada, que então já começava a ser considerada pelo PCdoB. Passou no vestibular da Escola de Enfermagem Anna Nery, da Universidade Federal do Rio de Janeiro (UFRJ), onde começou a atuar no movimento estudantil. Em 1967, se candidatou para o Diretório Acadêmico da faculdade e, no ano seguinte, em 12 de outubro de 1968, participou do 30º Congresso da União Nacional dos Estudantes (UNE), em Ibiúna, interior de São Paulo, que reuniu cerca de mil estudantes. Lá, foi detida. Em 13 de dezembro, foi decretado o Ato Institucional Número Cinco (AI-5) e, com ele, endureceu-se ainda mais a repressão da ditadura.

Um mês depois, em janeiro de 1969, Crimeia seguiu para o Araguaia. "Eu tinha medo, mas achava que era muito difícil fazer luta não armada. Eles [militares] vinham armados pra cima de nós. Eu escapei de muitos cercos armados. A gente achava que ia morrer, mas pelo menos íamos resistir."

Viver na mata

Logo que chegou à base onde se instalaria, Crimeia entrou na mata e se perdeu. Era tudo muito diferente do que ela poderia imaginar. Não havia energia elétrica, água encanada, ruas asfaltadas. Para comer arroz, tinha de pilar. Para comer carne, tinha de caçar. Para cozinhar, buscar lenha. Aos poucos, foi se acostumando com as palavras, a vida, as doenças locais. "Foi um choque cultural. Era outro mundo. Fui aprender a viver nesse outro mundo."

De inspiração maoísta, o Partido Comunista do Brasil (PCdoB) havia começado a articular o movimento armado na região do Araguaia em 1966, com o objetivo de desencadear uma revolução para derrotar o governo militar. A guerrilha atuou entre os anos de 1972 e 1975, e nesse período setenta guerrilheiros desapareceram. O Exército mobilizou seis mil militares e depois tentou esconder vestígios de execuções, mortes sob tortura, decapitações e assassinatos em operações clandestinas.

A guerrilha do PCdoB se organizou em destacamentos denominados pelas letras A, B e C, compostos de 23 membros cada. Crimeia, com o codinome Alice, se juntou ao A. A área onde os guerrilheiros se movimentavam compreendia uma região de cerca de trinta mil quilômetros quadrados, situada entre a cidade de Marabá e o vilarejo de São Geraldo, no Pará, em frente a Xambioá, cidade do outro lado rio Araguaia, atualmente no Tocantins. Era uma região de enormes extensões e pouco habitada.

O dia a dia no mundo novo era levantar cedo, tomar café e ir para alguma tarefa, como fazer roça, mapear a mata, fazer compras na cidade, pescar na beira do rio. Enquanto alguns iam para a mata, outros ficavam na roça. Depois invertiam. Os guerrilheiros vasculhavam a área para abrir trilhas, se familiarizar com o sentido do rio, as casas próximas, os caminhos.

O treinamento militar também fazia parte da rotina e da sobrevivência de todos. A estreia de Crimeia com armas também foi lá. "A primeira vez que segurei uma, tive pavor. Foi chocante, tinha medo que ela explodisse. O primeiro tiro que dei acertou no alvo, mas estava de olhos fechados."

A relação com os camponeses era saudável. A amizade se fortalecia pouco a pouco nas relações de assistência à saúde e na caça e roça que faziam juntos. Os "paulistas", como eram chamados, também estreitaram laços com os camponeses por meio das aulas que davam às crianças.

Alice e José Carlos

André Grabois, filho do histórico comunista Maurício Grabois, um dos fundadores do PCdoB quando da cisão do PCB, era o dirigente do destacamento A. Mas a imagem de uma pessoa séria e sisuda comumente atribuída a um guerrilheiro não correspondia à realidade. Carioca, André gostava de futebol e era divertido. Brincava com as crianças, fazia mágicas, levava-as para nadar, pescar, jogar futebol. As roupas eram adaptadas para as brincadeiras, que a meninada adorava. Era míope e usava óculos "fundo de garrafa", os quais perdia toda hora. Era muito desastrado. Também fazia desenhos irônicos sobre os companheiros e os deixava no cômodo externo da casa, que funcionava como banheiro.

Foi esse temperamento que a encantou. "Ele era de bem com a vida, bem-humorado, fez eu me sentir bem." Seis meses depois de sua chegada ao Araguaia, começaram a namorar.

Foi esse temperamento que a encantou. "Ele era de bem com a vida, bem-humorado, fez eu me sentir bem." Seis meses depois de sua chegada ao Araguaia, começaram a namorar.

Eram Alice e José Carlos. Juntos, se divertiam inventando apelidos para os animais que os rodeavam, como a lontra, que foi batizada de "pilontra", e o macaco, chamado de "Costinha", em alusão ao ditador Costa e Silva. "No sarcasmo a gente combinava", ela recorda, sorrindo.

^ Crimeia conversa com camponeses durante uma das várias expedições ao Araguaia em busca dos restos mortais de seus companheiros. Crédito: Revista Manchete, 1993

A "bula de remédio"

Na ausência de médicos na região onde os guerrilheiros se instalaram, os dois anos da faculdade de Enfermagem que Crimeia cursara no Rio foram fundamentais. No período em que esteve na selva – entre janeiro de 1969 e agosto de 1972 –, ela fez incontáveis atendimentos de saúde e partos, que lhe renderam um apelido entre os moradores locais: "Bula", em referência às bulas de remédio.

Um de seus primeiros atendimentos foi de uma mulher que estava muito doente. Ela tinha malária e estava com febre, vomitava muito, tinha hemorragia. Crimeia resolveu copiar o procedimento de um livro que tinha lido quando estudava enfermagem, sobre um médico atuante na Primeira Guerra Mundial. A hemorragia cessou.

A partir de então, passou a ser chamada para casos mais complexos, de convulsão, febre alta, partos complicados. Um deles foi o de uma mulher que tinha ruptura completa de períneo – "o útero vinha inteiro pelo canal", relembra. A indicação médica para esses casos era cesariana – impossível nas condições dali. Fez o parto sem luvas. Bebê e mãe sobreviveram.

Na véspera do início dos ataques do Exército, em abril de 1972, doze homens vestindo jeans, botas, carregando armas e bússolas bateram à porta de um camponês perguntando pelos guerrilheiros. Ao perceber que havia algo estranho, ele disse que a casa dos "paulistas" ficava muito longe. Ofereceu abrigo aos doze, sugerindo que seguissem a caminhada no dia seguinte. E logo mandou que o seu filho fosse buscar café na casa dos guerrilheiros e os avisasse da chegada dos visitantes. Os "paulistas" desocuparam a casa e se esconderam na mata, de onde puderam ver os demais homens do Exército chegando, ouviram os tiros.

Foram meses de fuga e de chuva, que só cessaram no final de agosto. Eles viviam molhados, andando pela mata, enquanto os aviões e helicópteros circulavam à sua procura. Contavam com a ajuda dos camponeses, de quem compravam comida e obtinham informações. Começaram a fazer propaganda aberta da guerrilha com a população.

Em meados de julho, Crimeia começou a sentir muita fome, enjoo. Estava grávida. Foi quando decidiram que ela seria enviada a São Paulo para retomar o contato com o partido, interrompido desde o início dos ataques dos militares. Teria o bebê, o deixaria com um parente e voltaria para a guerrilha. O plano não deu certo.

Na partida de Crimeia, a camponesa Joana de Almeida deu-lhe um vestido. "Ela tinha apenas dois. Um no corpo e um no varal. Me deu o do varal." Anos depois, em 1991, quando Crimeia voltou ao Araguaia em expedição para buscar os restos mortais dos desaparecidos, levou um tecido para a mulher e lhe disse: "Tome seu vestido de volta".

"Uma despedida para sempre"

A despedida de Crimeia e André foi envolta em dores e tensões. Havia o risco de ela ser presa no caminho. Ou de ele ser morto pelo Exército. E nunca mais se reencontrarem. "Foi uma despedida para sempre", ela conta.

Ao chegar a São Paulo, sua tarefa era encontrar Carlos Nicolau Danielli, dirigente do PCdoB, a quem deveria transmitir o pedido de ajuda da guerrilha. Depois de muita procura, conseguiu encontrar sua irmã Amelinha, também militante do PCdoB, com quem foi morar, junto do cunhado, Cesar Augusto Teles, os sobrinhos Janaína e Edson, de 5 e 4 anos, e Danielli, para quem finalmente entregou a mensagem.

Apesar da tensão da vida na clandestinidade, os sobrinhos se recordam de uma tia carinhosa e divertida, que brincava e tomava banho com eles. Lembram-se de camisetas e mochilas com desenho de hipopótamo, que ela fez e deu para os dois, dizendo que o animal era ela mesma, que estava barriguda. Também recordam com carinho das conversas que tinham com o primo, ainda no ventre da tia.

Usando documentos falsos com seu codinome no Araguaia, Crimeia fez pré-natal mas não cuidou da malária que tinha contraído por lá, porque a medicação poderia causar má formação no feto. Só tomou medicação depois do sexto mês de gravidez, um pouco antes de ser presa. Em 28 de dezembro de 1972, uma sucessão de tragédias se abateu sobre a família. Danielli, Amelinha e César foram para um "ponto" – lugar de encontro de militantes para troca de informações – e não voltaram.

O não retorno era sinal de que tinham sido presos. Na residência, restavam Crimeia, com seis para sete meses de gravidez, Janaína e Edson. Ela pensou em fugir com as crianças. Vasculhou a casa toda atrás de dinheiro, em vão. Até os cofrinhos das crianças, duas mamadeiras cheias de moedas, foram revirados, mas o que tinha ali não era suficiente. Não havia como fugir.

Ela passou a noite rasgando e queimando documentos e os jogando na privada. A cena ainda é viva para o sobrinho Edson Teles, hoje professor de Filosofia da Universidade Federal de São Paulo (Unifesp). "Me lembro que a gente jogava os papéis queimados na privada e apertava a descarga."

"Tire a roupa, terrorista!"

O dia amanhece. As crianças assistem a um programa infantil na televisão. A campainha toca. No portão, surgem um homem e uma mulher. Perguntam se Crimeia é a babá da casa. Ela confirma. "Somos do partido", dizem os dois. César e Amélia haviam sofrido um acidente, afirmam. "Viemos saber se precisam de algo."

Então, mais pessoas aparecem no portão e forçam a entrada na casa. O disfarce é revelado: são agentes da ditadura. Crimeia, Edson e Janaína são levados e colocados em picapes C14, automóvel usado pelos órgãos de repressão. Os carros estão lotados de armas. Janaína e Edson tocam numa metralhadora que está embaixo do banco e perguntam:

– O que é isso?

– Cala a boca, comunista!

A viagem começa. O destino é o DOI-CODI. Lá, as crianças são levadas para ver seu pai e sua mãe e mal os reconhecem – têm os rostos disformes pela tortura. Crimeia começa a ser interrogada, mas mantém a versão de ser a babá. Os torturadores querem encontrar a irmã de Amelinha. Mostram-lhe uma foto dela mesma. "Não conheço, nunca vi", desconversa.

"Sou Alice, sou a babá", ela repete em alto som, para que a irmã e o cunhado confirmem a versão. Ainda é levada para ver Danielli, "que estava arrebentado" – e depois seria assassinado sob tortura. "Não o conheço", diz. Seu disfarce dura alguns dias, mas por fim descobrem sua verdadeira identidade e ela começa a apanhar.

– Tire a roupa, terrorista!, ordenam-lhe.

– Eu não costumo tirar a roupa assim, responde.

– Tire a roupaaaa!

A roupa é arrancada. Inteira. Calcinha, rasgada. Ela, com uma barriga enorme. De sete meses de gravidez. Nua.

Um médico trajando farda vem examiná-la. Proíbe choque nos genitais. Libera nos pés e nas mãos. Além dos choques, ela leva tapas no rosto e golpes de palmatória nas mãos.

Seus algozes têm nome. São Carlos Alberto Brilhante Ustra, comandante do DOI-CODI, que a tortura pessoalmente, o investigador Pedro Antônio Mira Grancieri e o capitão Benoni de Arruda Albernaz. Quando Ustra descobre que ela é a guerrilheira que procuravam, arrasta-a por uma escada, dando socos em sua cabeça. Quando ela cai, coloca-a em pé e novamente golpeia sua cabeça. Colocam um capuz nela e a deixam em isolamento. Os torturadores querem informações sobre a guerrilha, querem saber quem é o pai do bebê. As ameaças também a torturam. Que vão cortar sua barriga. Que vão matar a criança. E que, se nascesse homem, branco e saudável, ficariam com ele.

Não ficou por aí. Também ameaçavam matá-la e jogá-la na Serra das Araras, no Rio de Janeiro – até hoje não se sabe ao certo se esse era mesmo um destino dos corpos que queriam ocultar. Ela foi colocada num carro. Depois, retirada. Disseram que seu assassinato seria na noite seguinte. O teatro de horror se repetiu por quatro noites. No carro, fizeram uma roleta-russa com uma pistola automática apontada para a sua cabeça.

O feto também sofria com os maus-tratos. Quando os carcereiros sacudiam as chaves para abrir a porta da cela e levá-la à sala de tortura, ele começava a soluçar. A mãe cantava e alisava a barriga para acalmá-lo. Quando nasceu, na prisão, ao ouvir o som do carrinho de comida, dos talheres na bandeja de inox, os soluços voltaram. E o acompanharam até a vida adulta.

Depois de quase um mês de torturas em São Paulo, em 22 de janeiro de 1973 ela foi levada ao Pelotão de Investigação Criminal (PIC) da Polícia do Exército, em Brasília, para ser interrogada sobre a guerrilha e para que identificasse os companheiros mortos. No avião de paraquedistas, a viagem teve a companhia de Ustra. Nesse centro de repressão, as ameaças de morte e de sequestro do filho seguiram.

Após ser separada de seu bebê, as torturas voltaram a acontecer, mas de outras formas. Levada de volta ao PIC, foi interrogada da seguinte maneira: projetavam fotos de cabeças cortadas e pediam que ela reconhecesse de quem eram. “Um [homem] projetava os slides sem parar e o outro me olhava, para ver minha reação. Era muito chocante ver cabeças com aquela gelatina vermelha caindo. E não paravam de rodar.”

“Um comunista a menos”

“Se você não gritar, vai morrer aí. Grite, que a gente faz coro”, diz seu vizinho de cela. “Tá nascendo, tá nascendo, nascendoooo”, ela grita. Os presos, solidários, gritam junto, batem nas grades, uma barulheira se instala no presídio. Ela é levada ao hospital da Guarnição do Exército, em Brasília.

Na noite anterior, 11 de fevereiro, ela começa a ter contrações e perder o líquido amniótico. Avisa o policial. Ele diz que vai chamar uma

^ A atuação de Crimeia e outros familiares de mortos e desaparecidos políticos foi fundamental para a descoberta da Vala de Perus nos anos 1990. Crédito: Arquivo pessoal

ambulância. O líquido escorre por suas pernas e dezenas de baratas começam a subir por seu corpo. De madrugada, finalmente é levada para o Hospital de Base, onde o médico diz que ela não está em trabalho de parto. Prescreve uma injeção e indica que ela fique na enfermaria. Mas os militares a levam de volta ao presídio.

Outra vez no hospital, 24 horas depois, o obstetra reconhece que ela está em trabalho de parto, mas diz que, como ele não está de plantão naquela hora, não a atenderá.

– Mas meu filho pode morrer.

– É melhor, um comunista a menos.

À porta, há um soldado carregando uma metralhadora. O médico prescreve um soro venoso, que ela imagina ser para retardar o trabalho de parto, então reage. Por isso, é amarrada, pés e mãos, à cama, e o remédio é aplicado. Ela desiste de reagir, mas assim que os enfermeiros saem, arranca o equipo com os dentes.

Horas depois, sente que o bebê está nascendo e chama o médico. Joca nasce, enfim, às 2h30 da manhã do dia 13 de fevereiro. "Não foi fácil. Ele nasceu, e não me deixaram vê-lo. Só vi que ele chorava."

As violências contra a maternidade de Crimeia se deram de muitas formas. Era uma das maneiras adotadas pela ditadura para torturar mulheres. Atingir o que lhes era mais íntimo, mais feminino. Foi feita uma episiotomia – corte na região vaginal para ampliar o canal de parto –, suturada sem anestesia e com um fio grosso, inadequado para pontos no tecido. "Os dias foram passando e era como se eu tivesse arame dentro da vagina." O suplício teve fim após uma faxineira se solidarizar e emprestar-lhe uma gilete e um espelho, usados para arrancar os pontos. Essa mesma mulher lhe deu algumas roupinhas de bebê, que tinham sido de seu filho.

Foram cinquenta e dois dias no hospital. Cinquenta e dois dias de tortura. Inicialmente, o bebê ficava no berçário e só era entregue à mãe na hora das mamadas. Mas ele começou a ser trazido sonolento. Uma enfermeira lhe contou que, como o filho chorava, o médico lhe prescrevera um tranquilizante infantil. O menino também era trazido com diarreia e vômitos. "Diziam que eu era a culpada, que eu que estava torturando meu filho."

Apesar da tristeza, solidão e raiva, Crimeia não chorou durante o tempo em que esteve presa e era torturada. Era sua forma de resistir.

Apesar da tristeza, solidão e raiva, Crimeia não chorou durante o tempo em que esteve presa e era torturada. Era sua forma de resistir. "Quando eles descobriram minha identidade verdadeira, decidi que não iria chorar. Era isso que queriam, satisfazer-se com meu choro e desespero. O fato de você ter um filho para proteger te dá muita força. Força e ódio. Porque é seu filho que também está sendo maltratado."

As lágrimas que ela conteve durante esses meses secaram de vez. Para sempre. Uma marca que a ditadura deixou em seu corpo. "Quando novinha, eu era chorona. Mas fiquei dura, enrijeci, secou. Eu aprendi a segurar minhas lágrimas." Só não conseguiu contê-las quando foi separada de seu bebê – achava que seria para sempre.

Depois de muita insistência, no dia 2 de abril Crimeia conseguiu que sua tia Célia fosse até Brasília buscar Joca. Ela exigiu que o filho fosse registrado em seu nome e conseguiu. "Eu pensava: 'tem que ter uma forma de um dia, se eu sair daqui, resgatar ele'." Na separação, o menino foi abruptamente desmamado. Nela, aplicaram uma medicação para secar o leite.

Junto com a certidão de nascimento, Joca ia embora dos braços da mãe com um maço de papéis enfiado nas fraldas. Era um diário, que nos dias de dor e solidão no hospital, entre as mamadas do bebê, Crimeia escrevia escondido. Achava que o menino seria levado ao Juizado e ela, morta. Que seriam separados. "Ele precisava saber a história dele, que eu não poderia contar se não sobrevivesse. Eu pensava: 'Para onde ele for, eu vou enfiar nas coisas dele, quem encontrar um dia vai dar para ele'." O diário foi escrito entre 11 de fevereiro de 1973, dois dias antes de Joca nascer, até 1° de abril, véspera de ser levado pela tia, que encontrou os papeis e os guardou. Mas Joca só conseguiu lê-lo quando completou 21 anos. A história era muito difícil.

O texto, em primeira pessoa, é narrado do ponto de vista do bebê. Em 12 de fevereiro, ela escreveu:

> Mamãe está tensa, sou seu primeiro filhinho e ela não sabe como será. No hospital mamãe é examinada, o médico lhe diz que não está na hora. Ele acha que o líquido que vazou é urina. Diz que mamãe pode voltar para o PIC que o neném só nascerá por volta do dia 25. Ela tem certeza que o líquido não é urina e que eu nascerei em questão de mais algumas horas. Quando mamãe chegou ao PIC, já era quase hora do café da manhã. [...] As horas não passam, mamãe está na cela, eu vou nascer em breve. Nascerei na cela? Mamãe não quer. Mamãe tem medo. [...] Ela pensa em meu futuro, em breve nos separaremos, teremos vidas independentes. Como será minha vida? Mamãe quer que eu seja feliz ou que pelo menos tenha uma casinha e um pouco de carinho. [...] O tempo passa e ninguém aparece. Esqueceram-se da mamãe, ela está

> desesperada, queria me dar tanta coisa, tanto carinho e não pode, não tem nada para me dar. Que será do meu filhinho?, pergunta a mamãe.

Os dias que antecedem a separação de mãe e filho são os de maior tristeza e angústia registrados no diário. No dia 1° de abril, ela conta:

> Mamãe continua secando minhas fraldas a ferro. Ela não sabe a que hora virão me buscar. Às 12h o médico veio avisá-la que às 15h virão buscar-me e ela terá alta, ou seja, voltará para a cela. Ela arruma tudo que é meu. Enrolou minhas chupetas em gaze, arrumou meus remédios, minhas roupas, pediu ao enfermeiro para providenciar água fervida para fazerem minha mamadeira durante a viagem. [...] Adeus filhinho, ame sua mãezinha assim mesmo como ela é. Não se envergonhe dela porque não há motivos. Se algum dia mamãe recobrar a liberdade, você será a primeira pessoa a quem ela irá procurar [...] Adeus, filhinho, seja feliz. Este diário é do João Carlos e foi escrito por sua mãezinha. Quero que o guardem para entregar a ele quando houver aprendido a ler.

No final do mesmo mês, Crimeia foi liberada por causa da pressão da Anistia Internacional, que estava à procura da criança e da mulher que estava grávida quando presa. Sua prisão tinha sido denunciada. Como despedida, o Comandante do III Exército, o general Antônio Bandeira disse: "Tome cuidado, você pode se suicidar, cair na linha do metrô, ser assaltada ou atropelada".

"Você sabe onde estão as crianças?"

Três militares a levaram de carro de Brasília a Belo Horizonte, para a casa de sua tia. Ela tinha sobrevivido, estava livre, e seu filho, em segurança. Mas a dúvida se iria sobreviver permanecia. E permaneceu por muito tempo.

O reencontro com o filho também não se deu da melhor maneira. Joca estava morando na casa de sua prima, e, por recomendação dos militares, Crimeia não podia sair da casa da tia, e assim pouco via o menino. Era um sofrimento. Ela custou a conseguir tirá-lo de lá. Crimeia ainda precisava descobrir para onde os sobrinhos, Edson e Janaína, tinham sido levados após o sequestro dos adultos meses antes. Ela não os tinha visto desde que foram levados juntos para o DOI-CODI. Amelinha e César continuavam presos. Suspeitava que estivessem na casa de um parente do pai delas que era delegado de polícia e morava em Belo Horizonte. Ele tinha sido visto com as crianças em uma missa. Um dia, conseguiu sair e foi até a casa desse homem.

– Você sabe onde estão as crianças?

– Não, ele respondeu.

Crimeia ficou vigiando a casa por vários dias, até que as avistou. "Psiu, psiu", ela chamou. Então bateu na porta e disse: "Meus sobrinhos estão aqui, sou a tia e quero vê-los". Às crianças, o tal parente havia dito que os pais os haviam abandonado. "Senti uma alegria profunda. Esse encontro foi um milagre. Me senti segura pela primeira vez em seis meses", conta a sobrinha e doutora em História Janaína Teles. "Me lembro muito do encontro com a Crimeia, ela logo foi contando a verdade, que nossos pais estavam presos", diz Edson.

O resgate dos sobrinhos é uma das maiores vitórias pessoais de Crimeia contra a ditadura. Assim como "ter sobrevivido com dignidade, feito meu filho sobreviver", conta. Conseguir a custódia de Edson e Janaína foi ainda mais difícil, pois o tal delegado dizia que ela era "mãe solteira e terrorista" e que ele ficaria com as crianças. "Um dia ela [Crimeia] chegou e disse 'Pega suas coisas e vamos embora'", relembra Janaína. Levou-os para São Paulo, achando que o pai delas havia morrido. Era o que o tal delegado havia dito. Mas tanto César quanto Amelinha estavam vivos. O reencontro emocionante aconteceu na prisão, após meses de separação.

Depois disso, Crimeia resolveu mudar-se com as três crianças para a casa de seus pais em São João do Meriti, na Baixada Fluminense. "Foi muito difícil. Cada criança tinha um trauma, eles tinham medo, eram muito sofridos." De noite, contava histórias. Da selva, dos animais do Araguaia, dos bichos com os quais ela convivera na guerrilha. Janaína e Edson gostavam. Joca, não. Ele tinha medo que a mãe morresse no final da história.

Uma vez por semana, Crimeia comprava um caderninho e nele escrevia cartas dos sobrinhos para a irmã e o cunhado. "Eram cartas muito bonitas que, quando chegavam no presídio, eram um momento de muita alegria entre as mulheres. Todas queriam ler", conta Amelinha, que ficou presa até o final de 1973, quando César também foi libertado.

Justiça

Na frente do histórico prédio do Fórum João Mendes, fundado em 1950, no centro de São Paulo, Crimeia, Amelinha, César, Edson e Janaína posam para fotos. Eles sorriem. Recebem abraços e cumprimentos de amigos e companheiros. É 9 de outubro de 2008. Estão comemorando a sentença que deu ganho de causa à ação movida pela família pedindo a responsabilização de Carlos Alberto Brilhante Ustra pelas violências sofridas pela família Teles 36 anos antes. Em 2014, o Supremo Tribunal de Justiça (STJ) confirmou a decisão, a primeira na história do Brasil a declarar como torturador um agente da ditadura. Essa foi uma das grandes vitórias políticas de Crimeia e da família Teles, que inspirou outras ações similares.

Desde que saiu da prisão, Crimeia participou de inúmeras lutas em defesa dos mortos e desaparecidos. Esteve no processo de criação do Comitê Brasileiro de Anistia (CBA) e da Comissão de Familiares de Mortos e Desaparecidos, lutou pela Anistia e pelas Diretas Já, participou do processo de abertura da Vala de Perus, cujas tentativas de identificação de ossadas acompanha até o presente, e da pesquisa nos arquivos do Instituto Médico Legal e dos arquivos do antigo DOPS. Além disso, integrou expedições ao Araguaia, ouvindo moradores, camponeses, seguindo pistas. Algumas das idas à região foram feitas junto com a grande amiga Suzana Lisbôa, viúva de Luiz Eurico Tejera Lisbôa, desaparecido pela ditadura, e que integrou Comissão Especial de Mortos e Desaparecidos Políticos criada pela Lei 9140/95 durante dez anos. "Quando havia expedições, eu falava para a Crimeia: 'Vá, pegue seus chinelos e vamos'."

> Trechos do diário escrito por Crimeia para seu filho Joca. Ela queria se assegurar de que ele conheceria sua história caso ela não saísse viva da prisão. Crédito: Arquivo pessoal

ra o HFA. Mamãe está
como será. No hospital
ão está na hora. Ele
mãe pode voltar para c
Ela volta como mé
gudo não é urina e
quando mamãe cheg
e abo empresta revistas p
ir; ela se deita, mas
u. Mamãe não quer t
As horas não passam;
sceu na cela? Mamãe
o almoço. Ela não qu
: "talvez seja a ultima
almoçarei mesmo sem
a recusa em meu futuro

Ela se emociona quando começa a falar da amiga, que considera uma "lutadora incansável, uma mulher muito forte e generosa".

Foi Suzana quem a avisou dos ataques do jornalista Hugo Studart, autor do livro *Borboletas e lobisomens: vidas, sonhos e mortes dos guerrilheiros do Araguaia*, de 2018. Nele, o autor fala sobre um suposto relacionamento amoroso entre Crimeia e o sargento Arthur Lopes Souza, chamado de "Ivan". Afirma ainda que ela teria feito um acordo de "delação premiada" e entregado à repressão seu próprio companheiro. "Eu jamais me relacionaria com um torturador, nem por engano", afirma Crimeia, que diz ter se "sentido novamente torturada" pelas afirmações do livro. No artigo "Precisamos falar sobre o pai de Hugo Studart", publicado em julho de 2018, no site Opera Mundi, a historiadora Joana Monteleone lembra que Hugo é filho de um tenente-aviador que ocupava um alto posto no comando do Centro de Informações da Aeronáutica (CISA), durante o massacre contra a guerrilha do Araguaia.

"Eu jamais me relacionaria com um torturador, nem por engano", afirma Crimeia, que diz ter se "sentido novamente torturada" pelas afirmações do livro.

Outra grande vitória de Crimeia ocorreu dois anos depois, em 14 de dezembro de 2010, quando a Corte Interamericana de Direitos Humanos julgou a ação do caso Gomes Lund, conhecido como Caso Araguaia. A sentença condena o Estado brasileiro a localizar os corpos dos mais de 70 militantes desaparecidos na região do Araguaia, determina o esclarecimento das mortes e suas circunstâncias, além da responsabilização criminal dos responsáveis pelas detenções arbitrárias, torturas e execuções e pelo desaparecimento de guerrilheiros do PCdoB e de camponeses entre 1972 e 1975. A ação foi apresentada por Crimeia, em nome da Comissão de Familiares de Mortos e Desaparecidos, do Grupo Tortura Nunca Mais do Rio de Janeiro, do Human Rights Watch e do Centro pela Justiça e o Direito Internacional (CEJIL).

Até 2019, porém, a sentença não foi cumprida. Apenas os restos mortais dos ex-guerrilheiros Maria Lúcia Petit da Silva e Bergson

Gurjão Farias foram encontrados e identificados em buscas feitas pelos familiares, sem participação do Estado, permanecendo todos os demais ocultos, como bem quiseram as forças do Estado.

Por que você participa da busca de todos?, pergunto a ela. "Porque todos morreram pelo mesmo motivo, desapareceram pelo mesmo motivo. A história desse não é mais importante do que daquele. Lembro muito de um texto do Júlio Fuchik, *Testamento sob a forca*, que diz: 'Gostaria que todo mundo soubesse que não há heróis anônimos. Eles eram pessoas, e tinham nomes, tinham rostos, desejos e esperanças, e a dor do último de entre os últimos não era menor do que a dor do primeiro, cujo nome há de ficar'. De uns vão achar os restos, de outros não. Mas todos têm a história de luta, de resistência", sintetiza.

Esperança duvidosa

Desde que saiu do Araguaia, durante todo o período em que esteve na clandestinidade e depois presa, Crimeia ficou sem ter notícias do companheiro, André Grabois. Eram dias e noites com medo, angústia, saudades e esperança. Mas era uma "esperança duvidosa", explica. Ela sabia que muitos de seus companheiros tinham sido mortos. Antes de ser presa, fantasiava um reencontro entre eles para depois do parto do filho. Quando foi presa, a fantasia foi interrompida, mas ainda agarrou-se à esperança de que o companheiro estivesse vivo.

Em 1974, a morte finalmente se confirmou por meio de uma notícia de uma rádio internacional chamada Tirana, da Albânia comunista, que transmitia informações da guerrilha em português. Foi devastador. Mais uma vez ela teve de se manter forte, pelas crianças, que não podiam saber.

Em junho de 1976, Crimeia se encontrou com a direção do partido e leu o Relatório Arroyo. Foi quando ficou sabendo como André havia morrido. O documento havia sido escrito por Ângelo Arroyo, comandante da guerrilha que sobreviveu, furou o cerco militar e retornou a São Paulo. Acabou sendo assassinado na chamada Chacina da Lapa, na capital paulista, em 1976. O relatório detalhava as atividades da guerrilha e a prisão e morte de seus companheiros. De acordo com o documento, André morreu em 14 de outubro de 1973, junto com outros guerrilheiros. Em 26 de junho de 2005, o coronel do Exército Lício Augusto Maciel assumiu tê-lo matado.

Sobre os restos mortais de André, Crimeia acha que devem ter sido retirados numa das "operações limpeza" ou que estão em alguma cova. "Vou seguir denunciando. Quero os restos mortais. Mas não só. Quero saber como ele foi morto, quem o matou e quero justiça para os responsáveis. Isso eu vou continuar exigindo, achando ou não achando os corpos. E se acharem os restos mortais do André ou do Maurício, ainda haverá dos outros, que temos que procurar. Essa é uma história que está desaparecida."

Para o filho, Crimeia inicialmente dizia que o pai estava longe. Depois, quando teve certeza da morte do companheiro, aos poucos foi contando a história. Com a Anistia, em 1979, Joca pôde conhecer a família paterna, que vivia na clandestinidade. "Então o nome 'André' passou a ter mais significado para mim", ele conta. Aos 16 anos, entraram com processo de reconhecimento de paternidade, e o nome do pai foi incluído no RG de Joca.

"Tenho muita sorte de ter ela como mãe. Ela é uma pessoa muito digna, coerente, com um senso de justiça elevado. Ela não perde a convicção, está nessa batalha há anos, passou a vida se dedicando a essa luta", afirma Joca. "Mas as histórias de tortura eu não gosto de ouvir, me doem muito. Morreram meu pai, meu tio, meu avô. Minha mãe foi torturada", diz.

A força de Crimeia também inspira os sobrinhos. "Ser crítico é uma das melhores coisas que se pode ser na vida. Minha tia, minha mãe e meu pai sempre foram muito críticos. Mas a Crimeia me influenciou a falar as coisas 'na lata'. Eu sou assim também. E aprendi com ela a ter autonomia de pensamento", conta Janaína, que diz ter duas mães e um pai. Edson relata que quando criança, na escola, enquanto seus amigos tinham como heróis os personagens de histórias em quadrinhos e do cinema, ele tinha a tia como heroína. "Ela era a minha super-heroína – Crimeia, a guerrilheira." Depois de adulto, a tia virou referência de coerência. "Quando estou num momento difícil, me pergunto: 'O que a Crimeia faria nessa situação?'."

É para ser a voz dos que foram calados que ela segue, dia após dia, noite após noite, na sua guerra de guerrilha, da mata à cidade, mesmo na democracia. "Porque a democracia não foi democrática para os mortos e desaparecidos." E porque não está satisfeita. "Foi feito pouco, muito pouco. Quero é ver os torturadores presos. Não vamos deixar que entrem para a história como heróis." ■

Crédito: Igor Ojeda

TATIANA MERLINO

É jornalista de direitos humanos. Foi repórter e editora dos veículos *Caros Amigos*, *Carta Capital* e *Brasil de Fato*. Fundadora da Ponte Jornalismo e da Agência Pública. Trabalhou na Comissão da Verdade do Estado de São Paulo. Recebeu quatro prêmios Vladimir Herzog de Direitos Humanos e foi homenageada pela Comissão de Anistia. Coautora do livro *A invasão corinthiana*, coeditora de *Luta, substantivo feminino: mulheres torturadas, desaparecidas e mortas na resistência à Ditadura*; organizadora de *Infância roubada: crianças atingidas pela Ditadura Militar no Brasil*. É sobrinha de Luiz Eduardo da Rocha Merlino, assassinado pela ditadura sob o comando de Carlos Alberto Brilhante Ustra, em julho de 1971. Este texto é dedicado a ele e à sua mãe – avó de Tatiana – Iracema da Rocha Merlino, falecida em 1995.

Crédito: Mariana Leal

CAROLINA REWAPTU

Sobreviver e recriar o mundo

Patrícia Cornils

Das estradas que levam à Terra Indígena Marãiwatsédé, a caminho da aldeia onde hoje vive a cacica xavante Carolina Rewaptu, eu e a fotógrafa Mariana Farias Leal enxergamos grandes fazendas, caminhões de muitos eixos, cercas. Estamos quase na Amazônia e os trechos de mata são poucos – somente as reservas legais à beira de córregos. Aqui a terra gira em torno do agronegócio. Até os anos 1960, no entanto, esta era uma terra de povos indígenas. Foi quando grandes grupos do Sul e Sudeste brasileiros começaram a ocupar a região. Em menos de vinte anos, tudo mudou. Em 1971, "no avião da Suiá, Camargo [gerente da fazenda] nos leva até seus vizinhos fazendeiros. Vai dizendo seus nomes: Bradesco, Manah, Eletroradiobraz, Codespar, Anderson Clayton, David Nasser, Magalhães Pinto, União Paulista, Zezinho da [Viação] Reunidas", relata uma matéria publicada naquele ano pela revista *Realidade*, edição 67, de outubro de 1971, um especial sobre a Amazônia.

Em 2018, o motorista que nos conduz a Marãiwatsédé também sabe a quem pertencem as maiores fazendas pelas quais passamos. Todos sabem. Na divisa de Marãiwatsédé, por exemplo, está a Agropecuária Maggi. Ao longo da estrada que corta a terra indígena, a empresa implantou uma rede própria de transmissão de energia elétrica. O motorista se queixa de amigos: "Eles não gostam dos índios. Mas não conhecem a história", diz. Carolina está conosco no carro, e não comenta. Observa as nuvens e fala da época da chuva e do plantio das hortas, aponta locais onde ainda há buritis, sente falta das emas: "Estavam ali mas fugiram, não quiseram ficar." Madzabdzé, nome da aldeia de Carolina, quer dizer "lugar das emas". É para ouvir sua história que estamos aqui.

"Nasci na aldeia Umréruré, antes do contato." Assim Carolina Rewaptu começa a me contar sua vida. Ela nasceu em 1960, quando os Xavante Marãiwatsédé *tsipodo*, "povo de Marãiwatsédé", começavam a enfrentar o cerco dos brancos. Marãiwatsédé foi o último grupo xavante contatado pelos brancos, porque vivia ao norte do Mato Grosso, na fronteira com o Pará. Em pouco tempo, o significado de "contato" – o contato com os brancos – desabou sobre suas cabeças. Carolina tinha 6 anos quando três aviões da Força Aérea Brasileira (FAB) pousaram na aldeia onde vivia. Pessoas que falavam uma língua diferente da sua disseram que mais brancos viriam, para ocupar a terra. Que eram muitos. E quem ficasse seria massacrado.

Embarcaram todos, sem seus pertences, sem saber para onde, sem saber por quanto tempo. Com medo, embarcaram sem tempo de entender, juntos, o que estava para acontecer. Em quatro ou cinco viagens, a FAB removeu cerca de 260 pessoas – os números não são precisos; não há sequer uma lista conhecida dos nomes de quem foi embarcado – para uma missão salesiana na Terra Indígena São Marcos, terra de outro grupo xavante, distante 457 quilômetros.

Na chegada a São Marcos, a comunidade indígena foi desmantelada. Os missionários separaram as famílias, mandaram crianças para o internato e os adultos foram distribuídos pelas casas da comunidade, sem saber onde estavam os demais. Nos dias seguintes, começaram a adoecer. Havia uma epidemia de sarampo em São Marcos e, em três semanas, mais de oitenta pessoas morreram. Alguns textos falam em 83 mortos. Outros, 85. Com a expulsão, começou também a luta do povo de Marãiwatsédé para retornar à sua terra de origem. Uma saga que durou 46 anos. Retomar a terra foi a maneira de os sobreviventes restituírem a verdade e a justiça possíveis num mundo agora determinado pelos outros – nós, os *waradzu*, os "brancos".

Carolina sobreviveu. É *tsahiwe*, "guerreira". Ela também é *dahoimananhiptete*, "persistente". Aprendeu português e superou o medo de se expor e de falar para os Xavante e para os *waradzu*, a fim de defender seu povo e manter sua cultura. Mulheres xavantes falam principalmente dentro de suas casas. Carolina fala em todos os lugares. Ela é cacica de uma das sete aldeias da Terra Indígena Marãiwatsédé e uma das poucas cacicas do povo Xavante. Aprendeu a ler para ensinar seus camaradas. Graduada em Licenciatura pela Universidade do Estado do Mato Grosso (UNEMAT), foi professora e diretora da escola da Terra Indígena Pimentel Barbosa, onde coordenava professores xavantes, todos homens. Quando precisou escolher entre ser ela mesma ou fazer o que se espera tradicionalmente de uma mulher, decidiu não abrir mão de estudar. Carolina assumiu um papel público reservado a homens, também entre o povo Xavante. Não desistiu. Mas ainda ouve, quando sua liderança incomoda, *pi'õ*, "mulher". Nem sempre responde. E segue.

Ao contrário da Odisseia grega, sua narrativa não tem só um protagonista nem termina com o retorno para casa. Começou antes de ela nascer e continuará depois de sua morte. É a história dos A'uwe Uptabi, nome que os Xavante dão a si mesmos e que significa "o povo verdadeiro". Os A'uwe Uptabi de Marãiwatsédé, ou simplesmente A'uwe. Aqueles que conseguiram voltar porque seu legado é a memória da terra. "Os velhos falavam do conhecimento e das memórias do território sagrado de Marãiwatsédé. Eles deixaram tudo para nós. Nunca deixaram [de contar] essa história", diz Carolina. Somos aqueles que lembram, é como suas palavras soam para mim. Lembram porque sabem, lembram porque viveram; sem memória não haveria caminho para voltar. Sem memória não há futuro.

Quando os *waradzu* vieram

A tentativa de genocídio dos Xavante de Marãiwatsédé começou antes de sua remoção em aviões. No início dos anos 1960, posseiros e empreendimentos econômicos chegaram à região e se tornaram frequentes as "caçadas" aos índios para aterrorizá-los, expulsá-los de suas terras e tomá-las. Adultos foram mortos nas matas e deixados ou queimados ali mesmo. Pessoas morreram ao recolher roupas contaminadas por doenças ou comida envenenada deixada pelos brancos. Crianças desapareceram, aldeias foram invadidas e seus habitantes, assassinados.

A palavra “homicídio”, porém, nunca é usada para descrever esse processo. A palavra “justiça” também não é sequer considerada, até hoje, em relação a essas mortes. A história registrada é a dos colonizadores. Os índios, no entanto, lembram-se bem de como as coisas aconteceram.

“Porque branco na minha época fizeram muitos ataques. Ataques a aldeias dos índios. E o primeiro ataque eu encontrei quando era pequeno e corri no mato. Tem outro, o segundo ataque, quando eu já estava garoto, aí eu também estava correndo no mato. Estava saindo bem cedo pra procurar a fruta do cerrado e do mato, da natureza, da nossa alimentação. E o que fizemos? Nós vimos, estávamos subindo em cima do morro, embaixo era a aldeia. E quando chegamos ao fim do morro nós vimos, escutamos tiros. Estavam invadindo a aldeia. E quando vimos os tiros e fumaça nós vazamos no mato.” Este é um dos depoimentos de anciões xavantes coletados por uma Ação Civil Pública que pede reparação ao povo de Marãiwatsédé pela remoção forçada.

Com assassinatos e ameaças cada vez mais intensos, esses xavantes decidiram se concentrar em uma aldeia próxima à Fazenda Suiá-Missú, recentemente instalada no local. Ali, acreditavam, estariam menos vulneráveis. Mas os ataques assumiram outra modalidade. Em uma região com pouquíssima mão de obra disponível, eles foram usados para derrubar matas, construir pistas de pouso para aviões, fazer roçados, formar pastos. Sem receber nada a não ser facas, alguma roupa, alguma comida. Trabalharam em condições análogas à escravidão até os donos do empreendimento considerarem que já não eram úteis. Então foram removidos para um local a 60 quilômetros da sede, onde não havia condições de caça nem de plantio, pois as terras ficavam inundadas oito meses ao ano. Mais gente morreu. Depois de um ano e pouco, decidiram voltar para perto da sede da fazenda. Já não eram bem-vindos. Em 1966, chegaram os aviões da FAB, em um acordo

Em uma região com pouquíssima mão de obra disponível, eles foram usados para derrubar matas, construir pistas de pouso para aviões, fazer roçados, formar pastos.

até hoje mal esclarecido entre os proprietários da fazenda, o governo brasileiro e os padres das missões salesianas.

"Com o último embarque acabou tudo, acabou a autonomia dos A'uwê de Marãiwatsédé. Aqui é o fim, é o fim das vivências, das práticas rituais, dos grupos de jovens, das pinturas, das expedições de caça, da vivência na mata densa. Passamos a contar o tempo do *waradzu*, a estar no espaço do *waradzu*, a traduzir o nosso mundo para ser entendido pelo *waradzu*. O tempo, quando aconteceu a nossa expulsão e a nossa retomada, passou a ser vigiado pelo tempo da justiça do *waradzu*. O espaço ou território da terra indígena, das fazendas, das cidades, ou seja, dos *waradzu*, passaram a fazer parte das nossas vidas. E precisávamos entendê-los cada vez mais para negociar nossa sobrevivência", escreve Cosme Rite, filho mais velho de Carolina, em sua dissertação de Mestrado Profissional em Sustentabilidade junto a Povos e Terras Tradicionais do Programa de Pós-graduação do Centro de Desenvolvimento Sustentável da Universidade de Brasília.

As fotografias hoje divulgadas como se fossem do embarque registram, na verdade, a chegada dos Xavante de Marãiwatsédé a São Marcos, denuncia Cosme. Ele acredita que as fotos da expulsão foram destruídas. Comentei com Carolina o fato de não haver uma lista de nomes das pessoas que morreram. Ela começou a enumerar: "Irmão de meu pai, meu irmão mais novo... da família de meu pai só três pessoas sobreviveram... tio do Damião, pai do Damião, irmão do Damião...". Damião Paridzané, ex-marido de Carolina, é hoje o cacique de Marãiwatsédé.

As pessoas que morreram na missão salesiana foram enterradas em uma vala comum. Seus parentes se lembram da carreta onde os corpos eram amontoados, do trator que a puxava e os empurrava para dentro da vala. Carregam, além da perda, a marca de um desrespeito profundo que não poupou nem os mortos. Nenhum rito de sepultamento, nenhum túmulo. "Isso é contado entre olhares perdidos e muita dor", relata o psicólogo Bruno Simões Gonçalves no Parecer Técnico Psicológico Terra Indígena Xavante de Marãiwatsédé, emitido em 2016. Ele se lembra do pesar e do pranto durante a compilação dos relatos. Simões ficou marcado pela reiterada fala dos entrevistados sobre a indignidade do enterro em vala comum. O documento descreve como esse luto é

^ Carolina Rewaptu desenha os limites de sua aldeia na terra indígena de Marãiwatsédé. Crédito: Mariana Leal, 2019

vivido também pelos jovens de Marãiwatsédé. "Voltando de uma tarde de entrevista na aldeia de Madzabdzé, nosso tradutor, depois de ouvir histórias de seu avô sobre a remoção, teve um episódio de longo choro no veículo onde estávamos", é um dos trechos.

Madzabdzé, a aldeia de Carolina, tem quatorze casas dispostas em semicírculo de frente para um enorme pátio de terra batida, o *warã*. No *warã*, os homens se reúnem ao amanhecer e ao entardecer, todos os dias. É o centro político da aldeia xavante. Do outro lado do *warã*, para onde todas as casas estão voltadas, fica o caminho para o riacho. Todas as aldeias A'uwe Uptabi têm esta conformação. As três maiores árvores de Madzabdzé são ipês – uma do lado onde o sol nasce, uma onde ele se põe e outra no rumo do córrego. Sentada em frente a uma das casas de madeira e palha de inajá, Carolina fala de si e de seu pai, Geraldo Tomôtsu. "[Ele] Me contava a história do nosso povo. Sonhava com retorno, não queria morrer. Mas morreu antes." O pai de Carolina

^ Quase meio século e muitas mortes depois, os Xavante de Marãiwatsédé retornam à terra de onde foram expulsos quando Carolina tinha 6 anos. Crédito: Mariana Leal, 2019

foi um cacique respeitado. "Ele me dizia que eu era guerreira, que eu usava urucum na cabeça quando era criança, seria corajosa", lembra. E passa a mão pela franja e a testa, repetindo o gesto do pai.

Geraldo Tomôtsu e outros sobreviventes da missão salesiana de São Marcos se dispersaram, com o que restou de suas famílias, por outras terras xavantes. A diáspora durou décadas. Sangradouro, Couto de Magalhães, Parabubure, Areões, Pimentel Barbosa. Viveram, entre 1966 e 2004, em todas essas terras. Chegavam como espoliados. Não escolheram estar em nenhuma delas – o fizeram para salvar suas vidas. Foram recebidos, mas conviviam com o preconceito dos parentes, por não terem sua própria terra. Em Couto de Magalhães, quase foram mortos porque uma criança da aldeia se afogou no rio. Os de lá culparam os parentes A'uwe de Marãiwatsédé. Em Pimentel Barbosa não houve conflito, mas ainda assim, eles eram os "sem-terra", os "alugados da terra".

O primeiro colonizador

Este é o momento de voltar a 1966 e falar de Ariosto da Riva. Todo o povo A'uwe Uptabi de Marãiwatsédé conhece esse nome. No mundo dos brancos, Da Riva é conhecido como "o último bandeirante", desbravador, fundador de cidades no Mato Grosso (Naviraí, Alta Floresta, Paranaíta, Apiacás). É uma espécie de herói do progresso. Entre os Xavante, ele é lembrado como um predador. Ariosto da Riva era dono da Fazenda Suiá-Missú. Comprou do governo do Mato Grosso uma imensidão de terras na região de Marãiwatsédé, em áreas que o próprio governo e sertanistas haviam recomendado demarcar como terras indígenas. Em termos atuais, o governo do Mato Grosso privatizou a terra xavante para Ariosto da Riva.

No final da década de 1950, a família Ometto, de empresários do setor açucareiro em São Paulo, adquiriu participação majoritária no empreendimento de Da Riva, com uma porção de 685 mil hectares. Para dar ideia do tamanho, o Distrito Federal tem 577 mil hectares. Com os recursos da venda, Da Riva criou o empreendimento de colonização privada que batizou de Alta Floresta. Alta Floresta. Marãiwatsédé, nome da terra que Da Riva tomou para si e com a qual lucrou para realizar seu novo empreendimento, significa "mata alta", "mata densa".

"Primeiro colonizador", diz Carolina, que conheceu mais de uma geração de colonizadores, sobre Da Riva. "Falava que era herói porque ocupou Marãiwatsédé. Mas este foi um crime dele." Os A'uwe Uptabi o conhecem bem porque ele esteve pessoalmente na fazenda várias vezes, e porque sabem que se envolveu pessoalmente em sua expulsão, assim como os Ometto – que tinham influência suficiente para contar com aviões da FAB – e os padres salesianos. Removidos os índios, os "heróis desbravadores" se beneficiaram diretamente de sua ausência, não só pela propriedade e ocupação das terras, mas também com incentivos governamentais e financiamentos concedidos pela Superintendência do Desenvolvimento da Amazônia (Sudam).

A ditadura civil-militar brasileira, por meio da Sudam, destinou milhões aos empreendimentos de Da Riva e da família Ometto, executores do projeto de conquista e colonização da Amazônia e

^ A cacica nem sempre responde quando lhe chamam de *pi'õ*, "mulher", quando sua liderança incomoda. E também não desiste. Crédito: Mariana Leal, 2019

do Centro-Oeste do Brasil. "A empresa apresentou certidão negativa de aldeamento indígena na área de seu empreendimento, emitida pela Funai [Fundação Nacional do Índio], não havendo, consequentemente, restrição à utilização da mesma", registra o laudo antropológico da Sudam que concedeu o primeiro financiamento à Agropecuária Suiá-Missú para a implantação de um empreendimento agropastoril, nome bonito para criação de gado, aprovado em dezembro de 1966 (Ação Civil Pública, p. 30). A Suiá-Missú foi um dos três primeiros empreendimentos entre as centenas dos financiados pela Sudam na Amazônia.

Em 1974, o grupo Ometto vendeu as terras de Marãiwatsédé para a Liquifarm Agropecuária Suiá-Missú, que também recebeu recursos do governo – como Da Riva e os Ometto, mais de uma vez. Novamente, a Funai emitiu certificado atestando que não tinha conhecimento de aldeamentos indígenas na área. Esse tipo de certificado é mais uma contribuição do governo para o apagamento da história dos A'uwe Uptabi. Décadas depois, vídeos mostram os fazendeiros invasores das terras de Marãiwatsédé exibindo esses certificados para "provar" que "nunca houve índio aqui". Houve. E há.

Em 1984, dezoito anos depois da expulsão de suas terras, um grupo xavante de Marãiwatsédé se reuniu na Terra Indígena Pimentel Barbosa, onde fundaram a aldeia Água Branca.

Em 1984, dezoito anos depois da expulsão de suas terras, um grupo xavante de Marãiwatsédé se reuniu na Terra Indígena Pimentel Barbosa, onde fundaram a aldeia Água Branca. Ali, começaram a se reorganizar e a articular politicamente a volta para as terras ancestrais de seu povo. Em 1992, a Funai instalou um grupo de trabalho para identificar suas terras. Sob a coordenação das antropólogas Patrícia de Mendonça Rodrigues e Iara Ferraz, o grupo estabeleceu uma área de 200 mil hectares para a Terra Indígena Marãiwatsédé. Área menor que a original da Fazenda Suiá-Missú – que naquela altura já havia sido repartida e revendida algumas vezes –, e menor ainda que a área originalmente ocupada pelo povo de Marãiwatsédé.

A terra criada pelos antepassados

A palavra xavante para cerrado é *ró*. Ela significa "mundo", "território", "tudo". Este mundo que não foi criado por um deus fora da humanidade, mas por dois *wapté*, "adolescentes", A'uwe em uma caminhada. Esse povo vivia caminhando e explorando seu território. *Zomori* se chamavam essas perambulações longas, de semanas ou meses. Entre o plantio das hortas e seu crescimento, toda a aldeia, inclusive velhos e crianças, saía pelo território a caçar e a coletar frutas, plantas, mel, materiais para confeccionar cestas, esteiras e ornamentos rituais. A base de sua alimentação era a caça e a coleta. Sem estradas, bússolas ou palavras escritas, nesses percursos os mais velhos transmitiam aos mais novos, o conhecimento dos caminhos, dos animais e plantas, da água, dos seres visíveis e invisíveis com quem compartilhamos o mundo. Cada A'uwe trazia dentro de si o mapa da terra.

Nos tempos antigos, quando os Xavante começaram a caminhar, muitas coisas não existiam. Lá se ia a aldeia e os dois *wapté* criadores andavam sempre mais para trás, conversando entre eles e decidindo o que criar. Criavam buritis, abelhas, carás, batatas, água, antas, peixes, cães e pernilongos. Mostravam às pessoas, como se não tivessem nada a ver com aquilo, onde encontrar bichos e alimentos. Podiam criar as coisas se transformando nelas. Um dia, um menino viu um deles virar onça. E contou ao pai. "São eles que estão fazendo tudo!" O povo, que já desconfiava dos dois, teve medo. Tinham muito poder. O que mais poderiam criar? Decidiram matá-los.

Esse mito pertence a todos os Xavante. Seja na terra indígena de Areões ou na de Pimentel Barbosa, seja em Marãiwatsédé ou Sangradouro: em cada um dos territórios dos A'uwe Uptabi, as coisas do mundo foram criadas por dois jovens antepassados. Em cada um deles, o poder da criação, a terra e as pessoas vivas estão entrelaçados – os A'uwe, literalmente, criam o território e são criados por ele. Em Madzabdzé, Carolina me reconta essa história. Ao final, deixa o silêncio chegar. Depois sorri. "Sempre penso. Por quê? Foi certo matar?", pergunta. "Foi como mataram Deus, não é?"

Nas *zomori*, os Xavante de Marãiwatsédé conheciam sua terra e os povos que viviam para além dela. No início do século 19, todo o povo Xavante havia se afastado de Goiás e do Tocantins, seus territórios de origem, para ficar longe dos colonizadores. Ao longo de décadas, atravessaram o rio Araguaia, atravessaram o rio Cristalino, atravessaram o rio das Mortes, estabeleceram-se e garantiram sua soberania sobre um vasto mundo, que ia do cerrado até a Amazônia, até Marãiwatsédé: mata alta, mata densa. Toda a região da Serra do Roncador e do rio das Mortes, desde onde hoje está a Barra do Garças até Porto Alegre do Norte, era xavante. Nos anos 1940, Getúlio Vargas decidiu que o Brasil precisava marchar para o Oeste – e os brancos, de novo, partiram para tomar para si terras dos povos indígenas.

Muitas das aldeias antigas ficaram fora da área demarcada na Terra Indígena Marãiwatsédé. Umréruré, onde Carolina nasceu, ficava onde hoje está o município de Porto Alegre do Norte. Onde foi formada Bo'u, a primeira aldeia dos A'uwe na região de Marãiwatsédé, hoje há uma fazenda do município de Serra Nova Dourada, que, por sua vez, não existia antes de 1999, quando foi desmembrado de Alto Boa Vista. As cidades de Alto Boa Vista (1976) e Ribeirão Cascalheira (1968), as mais próximas da Terra Indígena Marãiwatsédé, não existiam antes de Carolina nascer. Hoje, na entrada de Ribeirão Cascalheira, sob as letras brancas que formam o nome da cidade, alguém pichou "Esta cidade pertence ao Senhor Jesus". São Félix do Araguaia, de onde vieram os primeiros brancos a assediar os A'uwe de Marãiwatsédé, nos anos 1950, foi criada em 1940. Esta mulher que hoje me ensina a geografia do Mato Grosso, nasceu em um território onde não havia *waradzu*, porque seus antepassados, há dois séculos, entenderam que era melhor criar um mundo para viver de acordo com sua cultura.

Deputados, prefeitos, desembargador

O grupo de trabalho instituído pela Funai para identificar as terras xavantes em Marãiwatsédé a fim de demarcá-las concluiu seu trabalho em abril de 1992. Entre os dias 3 e 14 de junho daquele ano foi realizada no Brasil a Conferência das Nações Unidas sobre o Meio Ambiente e o

Desenvolvimento, a Eco-92. Os A'uwe foram à conferência para mostrar que a empresa italiana Ente Nazionale Idrocarburi S. p. A. (ENI), controladora da Azienda Generale Italiana Petroli (AGIP), que havia comprado a Fazenda Suiá-Missú dos Ometto em 1984, era invasora de terras indígenas na Amazônia. No dia 10 de junho de 1992, o presidente da ENI, Gabriele Cagliari, declarou em uma entrevista coletiva que a empresa restituiria a terra aos Xavante.

Cinco dias depois, o grupo de trabalho da Funai recebeu notícias de uma nova invasão da Fazenda Suiá-Missú. Ao saber que Marãiwatsédé seria restituída a seus habitantes originais, políticos locais, articulados com o governador do estado do Mato Grosso e com a diretoria da Agip no Brasil, decidiram aplicar sua própria, ilegal e antiquíssima política indigenista: impedir os A'uwe de voltar e tomar, eles mesmos, a sua terra. O então prefeito de São Félix do Araguaia, José Antônio de Almeida "Baú", e seu vice-prefeito, Miguel Milhomem; o então candidato e futuro prefeito de Alto Boa Vista, Osmar Kalil Botelho Filho "Mazinho"; Filemon Costa Limoeiro, que viria a ser prefeito de São Félix em 2008 – todos estavam presentes em um dos encontros em que se organizou a invasão.

O encontro foi gravado pela Rádio Mundial FM: "Aqueles que estão preocupados com os índios, que têm que assentar [...] tem um monte de país que não tem índio! Pode levar a metade! Pode levar!". "[...] se os índios trabalhassem e produzissem, tudo bem! A gente ia respeitar o direito deles também! Só que eles vão atrapalhar a região, começar a invadir fazenda, começar a matar gado, porque [...] mata? O Xavante não entra! Em mata ele não entra! Ele tem medo de onça (risos). [...] É muito ruim para a nossa região, gente! É difícil trazer índios para a nossa região. Vai prejudicar uma região toda". Na parede do Posto da Mata, durante esse encontro, havia um mapa da Fazenda Suiá-Missú com as áreas que deveriam ser "respeitadas": os locais de pastagem e a sede da fazenda. A área "liberada" correspondia àquela identificada no relatório como terra indígena.

Invadiram e, entre 1992 e 2012, o Posto da Mata, no entroncamento entre a BR-158 e a BR-242, tornou-se um povoado, uma espécie de capital do enclave branco na terra indígena. Em 1998, a Terra Indígena

Marãiwatsédé foi homologada pelo governo federal com 165,24 mil hectares, mas estava ocupada por fazendeiros. Os invasores iniciaram uma guerra jurídica e, com isso, adiaram a volta dos Xavante. Mas não os pararam. Em 2003, um grupo de guerreiros, com apoio de xavantes de Parabubure, São Marcos e Kuluene, saiu de Pimentel Barbosa para retomar a terra. Em uma ponte, encontraram uma barreira de fazendeiros e posseiros armados que contavam com o apoio do então prefeito de Alto Boa Vista. Decidiram acampar à beira da estrada, próximo a um córrego e o nomearam Rowatsétédzépa, "córrego de conflitos".

Carolina foi uma das primeiras mulheres a chegar, com cinco outras e três crianças, para apoiar os guerreiros. "As pessoas que queriam impedir a retomada estavam acampadas na ponte", ela se lembra. "Estavam armados, tinham também facões, foices. E nós sem nada. Ficamos frente a frente. Tivemos coragem." Houve pontes queimadas para impedir a passagem dos índios, houve barreiras, tiros. Houve índios perseguidos e ameaçados de morte quando saíam do acampamento, um atentado contra a vida de um dos filhos de Damião Paridzané. Houve vídeos e mais vídeos, programas de televisão e rádio, matérias em jornais contra a desintrusão – a retirada dos invasores. Houve fome e sede. Houve gado morto jogado na única fonte de água que os abastecia.

Pense um pouco no que é viver à beira de uma estrada de terra, da terra vermelha do Mato Grosso, usada por caminhões de gado, soja, milho. Resistiram durante dez meses, ameaçados pelos invasores e em condições precárias. Três crianças morreram e foram enterradas bem nos limites da terra. Em agosto de 2004, depois de uma decisão unânime da Segunda Turma do Supremo Tribunal Federal (STF) pelo direito de retorno dos Xavante à terra, eles decidiram sair do acostamento. Enganaram os seguranças de uma das fazendas estabelecidas na terra indígena e conseguiram entrar em uma pequena parte, 10% do território homologado. A essa altura, a invasão iniciada pelos fazendeiros e posseiros em 1992 ocupava os outros 90%. Foram necessários vinte longos anos desde o anúncio, pela Agip, da devolução das terras aos A'uwe Uptabi e quatorze anos desde a homologação da Terra Indígena Marãiwatsédé até que, no final de 2012, o governo federal realizasse a desintrusão.

Em 2012, ao fazer o levantamento dos não indígenas que viviam em Marãiwatsédé, o Ministério Público Federal (MPF) constatou que um grupo de 22 grandes posseiros – incluindo prefeitos, ex-prefeitos, vereadores, pastores, empresários e um desembargador – era "dono" de 32 fazendas, quase um terço da terra indígena. E mesmo depois de retirados de lá, políticos da região organizaram várias tentativas de reinvasão em 2013, 2014 e 2016.

O tempo dos brancos deixou sua marca sobre o território. "Entre 1992 e 2013, durante os mais de 20 anos que separam os eventos da invasão e desintrusão, o rápido crescimento da ocupação não indígena na área da reserva foi responsável pelos mais altos índices de desmatamento na Amazônia. De acordo com estudos realizados pelo Instituto Nacional de Pesquisas Espaciais (Inpe), até 2011 mais de 70% da vegetação nativa dentro da área demarcada havia sido devastada, fazendo de Marãiwatsédé uma das terras indígenas mais degradadas do Brasil", registra o anexo Memória da Terra, da Ação Civil Pública.

"Não me reconheço em nada. Ali eu morri"

Em 2018, quando nos encontramos para a entrevista, Carolina mostra os pés de milho das hortas de Madzabdzé e eu compreendo que eles estão ligados a tudo ali. Ao tempo da aldeia, aos bolos de milho de casamentos e lutos, aos rituais que marcam o crescimento das crianças, à chuva, aos animais que dançam na floresta – ela me contou que eles dançam. Os pés de milho estão ligados aos antepassados do povo A'uwe. Já entre os fazendeiros *waradzu*, nenhum dos bisavós ou mil avós foi onça. E haverá entre eles os que falam com orgulho das bisavós "caçadas a laço". Compreender a natureza e sua relação com as pessoas não é uma especialidade das sociedades colonizadoras. Já o Marãiwatsédé *tsipodo* sabe que não se vive sem a mata e que sem eles a mata não vive. "Ali não existo mais", diz um ancião indígena sobre áreas em que o cerrado foi transformado em campos de soja a perder de vista. "Não me reconheço em nada. Ali eu morri."

Carolina aprendeu com as mulheres a encontrar sementes, cuidar delas, plantá-las. Aprendeu o calendário tradicional de coleta e de

^ Carolina aprendeu com as mulheres a encontrar sementes e plantá-las. Seu principal trabalho é replantar hortas, árvores e matas. Crédito: Mariana Leal, 2019

plantio. Desde a retomada de Marãiwatsédé, seu principal trabalho é recriar o mundo. Replantar não só as hortas, mas as árvores, as matas. Geraldo Tomôtsu ensinou à filha que ela é guerreira. E sua mãe, Cristina Rébawé, ensinou-a que a saúde depende da terra. Na cultura A'uwe, as mulheres exercem o papel principal na *rí*, a "casa". Cuidam das hortas, da coleta de frutas, mel, batatas, carás e inhames, plantas medicinais, de produtos do cerrado para artesanato. Sabem dos resguardos alimentares necessários para as mulheres grávidas, para os jovens que se preparam para rituais, para as pessoas mais velhas. Sabem de plantas para fortalecer os bebês, sabem preparar os alimentos tradicionais. E toda essa rotina das mulheres é acompanhada pelas crianças. É assim que elas aprendem.

Em 1954, quando os A'uwe Uptabi foram recém-contatados, o médico sanitarista Amaury Sadock de Freitas Filho fez um estudo sobre seu estado de nutrição, publicado no livro de Darcy Ribeiro *Os índios e a civilização* (2009). Não encontrou deficiências nutricionais, não encontrou sequer cáries. "O Xavante mantém sua saúde e sua bela aparência física graças a um regime alimentar racional e instintivo, que pode ser constatado se analisarmos a sua alimentação contendo todos os princípios essenciais à vida." Não era instintivo. Era conhecimento, desenvolvido e compartilhado por gerações.

Coragem de falar a voz da mulher

Quando os Xavante retomaram Marãiwatsédé, 80% das crianças estavam seriamente desnutridas. Hoje não mais. Carolina diz, em suas aulas para os jovens e crianças de Marãiwatsédé, que "dentro do nosso próprio conhecimento A'uwê Uptabi [também] existe higiene pessoal, não é só nos cuidados do *waradzu*. Existe os cuidados com o meio ambiente, voltado para higiene pessoal, como os cuidados dos rios que fica próximo para tomar banhos. Isto faz parte de toda a nossa saúde. Portanto, aqui na aldeia tem nascente viva e forte, água corrente. Por isso a saúde das crianças está sendo mais saudável e nem adultos, nem ninguém ficou doente neste primeiro ano".

Fala de uma verdade cotidiana em que higiene pessoal conecta corpos e rio, a saúde da terra com a saúde do corpo humano. É assim que trata das coisas mais importantes em seu dia a dia como cacica. Em todas as nossas conversas, as necessidades de recuperar o alimento tradicional, de guardar a cultura xavante, de cuidar do território e da saúde dos seus aparecem entrelaçadas.

Carolina faz parte da Rede de Sementes do Xingu, atuando como liderança local do *Pi'õ Rómnha Ma'Ubumrõi'wa*, "Mulheres Coletoras de Sementes", formado em 2011. Iniciado com dezoito mulheres, hoje o grupo tem cerca de noventa, de todas as aldeias de Marãiwatsédé. A Rede de Sementes promove intercâmbio entre vários povos indígenas. Além disso, gera renda para as mulheres. Seu objetivo é promover a soberania alimentar e a autonomia, tanto para as participantes quanto para suas aldeias. O papel feminino de coleta de sementes e de plantio de quintais ganhou protagonismo, também, porque a alimentação tradicional, a base de caça e coleta, é restringida pelos limites das terras e, no caso de Marãiwatsédé, pela devastação dos brancos.

As hortas de Madzabdzé ficam atrás das casas. Em meio às hortas também crescem algumas árvores. Um chichá, um tamboril. "O que dá o tamboril, Carolina?" "Dá sombra." O tamboril, os milhos, as abóboras, os feijões, o urucum, os carás foram plantados por mãos A'uwe. No entorno da aldeia, o que se vê é o legado dos brancos: capim, capim, capim. A braquiária não deixa nem sombra nascer. Ao redor da terra indígena, pastos e plantações imensas de soja, com a pulverização de agrotóxicos que contamina as águas. O plantio não significa apenas acesso à alimentação tradicional e saudável para as pessoas – as matas densas, as beiras de córrego, as frutas do cerrado alimentam animais e pássaros. E eles também precisam voltar.

Durante o exílio, conforme crescia, Carolina decidiu compreender o mundo também do ponto de vista dos *waradzu*. Aos 18 anos, em 1988, começou a aprender a ler e escrever português para se tornar professora. Seu objetivo era que o povo Xavante pudesse, ele próprio, nos contar a *uptabi*, a "história verdadeira", de sua terra. Carolina engravidou do caçula de seus quatro filhos, Elídio, quando estava estudando. Quando o menino tinha 6 anos, ela foi para a universidade fazer especialização em Pedagogia. "Meu pai me ensinou, falou para eu não desistir, continuar a fazer formação."

No entorno da aldeia, o que se vê é o legado dos brancos: capim, capim, capim. A braquiária não deixa nem sombra nascer. Ao redor da terra indígena, pastos e plantações imensas de soja.

Em julho de 2012, quando lutavam pela desintrusão, ela aparece em um vídeo com outras lideranças, um dos raros registros que expõem a versão dos A'uwe Uptabi sobre o que estava ocorrendo ali. "Hoje a mulher tem a coragem de fortalecer o homem. Porque não é só os homens que é guerreiro. Hoje a mulher luta pela terra. Participa dos eventos, audiência pública. Nós todos tem coragem de falar a voz da mulher. Que também representa a mulher guerreira hoje. Não pode só os homens fazer guerra com os *waradzu*. Porque os *waradzu* são inimigos dos índios e inimigos dos animais, inimigos das plantas. Em nome das autoridades atuais, eles têm fazenda na nossa terra também."

Mais de meio século depois, 56 anos desde a expulsão, os Marãiwatsédé *tsipodo* nunca receberam, por parte do Estado brasileiro ou dos agentes privados, nenhum tipo de compensação ou reconhecimento da tentativa de genocídio. Com a chegada de Jair Bolsonaro à presidência, em 2018, voltaram a ser ameaçados. O deputado federal mais votado da história do Mato Grosso, Nelson Barbudo (do Partido Social Liberal), bolsonarista, e a prefeita de São Félix do Araguaia, Janailza Taveira Leite (Solidariedade) gravaram, no final de novembro de 2018, um vídeo em que prometem "montar um processo" para "vencer a causa do Posto da Mata". Sequer usam o nome do lugar: Terra Indígena Marãiwatsédé. Em fevereiro de 2019, o deputado federal José Medeiros (Podemos – Pode) prometeu criar uma Comissão Parlamentar de Inquérito (CPI) para revisar a demarcação. Esses movimentos políticos repercutem na região de uma forma bem concreta: há boatos de fazendeiros interessados em organizar uma nova invasão da terra indígena.

"O medo não faz nada. Precisa coragem", é uma das coisas que Carolina nos diz várias vezes. Na última noite antes de nossa partida, ela nos contou a história de um desembargador que, com uma decisão contrária ao direito dos Xavante, poderia adiar a desintrusão. Em comitiva, os A'uwe Uptabi foram conversar com o magistrado Sebastião Fagundes de Deus. "Ele disse que Marãiwatsédé era dos fazendeiros", Carolina relata, "que não encontraram índio na terra, então ela ficou para Suiá-Missú. Que tinha gente do meu próprio povo que falava isso. Gente do próprio povo estava contra a gente. Disse que estava preocupado com as nossas crianças. Então respondi. 'Eu sou de resistência do povo Xavante. Eu nasci lá. Meu povo morreu e foi expulso. Viemos ouvir o senhor. Seu sangue, fazendeiros, estão contra nós'". O magistrado prometeu estudar o caso. E deu liminar contrária aos A'uwe.

No dia da nossa despedida de Marãiwatsédé, Carolina concluiu essa parábola. Juntou na figura simbólica de como opera a justiça *waradzu* outro magistrado: Manoel Ornellas de Almeida, desembargador do Superior Tribunal de Justiça, que tomou ilegalmente uma fazenda dentro da terra indígena. Ela pediu ao motorista para parar "na fazenda do desembargador". Onde era a sede, há hoje restos de demolição – todas as construções dos brancos foram derrubadas no processo de desintrusão. Entulhos de paredes que foram verdes estão tomados por mato mais verde ainda. No que deve ter sido o quintal da casa há uma mangueira enorme, velha e carregada de mangas. Carolina e sua filha, Nelida, colhem muitas mangas para a aldeia. De volta ao carro, a saia dobrada para cima e cheia de frutas, chupando uma manga, Carolina ri alto e diz, sem medo e com gosto: "É doce a manga do desembargador!". ■

Crédito: Carolina Vilaverde

PATRÍCIA CORNILS

É repórter freelancer. Trabalhou, entre outros locais, no jornal *Valor Econômico*, onde foi repórter especializada em telecomunicações, e na revista *aRede*, sobre uso de tecnologias digitais em iniciativas de inclusão social. Participa da Actantes, coletivo de defesa do direito à liberdade e privacidade nas redes. Acompanha e apoia, como cidadã, a luta dos povos originários no Brasil – assim como as lutas contra o genocídio do povo preto e a das mulheres e LGBTQ+ por mais respeito e menos violência e morte. Acredita que nessas lutas nasce a força para resistir à destruição de nossa democracia e se mantém viva a ideia de um país mais justo e menos desigual. É uma possibilidade de impedir que o mundo, transformado em mercadoria, seja destruído.

Crédito: Carolina Vilaverde

ILDA MARTINS DA SILVA

Eu era o abrigo

Carla Borges

Al final de este viaje en la vida quedarán
nuestros cuerpos hinchados de ir
a la muerte, al odio, al borde del mar.
Al final de este viaje en la vida quedará
nuestro rastro invitando a vivir.

Trecho da música "Al final de este viaje",
de Silvio Rodríguez, músico cubano

Olhos profundos de um azul gritante. De quem já viu de tudo. Coisas que deu duro para construir, é verdade. Outras que preferia não ter visto, nem vivido... na pele. Uma realidade imposta goela abaixo. O que esperar, então, da vida? Que esperar que nada! Ilda é das que correm atrás.

"Não sou uma inútil"

Quanto mais os médicos diziam que Ilda Martins da Silva não se recuperaria do coma e de suas sequelas, mais ela melhorava. "Ela gosta de desafios", diz Isabel Maria, sua filha caçula.

No início de 2015, uma cirurgia aparentemente simples para tirar uma pedra de um dos rins evoluiu para uma infecção generalizada, que culminou num coma de três meses. Os prognósticos, contudo, não passaram nem perto. Um dia, acordou pensando que era milionária e distribuiu dinheiro para os enfermeiros lhe tirarem a sonda.

A internação lhe lembrava os meses de prisão na Delegacia de Ordem Política e Social (DOPS) – que, mais tarde, passaria a se chamar Departamento Estadual de Ordem Política e Social (DEOPS) –, para onde foi levada em 1969, após a captura e assassinato de seu marido, Virgílio Gomes da Silva, operário e militante político da Ação Libertadora Nacional (ALN). Queria sair dali a qualquer custo.

Aos poucos, foi recobrando a consciência e voltando a si. Quase quatro anos depois, agarra a vassoura para ajudar nas tarefas de casa e se entretém com jogos num *tablet*. Vez ou outra ralha com Luna, a cachorrinha. "Eu não posso fazer algumas coisas, mas não sou uma inútil. Quando for inútil, eu morro", me diz, já de saída.

Mas algo mudara. Para a surpresa de todos, Ilda deixa de lado a sobriedade que a acompanhava desde a adolescência para brindar-lhes com gargalhadas há muito guardadas. Escondidas tão fundo que nem ela mesma as achava. O coma devolveu-lhe as chaves.

Em 2019, com 88 anos, tem a mente lúcida e o olhar tranquilo de quem sabe ter cumprido seu papel na vida. Criar sozinha os quatro filhos, garantir seus estudos, vê-los bem encaminhados – "engenheiros e geólogos", diz, orgulhosa. Viu a família se multiplicar em uma penca de netos, mais os dois bisnetos recém-chegados. Todos aconchegados em suas grandes asas de coruja. Definitivamente, ela não é uma inútil.

Da roça à fábrica

Filha de imigrantes espanhóis, Ilda nasceu em 30 de maio de 1931 no sítio do avô materno, no então município de Gralha, hoje Lucianópolis, no interior de São Paulo. No dia a dia da família, o idioma era o portunhol. Embora ela compreendesse bem, só foi aprender castelhano mesmo lendo os longos discursos de Fidel publicados no Granma, jornal do Comitê Central do Partido Comunista de Cuba, onde foi viver décadas depois.

Em sua casa, eram em sete irmãos. "A Ilda sempre foi mais levadinha. E a mais resolvida", relembra Iracy, sua irmã dois anos mais velha. Cresceu achando que havia sido adotada, levando a sério a brincadeira dos irmãos. Não adiantava a mãe, dona Maria, desmentir: a cisma já a tinha agarrado e haveria de acompanhá-la por toda a vida.

O pai, seu Gregório, morreu quando Ilda tinha apenas sete anos. O motivo de sua morte nunca foi esclarecido. As coisas mudaram bastante sem ele. Até então, a família tinha uma condição de vida boa – terra, carro, empregada. Após sua partida, Maria se viu sozinha com os sete filhos pequenos e voltou a morar no sítio de seu pai.

Nessas idas e vindas, Ilda e as irmãs mais velhas não puderam completar os estudos – a escola ficava muito longe do sítio. "Meus irmãos estudaram porque iam a cavalo para a cidade. Mamãe falava: 'Vocês não vão à escola porque onde já se viu mulher andar a cavalo?'".

A meninada logo começou a trabalhar na lavoura do vô Divino. Ajudavam a plantar algodão, milho e café. Mais tarde, foram para a capital paulista, quando a indústria começava a fervilhar. Com a ajuda de um tio, conseguiram emprego na Companhia Nitro Química Brasileira.

A Nitro, como a chamavam, surgiu em 1935 com o intuito de produzir seda artificial, revolucionando a indústria têxtil brasileira. O distrito de São Miguel Paulista se moldou ao redor da companhia. O crescimento populacional foi gigantesco, atraindo migrantes de todas as regiões do Brasil, principalmente do Nordeste. Tanto, que até hoje São Miguel é conhecido como a "Bahia nova", conforme aponta Paulo Fontes no livro *Um nordeste em São Paulo: trabalhadores migrantes em São Miguel Paulista* (2008).

A empresa estava a pleno vapor em 1945, quando eles chegaram a São Paulo. Ilda tinha 14 anos quando se tornou operária-tecelã. Ao lado dos três irmãos mais velhos – Miguel, Nair e Iracy –, trabalhava emendando fios para garantir o sustento da casa. Deixou a empresa 15 anos depois, aos 29 anos, já casada e com o primeiro filho, Vlademir.

Terminada a licença maternidade, os patrões lhe negaram o direito a creche. Disseram que só poderiam matricular a criança se o funcionário da indústria fosse o pai, não a mãe. Como assim? Pense numa mulher brava! Ilda foi trabalhar, com filho e tudo debaixo do braço. "Ou vocês arrumam uma vaga na creche ou me deixam cuidar dele!" Sem saída, propuseram-lhe um acordo, que ela achou melhor aceitar. A partir de então, assumiu integralmente os cuidados de todos em casa.

Ilda é um nome de origem germânica que deriva da palavra *hild*, *hilde*, *hilt*, que significa "combate", "luta". Nome de gente guerreira, aguerrida. Dito e feito.

^ Na prisão, Ilda só teve certeza de que os filhos estavam bem quando viu fotografias deles na casa de familiares. Crédito: Carolina Vilaverde, 2019/Arquivo pessoal, 1969

Unidos pelas ideias

As origens de São Miguel Paulista se confundem com a própria fundação da cidade de São Paulo. A região pertencia ao povo indígena Guaianás, cujo território se estendia do planalto paulista até o litoral, em Angra dos Reis. Ali ficava a Aldeia de Ururaí, fundada pelo índio Piquerobi, onde, mais tarde, foi erguida a Capela de São Miguel. Daí veio o nome do futuro distrito, um dos primeiros da capital paulista.

Foi ali, na igreja construída no lugar da capela original, que se casaram Virgílio Gomes da Silva e Ilda Martins, em 21 de maio de 1960. Eles se conheceram três anos antes, quando Ilda ainda trabalhava na Nitro, e ele, no Sindicato dos Químicos. Ela, a operária sindicalizada; ele, o funcionário do sindicato. Cruzaram-se às vésperas de uma greve que durou nove dias e reivindicava aumento salarial, melhores condições de trabalho e pagamento de indenizações por insalubridade aos operários do setor.

Ilda era das pessoas mais combativas durante a greve, conforme registram Edileuza Pimenta e Edson Teixeira em *Virgílio Gomes da Silva:*

de retirante a guerrilheiro (2009). Como militante engajada, indignava-se com os "camelos", como chamava os fura-greve. Erguia o cerco para não deixar que entrassem na fábrica, e só escapavam mesmo os que eram levados pelo patrão, escondidos dentro de ambulâncias.

Terminada a greve, vitoriosa, Ilda não deixou por menos. Brigou com uma colega próxima, mostrando que os dias não trabalhados não haviam sido descontados do salário dos grevistas, ao passo que os fura-greve tiveram dedução automática das refeições e do transporte, a princípio oferecidos gratuitamente pela empresa. "Da próxima vez eu também não vou trabalhar", se convenceu a amiga, tardiamente.

A moça interiorana já tinha ouvido falar de Virgílio antes mesmo dos seus tempos de militância sindical. Ele era o "louco da rádio", apelido recebido depois de vencer uma prova de resistência carnavalesca dançando 78 horas sem parar. Sobre os ombros já cansados de Ilda, se vê ainda hoje, ao fundo da sala de jantar, a foto do dia em que ele ganhou o prêmio. Depois disso, ele nunca mais dançou; a vida foi endurecendo.

"Depois dele, ela se transformou", poderiam dizer. Pelo contrário: foi justamente a indignação dos que se sabem explorados – e a consequente vontade de mudança – que a levou a se associar ao Sindicato dos Químicos, onde encontrou o "louco da rádio" pela primeira vez. Ela sempre batalhou duro por seus direitos. E pelos dos demais, principalmente.

É evidente que seu faro político se aprimorou ao lado de Virgílio. Foi com ele que ela aprendeu a escolher seus candidatos quando ainda era possível votar e passou a dar nome às coisas em que acreditava, como o socialismo – para ela, até hoje o melhor sistema para os trabalhadores, como relata no depoimento concedido em 2014 ao programa *Coleta Regular de Testemunhos*, do Memorial da Resistência de São Paulo.

"O que eu mais gostava nele? Tudo! O jeito dele, as ideia que ele tinha. As ideia dele eram mais ou menos as minha. E isso que foi unindo a gente, fazendo a gente se gostar: as ideia. Foi assim até o dia em que mataram ele. Até hoje eu gosto dele." Ao dizer isso, os olhos de Ilda ficam verdes, como acontece a cada vez que ela chora, conforme bem observou sua amiga e ex-presa política Rose Nogueira em seu capítulo publicado no livro *Tiradentes, um presídio da ditadura: memórias de presos políticos* (1997), de Alípio Freire, Izaías Almada e Granville Ponce. Verdes, não de esperança, mas de dor.

Vida clandestina, vida peregrina

Com o Ato Institucional Número 5 (AI-5), assinado em 1968, o cerco da ditadura civil-militar contra seus oponentes apertou. Virgílio, desacreditado das possibilidades de vencer a repressão por meio do diálogo com o governo autoritário, havia deixado o Partido Comunista Brasileiro (PCB) no ano anterior e aderido à luta armada junto à ALN. Depois do AI-5, ele não via alternativa para prosseguir na resistência política a não ser a clandestinidade.

Passou a chamar-se Jonas; ela, Penha. Ilda outra vez se reinventava para se adaptar ao que a vida lhe cobrava. Junto dos filhos – cada qual também com nomes falsos –, esteve ao lado de Jonas em todos os "aparelhos", como se chamavam os refúgios das organizações de esquerda. "Cada vez eu morava num lugar diferente, vivia mudando de casa, para não ficar conhecida onde estava", lembra.

Ilda subia morro, fazia trilha, acampava e até aprendeu a atirar – embora só usasse a espingarda para matar os gaviões que atacavam as galinhas.

Um dos locais onde passaram mais tempo foi num sítio em Ribeirão Preto, interior de São Paulo. O casal foi para lá com os quatro filhos mais a mãe de Virgílio, dona Isabel, outra resiliente feito bambu. Era ali onde os militantes da ALN faziam seus treinamentos e testavam novas armas.

Ilda subia morro, fazia trilha, acampava e até aprendeu a atirar – embora só usasse a espingarda para matar os gaviões que atacavam as galinhas. Seu papel era prestar apoio aos guerrilheiros, acolhendo quem chegasse e ajudando a curar suas feridas, até que arrumassem um destino seguro. "Ilda alimentava a tropa com comidas do dia a dia. Às vezes,

< "Meu maior orgulho são os meus filhos. Eles sofreram o mesmo que eu." Na fotografia, Vlademir, Virgílio Filho, Gregório, Isabel e Ilda em Havana, Cuba. Crédito: Arquivo pessoal, 1979

também tinha buchada, feijão verde", lembra Aton Fon Filho, também da ALN e um dos visitantes mais frequentes.

Em setembro de 1969, Virgílio havia se tornado um dos principais comandantes da organização, tendo coordenado o rapto do embaixador estadunidense, Charles Burke Elbrick, que culminou na libertação de 15 presos políticos. Foi uma ação sem precedentes, que ficou conhecida como "o sequestro do século", conforme relatos no filme *Hércules 56* (2006), de Silvio Da-Rin, que também virou livro publicado sob o título *Hércules 56: o sequestro do embaixador americano em 1969* (2007). No fim do mesmo mês, Virgílio foi preso, torturado e morto a pontapés na sede da Operação Bandeirantes (OBAN), centro clandestino que materializava o terror de Estado.

Um das últimas bases da família foi uma casa em São Sebastião, litoral paulista, onde Ilda foi capturada, junto a três de seus filhos e a Manoel Cyrillo, também militante da ALN, um dia depois do assassinato de Virgílio. O grupo havia acabado de chegar ao local, que seria o último ponto antes de partirem para Portugal e, então, para Cuba.

Mas os agentes da repressão chegaram antes. Na pressa de levá-los à OBAN, acabaram capotando o carro na estrada a caminho de São Paulo. Ninguém se feriu, mas a tensão, que já era imensa, implodiu silenciosa em cada um.

Logo que chegaram à esquina da rua Tutóia com a Tomás Carvalhal, os filhos de Ilda foram levados ao Juizado de Menores da capital. Como se não bastasse, colocaram-na numa daquelas camionetes Veraneio usadas pela polícia à época e saíram com ela pelo interior paulista para que indicasse os locais de seus esconderijos. Um novo retorno às origens caipiras, mas desta vez, forçado. Os militares circularam com Ilda durante uma semana à procura de outros militantes, armamentos e dinheiro, enquanto fingiam, cinicamente, procurar por Virgílio.

Nas sucessivas paradas, Ilda se desdobrava para despistá-los. Fazia a ignorante. Fez-se passar por analfabeta e vestiu, tranquila, a máscara da esposa que nada sabia, via ou ouvia. "Se eu me fingir de boba, eles não vão machucar o meu marido", pensava. Ainda deu um jeito de avisar a sogra para que saísse a tempo do sítio com seu filho Gregório. Ao chegarem ao local, os agentes encontraram a casa vazia e ela, o alívio dos astutos. Ilda defendeu-se como pôde para proteger quem conheceu pelo caminho. A coruja, afinal de contas, também é uma estrategista.

De volta a São Paulo, Ilda foi levada ao DOPS, onde ficou de 6 de outubro a 4 de novembro de 1969, e depois ao presídio Tiradentes – conforme consta em sua ficha no DEOPS, hoje preservada no Arquivo do Estado de São Paulo. Situado na avenida de mesmo nome no centro da capital paulista, do presídio sobrou apenas o arco da entrada principal, largado ali sem identificação, nem nada. Lá, ela ficou por nove meses junto a outras presas políticas, em sua maioria, integrantes de organizações de esquerda, entre elas Dulce Maia, Elza Lobo, Nair Benedicto, Guiomar Lopes, Rose Nogueira e a presidenta Dilma Rousseff, que cita Ilda e outras companheiras do Tiradentes em seu discurso de posse presidencial em 2010.

Quando saiu da prisão, ela passou dois anos batendo cabeça para encontrar emprego fixo. Achava que a dificuldade se devia à idade; tinha, então, 40 anos. Mas é bem possível que seu nome constasse das listas que costumavam circular entre as empresas com a relação dos trabalhadores participantes de greves, panfletagens e outras atividades associativas e que, portanto, não deveriam voltar a ser contratados em parte alguma. Se não fosse pela ajuda de sua família, não sabe como teriam sobrevivido.

Além da dificuldade de arrumar trabalho, ela também passou a ser seguida na rua por onde andasse, como relata a Paula Sacchetta e a Peu Robles no depoimento para o filme *Verdade 12.528* (2013). Preocupada com o futuro dos filhos e trazendo no corpo o medo latejante e as dores do regime militar, Ilda não titubeou quando a amiga Rose Nogueira lhe perguntou se queria retomar os planos de Virgílio de mandá-los para Cuba: "Mas é claro que eu quero!", ela respondeu. Ilda sempre foi uma mulher decidida, como sua irmã Iracy bem observara desde a infância. Saiu de casa sem avisar ninguém, temendo que não a deixassem seguir com "os quatro", como chamava sua prole.

Era fevereiro de 1972. Eles partiram de ônibus rumo ao Chile, onde a embaixada cubana lhes daria guarida e cuidaria dos trâmites para que chegassem a Havana. Ela e os quatro filhos, a menor nem bem desfraldada. E só.

Ficaram quase um ano em Santiago, dividindo uma casa de dois quartos, sala e cozinha com Isaura Coqueiro, esposa de Aderval Alves Coqueiro, e Pedrina Carvalho, a Dina, esposa de Devanir José de Carvalho, suas respectivas filhas e filhos – no total, oito crianças. Mulheres enviuvadas pelo Estado brasileiro. Sobreviventes. Conseguiram sair do Chile a tempo de escapar do golpe de Estado contra Salvador Allende: Ilda e Isaura para Cuba; Dina, um pouco depois, para a Argentina. Foram dezoito longos anos de exílio para Ilda e os filhos.

A família retornou ao Brasil apenas no início dos anos 1990, colocando fim à sua peregrinação... ou quase. Com o dinheiro da indenização recebida do Estado em 1996 pela morte do esposo, possibilitada pela Lei 9.140/95, Ilda comprou uma casa no litoral paulista e se mudou para lá sozinha.

Em 2019, vive na cidade de São Paulo com a filha Isabel, como que para reaver o tempo perdido sem a companhia uma da outra em seus primeiros meses de vida.

Um canudo de jornal acenando pela janela

Como se fosse se atirar num mergulho profundo, Ilda nem espera pelas minhas perguntas. Toma ar e dispara a contar como foi a cadeia, a tortura, a separação dos filhos e a notícia da morte de seu Virgílio. Chora, silencia. Então retoma o fôlego e continua, corajosa, tocando em feridas que não se curam. Dias depois da primeira entrevista, me chama de volta à sua casa para contar o que ficou para trás. Conforta-lhe um pouco ver novas gerações interessadas nessa memória. Agradece. Mas a dor, lá do fundo… essa não passa, não.

"Para nós é uma grande incógnita o que ela passou na prisão", diz o filho Virgílio. "A gente não sabe se ela foi torturada, como foi, nada. Imagina até que grau você pode sofrer até perceberem que você de fato não sabe nada?"

Ilda descreve o DOPS como a "casa da tortura", conforme entrevista concedida ao Memorial da Resistência, centro de memória sediado nas antigas dependências do DOPS. "Aqui foi o terror".

Sua cela ficava no "fundão", reservado às solitárias, celas individuais, mas que chegavam a abrigar duas presas dividindo colchão. As carcereiras vinham buscá-las para levar ao piso superior onde aconteciam os "interrogatórios". Até hoje o barulho do molho de chaves no ferrolho da porta ainda a deixa em pânico. Foram momentos de suplício nos quais era obrigada a ouvir a gravação de Virgílio aos gritos sendo espancado até a morte. Queriam que ela achasse que ele estava na sala ao lado para que desse informações que nem sequer detinha.

Nem os peitos cheios de leite a pouparam dos choques elétricos. Ilda foi duplamente castigada: por ser mulher e por ousar desafiar o papel de subserviência que lhe é atribuído. Mais do que isso, foi punida pela maternidade, algo que em si enfurecia os agentes: "Onde já se viu parir filhos de 'terrorista'?".

As bárbaras "técnicas de extração de confissões" – como a polícia gosta de chamar a tortura até hoje, pretendiam muito além do que arrancar informações dos prisioneiros. Eram, antes de tudo, uma maneira de subjugá-los, de lhes ferir a dignidade e de demonstrar controle absoluto sobre seus corpos, conforme aponta Dodora Arantes em seu

^ Sobre os ombros de Ilda, vê-se a imagem de Virgílio logo após vencer o concurso de resistência carnavalesca da rádio Record, em 1957. Crédito: Carolina Vilaverde, 2019

livro *Tortura: testemunhos de um crime demasiadamente humano* (2013). A tortura é um crime aviltante, imprescritível, indelével, que viola não só as suas vítimas diretas, mas todos nós.

Mas a pior tortura, diz ela, foi lhe tirarem seus filhos. Aí foram longe demais. A coruja virou uma leoa. Antes de os levarem ao Juizado, Ilda ainda teve tempo de dizer ao mais velho, Vlademir, então com 8 anos, que cuidasse dos irmãos, o que ele seguiu à risca. Amarrava a si e ao irmão Virgílio ao berço de Isa para que não os separassem enquanto dormiam. Assim as crianças passaram o tempo sob a guarda do Estado – entre ameaças de adoção e esperanças de serem salvas pelo pai – até que sua tia Creuza, irmã de Virgílio, os tirou de lá. Em meio a um nevoeiro de versões desencontradas, Ilda lembra que era difícil saber em quê e em quem acreditar. Custou a crer quando lhe disseram que as crianças tinham sido levadas para a casa de seus irmãos. Teve certeza apenas quando as viu na foto com a família.

Assim foi também quanto à morte de Virgílio. Durante algum tempo, agarrou-se à remota possibilidade de que o companheiro pudesse estar foragido, como queriam fazer crer os oficiais e os grandes veículos de imprensa da época. Nos sucessivos interrogatórios, seguiram perguntando por ele – de um lado, por sadismo; do outro, também. "Por uma janelinha, eu via todo mundo chegar, menos meu marido. O delegado falava: 'Mas ele vem, pode deixar'. Ele já estava morto", Ilda conta. "Morto não, assassinado", se corrige, rapidamente. E enrubesce, de dor e de raiva.

Soube a verdade apenas quando Margarida Maria do Amaral Lopes, a Guida, com quem dividia cela no DOPS, juntou forças para lhe contar. Aos 38 anos – mesma idade de sua mãe, Maria, quando enviuvou – Ilda repete a saga da família Martins e, sozinha com os quatro filhos, torna-se a única responsável por seu destino e o das crianças.

"Por uma janelinha, eu via todo mundo chegar, menos meu marido. O delegado falava: 'Mas ele vem, pode deixar'. Ele já estava morto. Morto não, assassinado", se corrige, rapidamente. E enrubesce, de dor e de raiva.

Pouco depois, chega a notícia de outra morte – de todas, a mais esperada e celebrada pelos agentes: a de Carlos Marighella. Foi um rebuliço. Muitas pessoas caíram presas nesse dia e quem estava no DOPS teve que ser transferido para outro local, o presídio Tiradentes. Foi o caso de Ilda e suas companheiras.

"O presídio Tiradentes foi o sonho e o pesadelo de uma geração", conta Alípio Freire no livro sobre o centro de detenção. Estar ali significava não ser mais um preso clandestino. Tornavam-se presos reais, que podiam sair ao sol, ter endereço conhecido e receber visitas. Ao mesmo tempo, não os impedia de serem levados de volta ao DOPS para novas torturas, nem lhes representava qualquer certeza de justiça.

O presídio usualmente recebia presos correcionais e não havia lugar para acomodar as presas políticas. Foram então levadas para uma torre que ficou conhecida como "Torre das Donzelas". Elas mesmas limparam tudo e organizam o local de modo a encontrar o mínimo de dignidade. Conseguiram improvisar até uma cozinha, onde preparavam suas refeições.

Apesar de todo o sofrimento, do Tiradentes restaram a Ilda a amizade e o amor das companheiras. "Foi amizade sincera mesmo, porque todas estavam na mesma situação, passando pela mesma coisa, todas torturadas, arrebentadas, com filhos, com família. A gente se uniu muito lá dentro. Isso daí vai ser pra sempre", disse à cineasta Suzanna Lira, em depoimento para o filme *Torre das donzelas* (2018).

Dos nove meses que passou no presídio, quatro permaneceu completamente incomunicável, sem sequer descer ao pátio. Referiam-se a ela como "uma presa política de grande periculosidade", segundo conta em depoimento que consta no livro *Infância roubada: crianças atingidas pela Ditadura Militar no Brasil,* organizado por Tatiana Merlino pela Comissão da Verdade do Estado de São Paulo "Rubens Paiva" (2014). Nem quando quebrou o pé e teve de ser internada lhe deram paz. Permaneceu amarrada à cama, as mãos atadas, como se pudesse fugir a qualquer momento, saltando numa perna só.

Os filhos, já distribuídos pelas casas dos tios, iam até o Tiradentes mesmo sem poder entrar. Combinavam um horário e, por uma janela, Ilda acenava um jornal dobrado em forma de canudo. Era tudo o que conseguiam enxergar lá de baixo. Da cela, ela os via. E sentia um aperto doído. Todos ainda sentem. "Durante quatro meses, minha mãe foi um canudo de jornal acenando da janela", lembra-se Gregório. Esses são os momentos que mais ardem na memória à flor da pele.

O tão grave perigo que Ilda ofereceria a eles era a sua lealdade. O amor abundante de mãe recém-parida, a dedicação ao marido, a retidão moral e a altivez serena diante do terrível destino que aguardava ela e os seus. Nada mais. Era o que bastava para a ditadura fazer tremer corpos em correntes elétricas.

"Cuba era a nossa Bahia!"

"Depois que saí da prisão e juntei os quatro, aí é uma história só. Nossa saída, nossa vivência em Cuba – daí pra frente é tudo a mesma história. Morar lá foi maravilhoso. O melhor tempo da minha vida."

Assim Ilda resume a vida em Cuba. A ilha está por toda parte . Do menu do almoço de domingo ao sotaque carregado "dos quatro". Na nacionalidade dupla de vários netos, nas canções de Silvio Rodríguez e Pablo Milanés, suas favoritas. "Érika, a moça que me cuida, falou: 'Eu não conhecia Cuba, mas agora tô gostando de tanto ouvir você falar!'", conta Ilda. Os filhos confirmam: "Cuba era a nossa Bahia!". Depois de São Miguel, Cuba foi a "nova Bahia" para os Gomes da Silva.

A distância dos familiares no Brasil, a vida em um país estrangeiro, mais um recomeço forçado – ao mesmo tempo, um alívio e um tormento –, aproximou ainda mais a família. "A gente viveu lá o melhor das nossas vidas: a despreocupação total, o prazer de se desenvolver como ser humano em todas as esferas possíveis. Você podia ser astronauta, tudo o que quisesse", diz Virgílio Filho.

Mas logo vinha Ilda a chamar-lhes à responsabilidade. Quis que escolhessem profissões compatíveis com a vida no Brasil. Não naturalizou ninguém como cubano, embora pudesse. "Nós não estamos aqui a passeio, estamos aqui para vocês estudarem", se lembra Gregório de seus enquadres firmes.

Quando chegaram à ilha, passaram alguns dias num hotel em Varadero, um paraíso azul-turquesa. Depois de lá, foram alocados no hotel Saint John's, em Havana, onde viveram por três anos – tudo pago pelo governo cubano. "Lá meu dinheiro era a minha assinatura. Era só assinar e estava pago. Mas eu queria trabalhar porque era uma forma de retribuir."

Primeiro Ilda deu um jeito de aprender o ofício de telefonista e cobria o plantão noturno e as folgas das funcionárias. Chegou a passar 36 horas seguidas no posto sem descansar – assim, de graça mesmo. Transferiu ligação até para o Chico Buarque – o "Chico brasileiro", como era chamado –, hospedado no Habana Libre, mesmo hotel de Isaura Coqueiro, com quem ela havia dividido quarto no Chile e que chegara ao país meses depois. A amiga também lembra com carinho daqueles tempos. "Lá tinha as mesmas frutas daqui. Tinha manga, tinha jaca, fruta do conde desse tamanho... tinha tudo. Tocava uma música na rua, as cubanas saíam dançando. Eu adorava!", Isaura se lembra.

Mais adiante, Ilda foi trabalhar na fábrica que confeccionava os uniformes dos meninos, onde voltou a manusear fios, dessa vez na costura. Ficou lá por doze anos. Não tinha o que não pudesse aprender para manter-se útil. Com as roupas, tecia também memórias. "Eu nunca contei para eles o que eu passei. Ficam sabendo só por estas entrevistas." Não queria lhes causar trauma maior que a própria perda do pai – além da de seu país. Segurava as pontas e seguia, aquecendo-se na teia sem fim de afetos por cerzir.

Quando saíram desse hotel, foram para um apartamento em Alamar, onde passaram o resto do tempo em que viveram em Cuba. Construído em mutirão pelos funcionários da indústria siderúrgica Vanguardia Socialista, o edifício ganhou o nome da fábrica e ficava a um quilômetro da Playa de los Rusos, aonde iam todos os finais de semana. Doze andares, 132 apartamentos. "Todo mundo era mãe de todo mundo e todo mundo era irmão de todo mundo", lembra Vlademir, com a memória ainda fresca. As portas ficavam abertas, as pessoas entravam sem bater. Era sentir o cheiro de café e se sabiam convidadas a entrar.

Mais adiante, Ilda foi trabalhar na fábrica que confeccionava os uniformes dos meninos, onde voltou a manusear fios, dessa vez na costura. Ficou lá por doze anos. Não tinha o que não pudesse aprender para manter-se útil.

"A gente botava uns quinze dentro do apartamento", lembra Virgílio Filho. Brincava de esconde-esconde, de tudo. Era um cassino, aquele prédio". Ficavam até duas, três da manhã. Ilda jogava xadrez, e ficava possessa quando lhe levavam a rainha. Baixava-lhe a espanhola.

Um dia, ela foi ter com Zilda e Iara Xavier, exiladas brasileiras que moravam em outro andar. Quando voltou, encontrou a casa arrombada, os vizinhos dentro. "Pensei até que tinha entrado no apartamento errado!" Ela esquecera o óleo no fogo. Por pouco a labareda não alcança a tubulação de gás, atirando tudo pelo ar. Graças à cubana Irma e seu marido, que moravam logo em frente, o incêndio foi contido a tempo. Pegaram amizade grande, daquelas pra vida toda.

^ Ilda carrega cartaz com a imagem do marido em um ato realizado pela Frente de Esculacho Popular em frente à casa de um dos torturadores de Virgílio. Crédito: Marcelo Camargo/Agência Brasil, 2015

Os filhos da vizinha abriam as panelas de Ilda atrás de seu arroz, diferente do deles: soltinho e temperado com bastante alho e cebola. "Aquilo era uma família", conta Ilda. Ficou conhecida no prédio como a "Máe", pronunciado assim mesmo, com o acento cubano, imitando o jeito dos filhos de chamá-la. No dia das mães, recebeu um mundo de cartões postais dos vizinhos todos – uma das maiores alegrias longe de casa.

O apelido não poderia lhe servir melhor. Os quatro são sua joia rara, e ela, a deles. "Meu maior orgulho são os meus filhos. Eles sofreram o mesmo que eu. Foram torturados também, psicologicamente. E cuidam de mim até hoje." Isa, que herdou o instinto "cuidadero" da "Máe" recorda: "O que eu mais lembro de Cuba é da galinha e seus pintinhos, como nos chamavam".

Ficar mais um instante

A Lei de Anistia não foi suficiente para trazer a Ilda as certezas de que precisava para que confiasse em voltar ao Brasil às vésperas dos anos 1980. O medo ainda lhe pulsava nas veias, e as incertezas eram areia movediça diante da solidez do solo cubano.

Lá eles eram os familiares de Virgílio, o guerrilheiro tido como herói. Aquele que dá nome a rua, a escola, que driblou as forças de inteligência militares em uma operação ágil e precisa, digna dos maiores estrategistas. Não eram o bando de comunistas, a família do terrorista, do bandido foragido, como insistiam os jornais e os agentes do DOPS enquanto interrogavam a esposa já sabendo-a viúva. Cuba ofereceu a eles o que o Estado brasileiro lhes arrancara anos antes: a possibilidade de uma vida digna. De uma vida feliz.

Ilda decide permanecer quando todos voltavam, indo na contramão de seus companheiros. Foi a única brasileira a escolher ficar, mesmo a contragosto dos filhos, que se enredavam nos sonhos de uma pátria imaginada. Não que essa fosse uma decisão fácil; isso não. "De todos nós, quem mais tinha a perder ficando em Cuba era ela, pois tinha deixado aqui sua família", diz Gregório.

A convivência com sua mãe, dona Maria, e com os seis irmãos foi algo de que Ilda teve de abrir mão pela determinação de ir até o fim para

^ Ilda e a filha Isabel, com quem mora desde 2009, como que para reaver o tempo perdido afastadas uma da outra em seus primeiros meses de vida. Crédito: Carolina Vilaverde, 2019

dar um futuro melhor aos filhos, já que mudar o passado não alcançaria. Quando voltou, mal teve tempo de despedir-se dela, que se foi logo depois, aos 92 anos, exatamente um ano após a volta da filha – como que se a esperasse para passar-lhe o bastão.

A firmeza de permanecer em Cuba ela tirava das lembranças dos últimos três anos que passara no Brasil, quando saiu da prisão. Longos anos de portas na cara. Ilda sabia que não teria condições de estudá-los no Brasil, nem poderia sustentá-los como se devia. E isso lá era vida que sonhasse para os seus? Ela, que não estudara mais que poucos meses e se alfabetizou por pura teimosia, queria para os filhos o que não teve. Assim é a "Máe".

De todo modo, eles sempre souberam que voltariam. Mais que poder estar com seus queridos, para Ilda, voltar também significava retomar o direito de viver com dignidade em seu próprio país. De ser livre e de não ser perseguida ou morta por ser quem se é ou por aquilo em que acredita. Voltou, por achar que o Brasil poderia vir a ser um bom lar.

Hoje, ouvindo as notícias que a filha lhe relata das redes sociais, tem dúvidas. "Se eu soubesse que aqui seria assim, eu não voltaria." Ilda se exalta ao falar da realidade brasileira. Ela percebe tudo a sua volta e conserva seu faro político aguçado. Assiste incrédula à tentativa de desconstruir a história. "Quando ele [Jair Bolsonaro] foi eleito, pensei: 'Ih, vai voltar a ditadura. Ele vai acabar com o Brasil'. Sinto muito por vocês. Eu não vou estar aqui, mas vocês, sim. Sigam a luta de quem faleceu, que eles agradecem", crava, certeira.

"A sepultura dele é o mundo"

É 2015. Dona Ilda tinha há pouco voltado do coma quando a gestão de Fernando Haddad na Prefeitura de São Paulo inaugurou, no cemitério de Vila Formosa, um jardim cheio das orquídeas como as que Virgílio adorava cultivar. O jardim foi chamado "Para não dizer que não falei das flores", uma alusão à música de mesmo nome de Geraldo Vandré. Virgílio foi o primeiro preso político da ditadura civil-militar a ser tido como desaparecido. Seu corpo nunca foi localizado.

"Se não posso encontrar o corpo, quero apenas um lugar para colocar uma flor", disse Ilda anos antes aos procuradores federais Eugênia Gonzaga e Marlon Weichert. Eugênia, presidenta da Comissão Especial sobre Mortos e Desaparecidos Políticos (CEMDP) quando este perfil foi redigido, lembra-se de vê-la de plantão em sua cadeirinha de plástico durante todas as escavações realizadas em busca dos remanescentes do marido. As últimas datam de janeiro e fevereiro de 2011.

O cenário em Vila Formosa é devastador. De um lado, um ossário geral subterrâneo com um amontoado de sacos azuis não identificados a perder de vista – das vistas azuis. Parte das ossadas, localizadas mais abaixo, formou uma única massa, chamada com ironia pelos ex-presos políticos de "a maçaroca", conforme nos conta Ivan Seixas, um dos companheiros que acompanharam as buscas. De outro, a renumeração descuidada das quadras para onde poderiam ter sido levados os desaparecidos – o caos. Aos familiares, só resta tatear sepultura por sepultura e suas infinitas refundas no rastro da tão esperada compatibilidade genética.

Essa é a realidade de muitos outros casos. “Onde estão os nossos desaparecidos?” – é uma pergunta entoada há anos pelos familiares de mortos e desaparecidos políticos. É a mesma frase que, em plena ditadura, foi empunhada feito lança por dona Isabel, mãe de Virgílio. Quem perdeu filhos para a seca nordestina não se intimidaria facilmente.

Para os filhos de Virgílio, principalmente os dois mais novos, privados quase integralmente do convívio com o pai, outras questões vão se empilhando: “Como ele era?”; “Como seria hoje?”; “Como teria sido crescer com ele?”. Mas a estas o Estado jamais poderá responder.

Vlademir, o filho mais velho, muitas vezes teve de “matar” o pai. Primeiro, quando soube da notícia e não acreditou; depois, ao aceitar. Por fim, quando viu a fotografia do laudo necroscópico encontrada em 2004 nos arquivos do Instituto Médico Legal (IML) – a certeza derradeira da morte de Virgílio.

“Quando vi aquela foto, não me aguentei”, diz Vlademir. “É um negócio do qual eu tinha fugido toda a minha vida, ver a foto do cadáver do meu pai. Quando eu finalmente entendi que meu pai estava morto, para mim ele já estava morto e enterrado. A sepultura dele é o mundo”, relata sem esconder o nó na voz, apesar dos ruídos da chamada a longa distância. A tal realidade imposta goela abaixo.

Para os filhos de Virgílio, principalmente os dois mais novos, privados quase integralmente do convívio com o pai, outras questões vão se empilhando: “Como ele era?”; “Como seria hoje?”; “Como teria sido crescer com ele?”.

Ilda sabe o quanto deu duro para honrar e manter viva a memória de Virgílio. Gostaria de poder enterrá-lo e dar um fim a esse ciclo de procura e de espera. De silêncio e de silenciamento. Exige justiça, embora não a espere de fato. No fundo, sabe que, apesar de seus esforços e da família, bem como dos companheiros organizados em grupos de memória, verdade e justiça, dificilmente conseguirá recuperar os restos mortais do companheiro no mar sem fim de ossadas abandonadas à própria sorte no maior cemitério da América Latina.

“Falar é bom e é ruim”

Al final de este viaje en la vida
quedamos los que puedan sonreír
en medio de la muerte, en plena luz.
Trecho da música “Al final de este viaje”,
de Silvio Rodríguez, músico cubano

Esse período de pouco mais de vinte anos da história brasileira nos resta como um quebra-cabeças inacabado. Algumas peças dificilmente serão recuperadas; foram destruídas ou seguem trancafiadas em arquivos “intocáveis”. Outras, preciosas, apenas podem ser acessadas e recompostas pelas lembranças, ora nítidas, ora frágeis e misturadas, de sobreviventes como Ilda. Há urgência em ativá-las, registrá-las e, sobretudo, difundi-las. São memórias vivas.

É claro que machuca falar tudo de novo. Relembrar, reviver. Recontar as leva de volta para aquele lugar que não queriam tornar a visitar jamais. São noites sem dormir; depois, adoecer. “Falar é bom e é ruim”, diz Ilda ao Memorial da Resistência. “É bom, porque vocês ficam sabendo de tudo o que a gente passou. É ruim, porque a gente relembra tudo outra vez. É tudo que volta.” Em seu depoimento ao livro *Infância roubada: crianças atingidas pela Ditadura Militar no Brasil* conclui: “Cada coisa que a gente vai lembrando é como se [alguém nos] desse uma punhalada”.

Mas dói mais que as pessoas não conheçam esse período, que não compreendam o que aconteceu. Que tenham coragem de negar o que fizeram com ela e com sua família e pedir a volta da intervenção militar no Estado. Mal percebem que a ditadura é para todos, para gente como Ilda. Ilude-se quem não vê.

O coração gigante, a intolerância ante a injustiça e, mais do que isso, a postura prática para enfrentá-la guiaram todos os passos dela até hoje. Assim é quando concorda em dar entrevistas e convida o vizinho conservador para ouvir a sua história. Assim é quando enche o peito para falar dos filhos, falar da Rose, da Isaura, para se lembrar de Cuba. E assim é quando acolhe quem queira se aprochegar.

Uma das primeiras decisões que tomou junto aos filhos depois da morte de Virgílio foi abolir com isso de chamarem-na de "senhora": "Não sou senhora, sou sua mãe!". Queria criar uma maior proximidade com eles. Hoje, todos a tuteiam. As lembranças que têm dela a partir daí são muito mais presentes. Ilda deixou de ser a coadjuvante de sua história para ser protagonista, embora até hoje tente nos fazer crer que ficava na retaguarda. Se dependesse dela, passava a vida nos bastidores, que é para empurrar de trás pra frente a história das coisas e passar despercebida.

"Eu era o abrigo", diz, ao recordar seu papel na resistência política à ditadura. Tanto tempo depois, ainda é. A casa dela e de sua filha é puro aconchego. O abraço, também: quente e demorado. Ilda conhece o verdadeiro sentido de servir. Não de subserviência, de curvar-se, rebaixar-se. Mas um servir generoso, da fonte que transborda límpida. Na humildade de quem se sabe necessária, Ilda sempre foi um cais no porto para quem quer que fosse, onde estivesse. ■

Crédito: Paulo Thomaz de Aquino

CARLA BORGES

Vem de Porto Ferreira, interior de São Paulo, e há dez anos trabalha na defesa dos direitos humanos. Recentemente, atua também como terapeuta ayurvédica. É formada em Relações Internacionais e mestre em Educação, tendo trabalhado na Unesco em Genebra, no Ministério da Educação e na Secretaria-Geral da Presidência da República. Criou e conduziu a Coordenação de Direito à Memória e à Verdade da Prefeitura de São Paulo na gestão de Fernando Haddad. Atualmente, presta consultorias e é colaboradora do Instituto Vladimir Herzog.

Crédito: Carolina Vilaverde

ANGELA MENDES DE ALMEIDA

A luta vai sobreviver a mim

Marina Amaral

Aos 80 anos de idade em 2019, Angela Mendes de Almeida acaba de terminar o oitavo livro de sua carreira. Mestre em História e doutora em Ciência Política pela Universidade Paris VIII, *Do partido único ao stalinismo* é o título da obra que coroa uma reflexão que evoluiu durante a trajetória de intelectual e militante de esquerda, nunca abandonada. Desistir e ignorar são palavras que não fazem parte de seu vocabulário, como eu descobriria ao conhecer parte de sua biografia, narrada ao longo de nossos encontros em seu apartamento repleto de plantas e livros na rua Maria Antônia – onde tudo começou em 1965, quando ela era estudante de Ciências Sociais e "todos nós íamos fazer a revolução".

Ação e pensamento se conectam em cada um dos passos dessa mulher que "não tem medo de comprar briga, nem na esquerda", como define a jornalista Tatiana Merlino, que se tornaria sua companheira de luta nos anos 2000; primeiro pelo resgate da memória e justiça para o seu tio e companheiro de Angela, Luiz Eduardo Merlino, morto aos 23 anos sob tortura no Destacamento de Operações de Informação – Centro de Operações de Defesa Interna (DOI-CODI) em 1971; depois, por todas as vítimas do Estado – e não apenas na ditadura. "Foi ela quem me ensinou a ver essa relação da violência do Estado de ontem e de hoje. Foi aquele clique: nossa, como não se fala disso? Não se fazia essa relação na universidade, na esquerda, no mundo dos direitos humanos, e isso influenciou muito meu trabalho como jornalista", conta Tatiana, ganhadora de quatro prêmios Herzog, o mais importante do Brasil, em especial para o jornalismo de direitos humanos.

As lutas de Angela se transformam, mas não morrem, e continuam a inspirar gerações. Ao conviver com ela, a impressão que se tem é de poder fazer mais e melhor. Ao abraçar a revolução, enfrentou duas prisões e viveu anos na clandestinidade sem abandonar a militância. Quando o cerco da repressão se fechou, ela e Merlino foram para Paris com a missão de abrir perspectivas internacionais para a resistência encurralada. O luto pela morte brutal do companheiro amoroso, quando ela ainda estava em Paris, impossibilitada de voltar, transformou-se em uma odisseia de militância latino-americana que incluiu ações armadas e fugas arriscadas – ela estava no Chile quando Pinochet derrubou Allende e, depois, na Argentina quando o regime se fechou.

Obrigada a pedir asilo político na Europa, fez mestrado e doutorado na França em busca de respostas que a permitissem retomar a luta de forma inteligente. Retornou à atuação política depois da aprovação da Lei de Anistia, em 1979. Voltou ao Brasil em 1981 com um filho de menos de dois anos nos braços, a quem deu o nome de guerra do companheiro morto, Nicolau. No país, encontrou a esquerda destroçada pela tortura e anestesiada pela anistia, e enveredou na luta contra a violência doméstica no SOS Mulher, no Rio de Janeiro.

Enquanto participava do Grupo Tortura Nunca Mais, dava aulas na Universidade Federal Rural do Rio de Janeiro (UFRRJ) e escrevia livros e ensaios sobre mulher, família, casamento. Um deles, *O gosto do pecado*, uma pesquisa sobre os manuais dos confessores da Igreja Católica dos séculos 16 e 17, se tornou bastante popular – ela até falou sobre ele no programa *Jô Soares Onze e Meia* em 1992. Voltou a São Paulo para continuar a luta por memória e justiça e levantar o debate entre suas companheiras sobre a permanência da tortura no Brasil pós-ditadura. Foi ela quem criou em 2005 o Observatório das Violências Policiais, dedicado a Luiz Eduardo Merlino, desde 2006 integrado ao Centro de Estudos da América Latina da PUC-SP. Uma história de vida de tamanha integridade que ela resume com simplicidade: "Eu tô na luta, não tô?".

"Estávamos prontos para tudo"

Paulistana de família quatrocentona, educada pelas freiras do Colégio Sacré-Coeur, Angela escapou à sina de esposa e dona de casa reservada, às mulheres de sua classe social e geração, ao romper dois casamentos, o primeiro aos 19 anos.

As cortinas se abriram, como ela diz, quando aos 26 anos entrou na Faculdade de Filosofia, Ciências e Letras da USP, a FFCL. Estudiosa, apaixonou-se pela ideia da revolução por meio da teoria marxista, razão que a fez eleger como campo de atuação a Organização Revolucionária Marxista Política Operária, a Polop – fundada em 1961 a partir da Liga Socialista, organização com bastante influência da teórica e militante alemã Rosa Luxemburgo. "A Polop atraía qualquer pessoa que tivesse um pouco mais de fineza intelectual", explica.

Independência, coragem e sofisticação intelectual estão entre as afinidades eletivas que a aproximaram do jovem jornalista Luiz Eduardo Merlino – os que conviveram com ele destacam as mesmas qualidades. Começaram a namorar no movimento estudantil, quando ela já tinha voz forte nas assembleias e impressionava pelo carisma e pelas minissaias então em voga. O rapaz, dez anos mais novo, que trabalhava no *Jornal da Tarde* e ainda não pertencia a nenhum grupo político, a cativou pelos olhos bonitos e a pele morena.

"A primeira vez que trocamos olhares incandescentes foi em uma reunião convocada pelo [José] Dirceu em um apartamento acarpetado sem móveis no Copan", concede, bem-humorada, depois de muita insistência da minha parte em saber do início do romance. A discrição é outra de suas características, como testemunham amigas, familiares e ex-companheiras de militância. "Ela não é de falar de si mesma, demorei anos para saber sua história, que eu acho absolutamente fascinante", diz Elzira Vilela, uma de suas amigas mais próximas, a quem conheceu décadas depois, no Grupo Tortura Nunca Mais de São Paulo.

O namoro com Merlino deslanchou em um período de rupturas nas correntes de esquerda, eletrizadas, entre outros acontecimentos, pela morte de Che Guevara, em 8 de outubro de 1967. "Mesmo sem ter muita simpatia pelos cubanos, a morte do Che, o sacrifício dele, me insuflou a lutar, e acho que não só a mim. Foi nesse momento que decidi que eu não ia fazer carreira acadêmica, que ia privilegiar a militância", ela lembra. Foi também nesse ano que o debate sobre a luta armada ganhou força entre as correntes de esquerda. Merlino, que era seu parceiro de militância na Polop – embora poucos soubessem, já que era um jornalista conhecido –, estava com Angela desde o tempo da fundação do Partido Operário Comunista (POC), uma continuidade da Polop, mas igualmente não adepta da luta armada. Pelo menos, enquanto foi possível.

"Foi a militância que nos uniu nesse momento em que estávamos prontos para tudo", resume Angela sobre a relação com Merlino. Não era um casamento convencional, o que seria considerado "burguês" pelo casal de revolucionários. Afinal, eles já estavam namorando quando ela enfrentou sua primeira prisão, em meados de 1968, durante a ocupação da FFCL/USP em protesto contra o assassinato do estudante Edson Luís, no Rio de Janeiro, que meses mais tarde se desdobrou no conflito que ficou conhecido como a Batalha da Maria Antonia, a rua onde ela mora.

Sequestrada por policiais, passou a noite na delegacia da rua Tutóia, que depois se tornaria a sede do DOI-CODI paulista. Não poderia imaginar que, três anos depois, aquele seria o quartel-general dos algozes de seu companheiro. Naquele momento, eles eram Taís e Nicolau, dois jovens apaixonados e convencidos da inevitabilidade da revolução.

A segunda prisão veio no mesmo ano, quando Angela participava do famoso Congresso da União Nacional dos Estudantes (UNE) em Ibiúna, no interior de São Paulo, que acabou com a dantesca prisão de mais de 700 estudantes enlameados. Entre os comandantes da operação estava o delegado José Paulo Bonchristiano, a quem ela tinha conseguido enganar em sua primeira prisão. "Quando fui interrogada por ele no DOPS, me fiz de boba, disse que estava ali por causa de um cara, e ele acreditou, disse que eu deveria deixar o cabelo crescer e usar saias em vez de calças compridas", relembra.

Dessa vez, o delegado não a viu, mas isso não impediu que ela fosse presa, fichada e, mais tarde, condenada como todos os outros estudantes. Merlino, que oficialmente cobria o evento como jornalista, foi detido e transferido para o presídio Tiradentes, mas conseguiu publicar sob pseudônimo uma reportagem na *Folha da Tarde*, contando o que havia se passado. Os dois foram soltos, mas a situação do país só se agravaria a partir dali: menos de dois meses depois, em dezembro de 1968, o Ato Institucional Número Cinco (AI-5) desabou sobre os cidadãos brasileiros, fechando o Congresso, retirando os direitos políticos, instaurando a censura. A universidade foi invadida, professores foram cassados. A ditadura assumia sua cara mais feia.

Clandestinidade, riscos e mortes: o cerco se fechava

A vida familiar de Angela também passava por um momento difícil. Seu pai, o jurista, professor de Direito da USP e poeta Fernando Mendes de Almeida, havia morrido de infarto, logo depois da primeira prisão de Angela, a filha mais velha. Sua mãe, que sofria de transtorno bipolar, era cuidada por uma das irmãs, Camila, já que a caçula, Márcia, também militava em outra corrente de esquerda. Angela não queria envolver mais ninguém em sua luta. Assim que puderam, ela e Merlino foram morar juntos. Alugaram um apartamento, logo convertido em "aparelho", e dali em diante passaram a se mudar frequentemente para despistar a repressão. A essa altura, início de 1969, começavam a chegar as primeiras notícias de militantes torturados, e Angela foi empurrada para a clandestinidade.

Vivia de bicos na revista *Teoria e prática*, já que não podia ter emprego. Não visitava nem a mãe, a quem nunca mais viu; ela morreu quando a filha estava no exílio. Merlino foi obrigado a sair da *Folha da Tarde*, que passou a ser comandada por policiais e simpatizantes da ditadura, e foi trabalhar em uma publicação pequena, o *Jornal do Bairro*. Além do risco constante que corriam, o dinheiro era curto. As amenidades se resumiam a uma ou outra sessão de cinema no Belas Artes – antes de voltar para casa, eles tinham que parar em um lugar com vista para o apartamento para ver se havia luzes, o que indicaria a presença da polícia – e ouvir os discos de música erudita, jazz e samba da coleção de Merlino, apaixonado por música e literatura.

De vez em quando recebiam em casa a mãe de Merlino, dona Iracema, mulher valente que lutaria até a morte pela condenação dos assassinos de seu filho – ela moveu uma ação contra a União já em 1979, extinta na Justiça Federal por prescrição. "Ela e a tia Veridiana [prima-irmã de dona Iracema] traziam uma cestinha com produtos que a gente não tinha, coisinhas, sabonetes, biscoitos", lembra. Delicadezas que Angela sempre valorizou, como revela outra história, essa contada

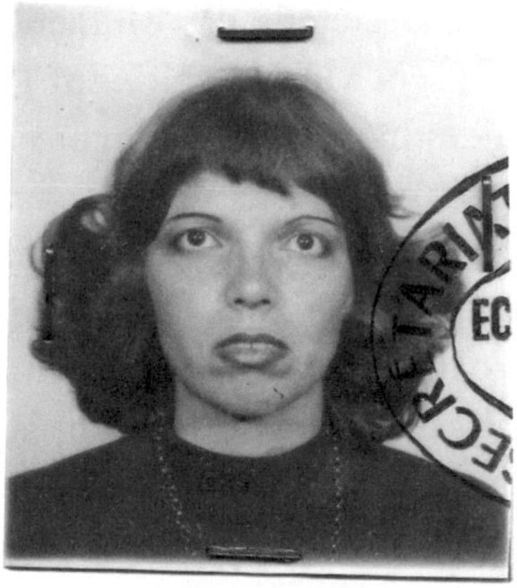
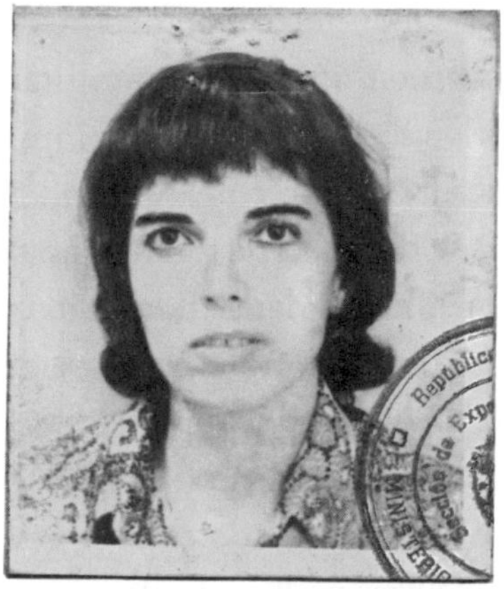
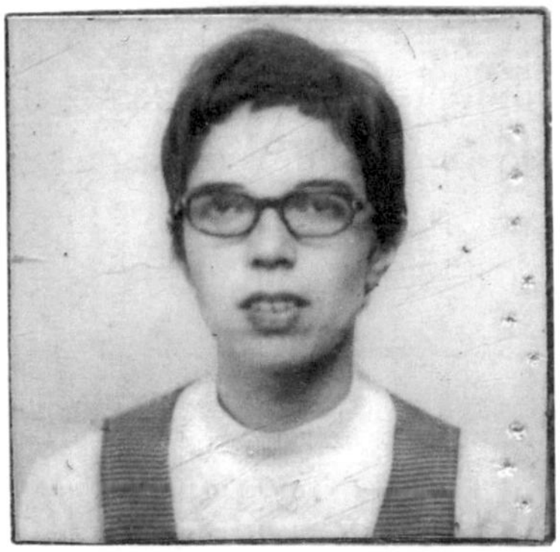

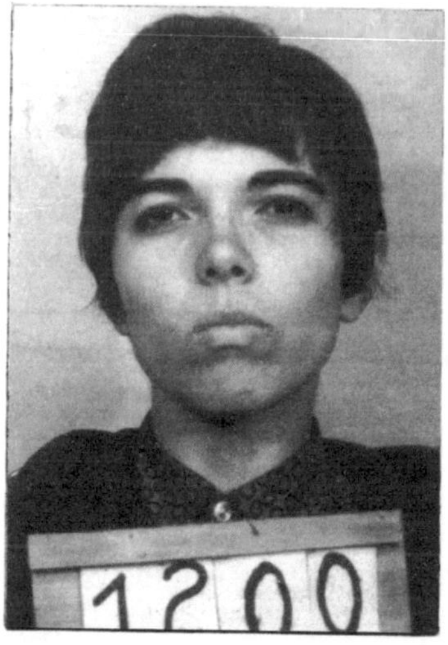

^ Fotografias de documentos diversos, incluindo uma tirada pelo DOPS, quando foi presa após o Congresso da UNE, em 1968. Crédito: Arquivo pessoal

por Eleonora Menicucci, ex-ministra da Secretaria das Mulheres no governo Dilma e então militante do POC em Minas Gerais. Em 1969, ela veio para São Paulo, também clandestina, e conviveu tanto com Merlino como com Angela.

"Participei de muitos encontros e reuniões com ela, uma mulher firme, generosa, solidária. E lembro que ela sempre me levava em uma doceria, acho que era porque eu estava grávida, isso ficou muito marcado pra mim", diz Eleonora, que mais tarde seria uma das testemunhas-chave do assassinato de Luiz Eduardo Merlino – ela foi presa com o marido e a filhinha de um ano. De acordo com diversos depoimentos de Eleonora, inclusive em audiências na Justiça, ela e Merlino foram torturados na mesma sala – ela na cadeira do dragão, ele no pau de arara –, sob o comando do coronel Carlos Alberto Brilhante Ustra, que anos depois seria alvo de duas ações civis movidas por Angela e pela irmã de Luiz Eduardo, Regina Merlino.

Em maio de 1970, Leane Ferreira de Almeida, uma bancária gaúcha de 21 anos, militante do POC, veio de Porto Alegre para São Paulo. Seu namorado, membro de outra organização, estava preso no Rio Grande do Sul. A princípio, pensou em prestar vestibular naquele ano, "mas a gente tinha outro serviço pra fazer na vida, achava que a revolução era muito mais importante". Por isso, quando o casal de dirigentes perguntou se ela queria ir com o namorado para o Chile quando ele saísse da prisão ou se preferia continuar a militar no POC na clandestinidade, ela não hesitou: escolheu seguir na militância.

Aos 70 anos, quando a entrevistei, ela ainda se lembra bem desse encontro com Nicolau e Taís. Hoje ela chama Angela pelo nome real, mas continua a se referir a Merlino, cujo nome só soube depois de morto, como Nicolau. "Eles vinham como coordenação em algum nível, não se diziam essas coisas, também não sei dizer como soube que eles eram um casal. Os dois eram superdiscretos, mas você percebia sutilmente que havia alguma coisa a mais", lembra.

O movimento internacional

A ida da direção do POC, integrada, além de Angela e Merlino, por Maria Regina Pilla, a Neneca – amiga de Angela –, e Flávio Koutzii, para um estágio de seis meses na França, no final de 1970, veio na esteira de acontecimentos trágicos. Mais ou menos na mesma época em que Leane chegou a São Paulo, militantes importantes do POC foram presos e torturados, e a estrutura da organização começou a ser conhecida pela polícia. Ela confessa ter se sentido órfã com a partida da direção. Angela, já processada pela prisão de Ibiúna, estava entre os nove militantes do POC indiciados; depois, ela seria condenada a quatro anos de prisão pela Lei de Segurança Nacional. Sua irmã, Márcia, que havia acabado de dar à luz uma menina, também foi presa por sua atuação política. O cerco se fechava.

Além de abrir as perspectivas para o movimento internacional, havia também outro motivo para aceitarem o convite feito por Paulo Paranaguá, que militava na Quarta Internacional em Paris e namorava Neneca. Com o avanço da repressão, cada vez mais sanguinária, a direção do POC discutia a possibilidade de pegar em armas.

Angela, já processada pela prisão de Ibiúna, estava entre os nove militantes do POC indiciados; depois, ela seria condenada a quatro anos de prisão pela Lei de Segurança Nacional.

"Não era a luta armada para tomar o poder como queriam as organizações 'militaristas'", explica Angela. "Era uma espécie de resistência, uma compreensão de que a ditadura era muito violenta e que a gente tinha que se defender. Caía o nome de uma pessoa, ela tinha que sair de casa, precisava de documentos falsos. E, para isso, a gente aceitava o oferecimento dessas organizações, que tinham o esquema de documentos falsos e dinheiro para sustentar os que saíam de casa. E não tinha sentido a gente aceitar essas coisas e não participar dessa resistência. Para nós, era pura resistência", afirma. Naquele momento, começavam a cogitar uma aliança entre o POC e a organização argentina Partido Revolucionário de los Trabajadores (PRT) – Ejército Revolucionario del Pueblo (ERP), que fazia ações armadas e integrava a Quarta Internacional, organização trotskista.

Angela e Merlino partiram para a França no final do ano. Ele, que ainda não era procurado pela repressão, voou para Londres com seus

^ Quando voltou ao Brasil, Angela começou a dar aulas na Universidade Federal Rural do Rio de Janeiro (UFRRJ) e atuar no SOS Mulher. Crédito: Arquivo pessoal

documentos verdadeiros. Para Angela foi um périplo, o primeiro de muitos. Saiu de ônibus para o Uruguai e, de lá, para Buenos Aires. Na capital argentina pegou o avião para o Chile e então para a França. Aos companheiros que ficaram, Angela e Merlino prometeram que voltariam, como, de fato, pretendiam. Mas a ditadura brasileira escreveu páginas mais sangrentas.

Merlino não chegou a participar de nenhuma ação armada, embora tivesse carregado de balas um velho revólver do pai de Angela para qualquer eventualidade. Do doutor Fernando, ele também havia herdado uns óculos grandes de aro de tartaruga. Foram esses óculos que alertaram Leane para a presença de Nicolau no inferno em que ela se já encontrava: o DOI-CODI de São Paulo. Ela havia sido presa no dia 15 de julho de 1971, às sete horas da manhã, em sua casa, mesmo dia em que Merlino seria, mais tarde, levado da casa de sua mãe em Santos, recém-chegado de Paris. "No primeiro dia, fui muito torturada, depois eles se ocuparam dele", conta. Ela não sabia de quem eram os gritos que ouvia quando, no dia seguinte, levada da cela para a sala dos choques elétricos, viu, sobre uma mesinha no hall do segundo andar, os óculos "iguais aos do Allende", que ela reconheceu de imediato. O interrogador que a conduzia percebeu o sobressalto: "Você sabe de quem é, né? Sim, ele está aqui conosco também", disse.

Dois dias depois, em 19 de julho de 1971, ela e outras mulheres ouviram um alarido de policiais no pátio. Pequena e magrinha, Leane subiu nos ombros de duas companheiras e espiou pelo basculante no alto da cela. Foi quando viu Merlino ser jogado no porta-malas de um carro. Quase desmaiou. "Reconheci o Nicolau na hora. Era a roupa dele, eu conhecia as camisas xadrezinhas que ele usava, o cabelo dele, mesmo o rosto dava para ver. Eu não sabia se ele estava morto ou desacordado; mas tive a sensação do pior. Afinal, se fosse para levar mesmo para o hospital, como disseram depois, eles iam botar no porta-malas?"

No dia seguinte, 20 de julho, dona Iracema, a mãe de Merlino, soube da morte do filho de 23 anos e da versão divulgada pelos agentes de que teria "se suicidado", mentira contada para encobrir o motivo real da morte: uma gangrena causada por 24 horas ininterruptas de tortura até ser jogado em uma cela forte para morrer. Foi o cunhado dele, Adalberto Dias de Almeida, marido de sua irmã Regina e delegado de polícia em Santos, que ligou para ter notícias de Merlino e ouviu dos oficiais a versão forjada. Ao entrar escondido no Instituto Médico Legal (IML) de São Paulo, descobriu seu corpo sem identificação. Os sinais de tortura eram evidentes, a família recebeu um caixão lacrado.

A luta por justiça aos torturados pelo Estado

Angela é uma mulher forte, acostumada a conter as emoções. Isso é unanimidade entre os que a conhecem. Em nossas conversas, percebi que, além da disciplina exercitada na militância e na clandestinidade, ela tem aversão a colocar sua dor em primeiro plano. Talvez por isso, o único tema pelo qual passou rapidamente em nossas sete horas de entrevista foi o que sentiu ao saber da morte de Merlino, quando estava sozinha em Paris. O combinado era que ele fosse antes para preparar a volta dela, mas eles só conseguiram se falar uma vez, quando ele chegou ao Brasil. Depois, as ligações que ela fazia para a casa da mãe dele não se completavam.

Em se tratando de Angela, há também um motivo ético/político para o pudor em falar da própria dor, como me explicaria seu filho, o filósofo e doutor em audiovisual pela Universidade de São Paulo, Nicolau Leonel – nascido em 1979 de outra união, quando ela já era asilada política na Europa. "Minha mãe nunca se posicionou publicamente como a viúva do Merlino, sempre agiu como uma militante da luta contra a tortura por todos os mortos e torturados pela ditadura. Aliás, não só os da ditadura, mas por todos os mortos e torturados pelos agentes do Estado. Ela não privatiza a dor."

É verdade que nesses 48 anos de luta por memória, verdade e justiça, Angela teve que falar inúmeras vezes sobre o que aconteceu, até para exigir do Estado que assumisse sua responsabilidade pelo assassinato de Merlino. O depoimento que escreveu para a abertura de uma ação declaratória na área cível contra o coronel Brilhante Ustra proposta em 2007 é especialmente detalhado. Ustra foi o responsável pelas torturas que mataram Merlino, como comprovam os testemunhos de Eleonora, Leane e de mais outras quatro pessoas, entre elas o escultor Guido Rocha, que chegou a conversar com Merlino à beira da morte na cela forte onde ele foi abandonado pelos torturadores.

Transcrevo aqui parte do depoimento escrito por Angela para a Justiça que dá a medida do que aconteceu quando ela descobriu que o companheiro havia sido assassinado depois de quase um mês sem notícias dele.

> Já era agosto, quando um amigo dele, de Santos, desligado de qualquer atividade política, me chamou para conversar. Chegando à sua casa ele me mostrou uma carta nem sei de quem, um parente dele talvez, afirmando que Merlino estava morto. É impossível descrever como recebi esta notícia, que imediatamente juntei com a ausência de contato. Relembrando aqueles dias, acho que tive imediatamente uma crise de desespero, no metrô, no qual, por coincidência, encontrei uma companheira espanhola que provavelmente avisou os companheiros franceses. Depois acho que vaguei pelas ruas e voltando ao local onde me hospedava encontrei então alguns franceses que me levaram para morar na casa de um

^ Celso Castro e Angela Mendes de Almeida exilados no Chile, em 1973, ano em que se deflagrou o golpe de Estado contra Salvador Allende. Crédito: Arquivo pessoal

> casal de psicanalistas, também militantes. Permaneci como que adormecida, dormia muito com os medicamentos que me davam, e acordava com desespero. Nós tínhamos vivido aquele tempo na França quase sem contato com brasileiros exilados, pois isso poderia trazer um problema de segurança e, naquele momento, com toda a solidariedade que encontrei, falava com pessoas que não podiam nem sequer dimensionar uma morte assim tão brutal e estúpida. Os dados mais concretos do que tinha acontecido, a tortura que ele sofreu, o abandono a que ficou condenado, só vim a saber quando me desloquei para o Chile, por volta de outubro de 1971.

A única informação que hoje ela acrescenta ao depoimento é que o casal de psicanalistas que cuidou dela durante um mês, um homem e uma mulher, tinha o mesmo nome: Claude e Claude, um detalhe quase onírico nas lembranças ainda enevoadas pela dor e pelos remédios.

Tive a coragem de fazer mais uma última pergunta:

– É verdade que os torturadores perguntavam por você enquanto o maltratavam?

– É. Claro, eles já sabiam de mim. Eu já tinha sido condenada. Eles já sabiam quem eu era. Bom, chega. Vamos adiante.

"Como eu ia viver esse luto de uma maneira diferente?"

Menos de três meses depois de receber a notícia avassaladora, ela já voava para o Chile, novamente com documentos falsos. Antes, havia enviado para lá, por correio, as teses construídas por ela e Merlino durante o estágio na França, a fim de compartilhar com os companheiros. Decidiu fazer o que os dois haviam planejado: uma ligação do POC, já estraçalhado pela tortura, com o PRT da Argentina. Antes, queria se reunir com os militantes da organização, que haviam fugido para Santiago. A essa altura, o país ainda vivia sob o regime democrático de Allende. Mais uma vez, me surpreendo com sua coragem. "Como eu ia viver esse luto de uma maneira diferente? O que eu ia fazer? Ficar chorando? Não sou religiosa. A própria ideia de corpo pra mim não tem materialidade. Eu decidi fazer o que nós tínhamos combinado. Era uma maneira de honrar a pessoa dele como militante", explica.

De 1971 a 1973, Angela viveria entre o Chile e a Argentina, sempre militando. No Chile, além de se reunir com os integrantes do POC, alguns deles muito amigos, como a portuguesa Maria José Maranhão, a Zé, que teria um grande papel em sua vida, ela se inteirou dos fatos que já circulavam sobre a morte do Merlino, mas que ela ainda desconhecia, entre eles, que Eleonora havia sido torturada na mesma sala que ele. Recebeu outras notícias péssimas do Brasil: companheiros mortos, torturados, presos – Leane, por exemplo, havia ficado na Torre das Donzelas, no presídio Tiradentes, até 1972. E, por fim, outro baque pessoal pesado: sua irmã, Camila, que tinha ficado cuidando da família, havia se suicidado.

"O que eu ia fazer? Ficar chorando? Não sou religiosa. A própria ideia de corpo pra mim não tem materialidade. Eu decidi fazer o que nós tínhamos combinado. Era uma maneira de honrar a pessoa dele como militante."

Dessa vez, porém, ela estava entre amigos. Na Argentina estava toda a turma que foi para a França, além de um grande amigo de Merlino, Nelson Kohl, também do POC. Era na casa dele e de sua mulher, Elaine, em Buenos Aires, que ela ficava nos fins de semana quando voltava de sua célula do PRT em Rosário, onde aprendeu a atirar e chegou a participar "de pequenas ações armadas, mais com caráter de propaganda".

No final de 1972, Kohl se mudou para o Chile, onde dividia a casa com outros companheiros do POC, Celso Castro e Sandra Macedo, que tinham dois filhos pequenos. Kohl foi sequestrado na frente da esposa, de Sandra e das crianças pela Força Aérea Chilena três dias depois do golpe. "Eu não sei quando ele foi morto, parece que foi logo depois da prisão", conta Angela. Ela estava cozinhando pilhas de documentos para jogá-los na privada e fugir sem deixar pistas quando foi avisada da prisão do amigo por Sandra, que passou em sua casa a caminho da Embaixada da Argentina, onde se abrigou com as crianças.

Celso e Angela tiveram que fazer um trajeto mais comprido: depois de um tiro de fuzil disparado por um carabineiro assustado com a multidão passar raspando por eles, tiveram que ir para a Embaixada do Panamá. Era um apartamento de menos de 100 metros quadrados, onde chegaram a se aglomerar mais de 300 pessoas em busca de asilo político. Toda essa gente viveu ali por cerca de um mês, alimentada por salgadinhos. Depois se transferiram para uma casa maior, onde o "quarto" de Angela era uma piscina vazia forrada de mantas. Por fim, conseguiram voar para o Panamá.

De lá, havia duas opções: ir para os Estados Unidos, onde, aliás, lhe ofereceram uma bolsa na universidade, ou para Cuba, destino de muitos que estavam ali. "Para os Estados Unidos nem pensar, e em Cuba se prendiam os trotskistas", brinca, com um fundo de verdade. Foi o companheiro Celso, que queria se reunir à família na França, quem apareceu com a solução: a Bélgica estava dando visto para os que fugiam do Chile. E adivinhem por que ela queria ir para a Europa? "Porque de lá eu poderia voltar à Argentina. Fui interceptada por aquele tiro, mas eu queria ficar perto do Brasil". Como dizem los hermanos: "Dale, Angela!".

A decisão quase lhe custou a vida. Com a morte de Perón, em julho de 1974, a extrema-direita ascendeu, e os sequestros e as mortes de estudantes e militantes da esquerda se sucediam antes mesmo do golpe militar, que se daria em 1976.

A decisão quase lhe custou a vida. Com a morte de Perón, em julho de 1974, a extrema-direita ascendeu, e os sequestros e as mortes de estudantes e militantes da esquerda se sucediam antes mesmo do golpe militar, que se daria em 1976.

No ano anterior, quando Angela, alertada por um companheiro da Quarta Internacional, preparava-se para fugir para a França, seus companheiros brasileiros Paulo Paranaguá, Maria Regina Pilla e Flávio Koutzii, além de outros sete militantes, foram presos. Seguindo o conselho de uma jornalista francesa, que a havia hospedado na França por ocasião do assassinato de Merlino, Angela foi à agência argentina da France Presse e denunciou o ocorrido – que foi noticiado fora da Argentina –, e fez uma série de telefonemas em código para avisar os parentes dos companheiros presos.

Acabou fugindo com o passaporte da amiga portuguesa, a Zé, que colocou a fotografia de Angela no seu documento e conseguiu enviá-lo para a Argentina através de outra militante. Zé, ex-militante do POC, também era procurada no Brasil, o que a obrigou a sair do país pelo Paraguai. Chegou a Paris em junho de 1975, com cinco francos no bolso e um pedido de asilo político. Os companheiros presos na Argentina seriam brutalmente torturados, mas sobreviveriam.

"Ninguém queria ouvir falar de morte"

Elzira Vilela, uma médica pediatra pequenininha e alegre, me recebe à mineira, com bolo e café. "Eu gosto muito da Angela, porque ela tem um valor imenso. Ela foi de uma fortaleza que fico impressionada, é edificante. Ter um marido torturado e morto e continuar a lutar até o limite...", diz Elzira, que foi presa com o marido e a filhinha de um ano e um mês, de quem não teve notícias por cinco dias. Torturada durante 90 dias, muitas vezes junto com o marido, Licurgo Nakasu, Elzira conta que os dois nunca falaram sobre o assunto depois que saíram da prisão, em 1973. "Aconteceu uma coisa entre nós, que só a Psicologia explica, que é o silêncio autoimposto. A gente não tinha coragem, era tão doído que não dava pra falar. Nunca falamos. Era como se nada tivesse acontecido."

O relato de Elzira vem em resposta ao meu comentário de que, disposta a lutar por Merlino e outros companheiros mortos, Angela disse ter encontrado um "muro de silêncio". Embora estivesse finalmente vivendo um período de felicidade em Portugal, respirando o clima de liberdade da Revolução dos Cravos – ali se tornou professora de História, uniu-se ao brasileiro Mauro Leonel e deu à luz Nicolau –, ela estava decidida a voltar ao Brasil assim que defendesse sua tese de doutorado na França. "Não é que eu tivesse, como a maioria das pessoas, um enorme entusiasmo. Era mais como um dever", diz.

Quando finalmente desembarcou no país percebeu que, apesar da gradual abertura política e da Anistia, o clima ainda era pesado. Havia estado no Brasil uma única vez nesses 11 anos, quando veio clandestinamente para o Rio de Janeiro em 1974 e passou três semanas debatendo com os companheiros do POC. Agora continuava a se sentir vigiada, o que comprovaria, em 1995, ao descobrir um documento no Arquivo do Estado de São Paulo datado de 1981, ano de seu retorno definitivo ao Brasil: "DOPS, Polícia Civil de São Paulo – Relatório Diário nº 1453 – 13 de fevereiro p.p. Angela Maria Mendes de Almeida, acompanhada de seu filho, Nicolau Bruno de Almeida Leonel, desembarcou no Aeroporto de Viracopos, São Paulo, pelo vôo TP-373, da Companhia TAP, declarando pretender residir na Alameda Lorena, 489, Capital São Paulo".

Ela também se chocou com a realidade do país. "Eu tinha passado pelo Chile, pela Argentina, pela França, por Portugal, e não tinha pobre pedindo esmola. Aqui, eu via famílias inteiras tomando chuva, ficava escandalizada, e as pessoas, minhas amigas, minhas iguais, não tinham nenhuma sensibilidade para aquilo. E quando eu encontrei com as pessoas do meu partido, que tinham sido presas com o Merlino... Não é que me trataram mal, mas ao invés de me receberem dizendo 'vamos lutar juntos', eles estavam em outra. Ninguém queria ouvir falar de morte."

Desesperançada, acabou indo para o Rio de Janeiro, onde construiu sua carreira como professora da UFRRJ, trabalhando principalmente com o tema da família e da mulher, e militando no SOS Mulher, dedicado à proteção das mulheres vítimas de violência. Ainda assim, não se considera feminista. "Não sou no sentido que nunca tive que lutar por espaço com os homens, nem no trabalho, nem na militância, mas defendo o que elas defendem, até mais, porque sou totalmente favorável [à legalização do] aborto", diz.

Foi também no Rio que ela fez grande amizade com Inês Etienne Romeu, única sobrevivente da Casa da Morte, em Petrópolis, no Rio, e uma das primeiras a denunciar formalmente as torturas sofridas no regime militar. Como ela, Angela queria lutar, recuperar todos os detalhes do assassinato de Merlino e enfrentar a violência do Estado, que continuava a fazer vítimas.

Mortos de ontem, mortos de hoje

Voltou a São Paulo, registrou em cartório um documento provando que era companheira de Merlino quando ele foi assassinado – o que a

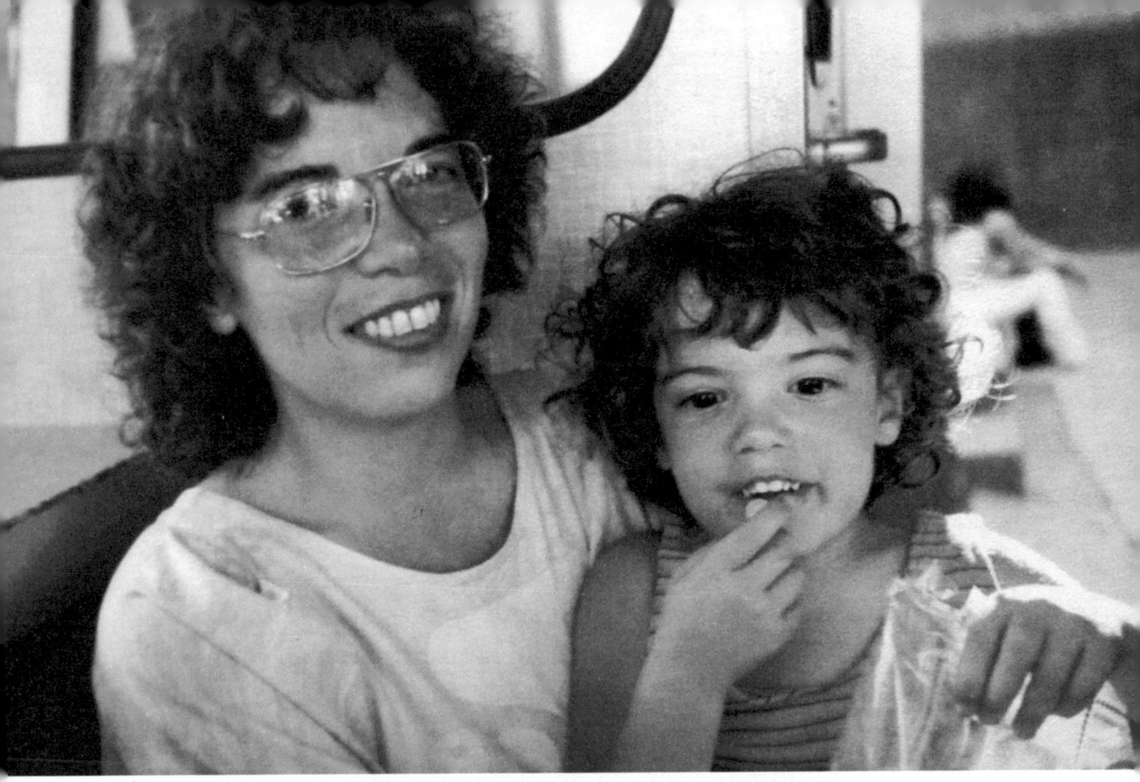

^ Angela e seu filho Nicolau, no início dos anos 1980. Crédito: Arquivo pessoal

permitiria lutar legalmente por justiça – e conheceu Elzira Vilela, então presidente do Grupo Tortura Nunca Mais de São Paulo. Coordenadora do Hospital do Campo Limpo no governo Erundina, onde presenciava cotidianamente o genocídio de crianças e adolescentes negros, ela já era sensível ao tema "em que Angela foi vanguarda nas discussões do grupo": a tortura e a violência do Estado hoje.

Havia resistência, principalmente por parte de ex-presos políticos, que achavam que o grupo deveria se concentrar apenas nas vítimas da ditadura. "Lembro das falas da Angela, que pessoalmente era superdiscreta, mas nunca deixou de expressar suas opiniões: 'Vocês não estão vendo a tortura hoje, estão debruçados narcisicamente sobre o passado', ela dizia."

A experiência do Tortura Nunca Mais provou que era possível lutar nos dois sentidos. Enquanto produziam um relatório sobre as torturas na antiga Fundação Estadual para o Bem Estar do Menor (Febem) que se tornou conhecido internacionalmente, e denunciavam o desaparecimento de presos comuns e outros crimes cometidos por policiais, elas impediam, por exemplo, a nomeação de Aparecido Laertes Calandra, o doutor Ubirajara do DOI-CODI, para um cargo no governo Alckmin, "tascando documentos que provavam que ele era um torturador", conta Elzira.

Mesmo assim, Angela, Elzira, Fernando Ruivo Lopes e outros militantes acabaram perdendo o debate interno no Tortura Nunca Mais, que decidiu privilegiar as vítimas da ditadura. Juntos, fundaram o Coletivo contra a Tortura, que, ao lado do Observatório de Violências Policiais, desempenhou papel crucial na denúncia dos crimes de maio de 2006, quando mais de 600 civis foram mortos em represália aos chamados ataques do Primeiro Comando da Capital (PCC).

Gradativamente, contando mais tarde com a ajuda de Tatiana – a quem conheceu já mocinha, vestida com roupas de balé, quando finalmente pôde rever a mãe de Merlino, dona Iracema, e a irmã, Regina, mãe de Tatiana – e do filho Nicolau, Angela reconstruiu a história do assassinato do companheiro morto, encontrou as testemunhas, descobriu seus algozes e, com a família de Merlino, entrou com uma ação cível declaratória buscando o reconhecimento da responsabilidade do coronel Ustra pela morte do jornalista.

Ainda assim, o processo foi extinto em 2010. Embora nunca tivessem almejado indenização monetária, foram aconselhados pelo advogado da família, Fábio Konder Comparato, a mover uma nova ação, essa por danos morais, para conseguir a almejada responsabilização do Estado na figura de Ustra. Dessa vez, conseguiram uma primeira vitória na Justiça, com sentença emitida pela juíza Cláudia Menge em 2012, condenando o coronel Ustra: "são evidentes os excessos cometidos pelo requerido [Ustra], diante dos depoimentos no sentido de que, na maior parte das vezes, o requerido participava das sessões de tortura e, inclusive, dirigia e calibrava intensidade e duração dos golpes e as várias opções de instrumentos utilizados".

Ustra, porém, recorreu e, depois de sua morte, em 2015, em um julgamento marcado de última hora para o dia 17 de outubro de 2018 – quando Jair Bolsonaro havia sido o candidato mais votado no primeiro turno das eleições –, o processo acabou sendo arquivado por prescrição. O argumento? A família havia ultrapassado os 20 anos de prazo para reclamar a indenização. "Dizer que a gente esperou 20 anos para entrar com a ação é muito cruel. Foram 47 anos de muita luta. E eu sinto muito por minha avó ter morrido sem ter visto justiça", disse Tatiana à *Agência Pública*, na ocasião.

No dia 10 de outubro de 2019, Angela travou mais um capítulo dessa batalha. Em julgamento da 11ª Turma do Tribunal Regional Federal de São Paulo, por 2 votos a 1, os desembargadores não aceitaram o recurso e não receberam a denúncia do Ministério Público Federal, que pedia a condenação de três agentes da ditadura: os policiais civis Aparecido Laertes Calandra e Dirceu Gravina (JC ou Jesus), então cedidos ao DOI-CODI, e o médico legista Abeylard de Queiroz Orsini. Os primeiros, por participação nas torturas que mataram Luiz Eduardo Merlino, e o último, por ter falsificado o laudo necroscópico do jornalista. O argumento foi o de sempre: o crime teria deixado de ser punível por causa da Lei da Anistia.

No final do julgamento, Angela disse aos jornalistas: "O pior é que essa decisão é um incentivo à tortura. Fico escandalizada que, na situação em que estamos, na qual o presidente da República e outros [agentes públicos] defendem a tortura, que nunca deixou de existir, e a ditadura militar, o Judiciário demonstre tal insensibilidade".

E vaticinou: "A luta vai sobreviver a mim". ■

Crédito: Julia Dolce

MARINA AMARAL

É jornalista desde 1984, com passagens pelas redações da *Folha de S.Paulo*, *Revista Globo Rural*, TV Record e TV Cultura. A partir de 1997, passou a atuar no jornalismo independente, participando da fundação da revista *Caros Amigos*, da qual foi repórter especial e editora até 2007. Nesse período, conquistou um Prêmio Herzog pelo conjunto de reportagens publicadas na *Caros Amigos* (1998) e uma menção honrosa em conjunto com o jornalista João de Barros (2004). Entre 2008 e 2009, coordenou uma equipe de treze jornalistas em levantamento inédito sobre Direitos Humanos no Brasil e atuou como repórter no livro *Jornal Movimento, uma reportagem*. Em 2011 fundou, junto com outras jornalistas, a Agência Pública, da qual é diretora.

Crédito: Dayse Euzébio

ELIZABETH TEIXEIRA

Marcada para lutar

Sheila Raposo

Sentada em uma cadeira de balanço, vestindo roupas em tons escuros e calçando chinelinhas de dedo, ela se abre em sorrisos quando nos recebe, toda animada; adora conversar. Quem a vê, e não conhece a sua história, pode até pensar que ela é apenas uma senhorinha simpática, a típica vovó que faz crochê e vê novela. Mas escondido naquele semblante sereno e naquele corpo frágil encontra-se o espírito aguerrido de uma mulher que enfrentou dores inimagináveis para levar adiante a causa que lhe ceifou o marido e a convivência com os filhos.

Ela puxa um pufe, tira os livrinhos de colorir da bisneta de cima do sofá e nos oferece um assento. Depois de voltar a sua cadeira e ajustar o surrado par de óculos no rosto de maçãs salientes e queixo miúdo, ela dobra o jornal que estava folheando e diz, em tom choroso: "Não consigo mais ler nada! Eu gostava tanto de ler!". Ela sabe, mas não lembra, que um novo par chegará em breve, para possível alívio da filha Anatilde, que já ouviu a mesma reclamação incontáveis vezes. Já a neta Ana Raquel acha graça: "Pois venha visitá-la pela manhã. Você a encontrará lendo o jornal, em alto e bom som. E sem os óculos!", arremata, com uma piscadela.

Não é que a avó seja dramática. Também não se pode dizer que esteja fazendo troça. É o peso dos 94 anos, sua idade quando nos encontramos em sua casa na Paraíba em 2019, de uma vida marcada por lutas, injustiças e perdas trágicas, como é o caso de Elizabeth Altina Teixeira, viúva de João Pedro Teixeira, líder camponês assassinado com três tiros de fuzil em 2 de abril de 1962, numa emboscada urdida por latifundiários, pelo atrevimento de lutar por dignidade no campo.

Depois de tantas águas passadas, a memória não tinha como ser a mesma. Em alguns momentos, Elizabeth minimiza os fatos; em outros, chega a romantizá-los, como ao dizer que o seu casamento foi consentido pelo pai e contou com a presença de toda a sua família. Na verdade, o casal precisou fugir para se casar, e ninguém da família dela teve a permissão paterna para participar da cerimônia. Também não adianta esperar que ela fale com mais detalhes sobre o período em que esteve exilada dentro do próprio país ou sobre a perda de cinco dos seus onze filhos com João Pedro. Numa estratégia de sobrevivência, a sua mente parece ter bloqueado algumas passagens da sua vida. "A minha mãe é um caso para estudo. Não sei como resistiu a tanta coisa e ainda está aqui", diz Anatilde.

Ela resistiu. E resiste. E ainda guarda a mesma fé de quando começou a militar nas Ligas Camponesas – movimentos campesinos de defesa da reforma agrária e de melhores condições de vida no campo, criados pelo Partido Comunista Brasileiro (PCB), que eclodiram nos últimos anos do governo ditatorial de Getúlio Vargas (1937-1945) e atuaram até os anos 1960. Ao discorrer sobre essa experiência, sua fala vira quase um discurso, como se ela estivesse novamente em cima de um palanque e nós fôssemos os seus companheiros de luta: "A reforma agrária tem que ser feita no nosso Brasil para que o homem do campo tenha o seu pedacinho de chão pra viver, plantar e cuidar dos seus filhinhos. É uma luta muito difícil, mas deve continuar. Eu acredito nisso, eu tenho esperança", diz.

Como esposa do coordenador da principal Liga Camponesa da Zona da Mata paraibana – localizada na cidade de Sapé, a 42 quilômetros da capital do estado, João Pessoa –, entre meados dos anos 1950 e início dos anos 1960, ela acompanhou de perto a conscientização dos camponeses sobre a precariedade em que viviam. Esse foi um despertar que aconteceu não somente para eles, mas também – e principalmente – para ela mesma. Nascida na Fazenda Antas do Sono, em Sapé, no dia 13 de fevereiro de 1925, Elizabeth é filha de um "homem de posses". Seu pai, Manoel Justino da Costa, era dono de 125 hectares de terra, de uma mercearia e de uma banca de jogo do bicho. Eles não eram ricos, mas tinham uma vida confortável. Elizabeth só conheceu a penosa realidade do camponês durante a convivência com o marido, negro, pobre e militante, a quem o pai repudiava.

Com o tempo, as conversas e a própria observação do mundo ao seu redor, ela entendeu as razões pelas quais João Pedro arriscava a própria vida na difícil luta contra as injustiças no campo. Ela o ouvia, prestava atenção a tudo o que ele dizia. E ele valorizava a opinião dela – algo incomum na época, quando se achava, mais do que hoje, que as mulheres deveriam apenas aquiescer, rezar e esperar. "Ele sempre me contava tudo e gostava que eu dissesse o que pensava. João Pedro era um homem muito bom. Bom marido, bom pai. Ele foi muito bom pra mim", relembra.

O paraibano João Pedro Teixeira nasceu em 4 de março de 1918, em Pilõezinhos – na época, distrito da cidade de Guarabira, distante 40 quilômetros de Sapé. Quando trabalhava em uma pedreira próxima a tal Fazenda Antas do Sono, João Pedro fazia compras na mercearia de Manoel Justino. Em uma dessas idas à bodega, ele conheceu Elizabeth. A simpatia entre o operário pobre e a menina da casa grande foi recíproca. Depois de um ano de bilhetinhos e olhares furtivos, eles decidiram se casar. Para tanto, foi preciso que João Pedro "roubasse" Elizabeth e a levasse para a casa de um tio dele, em outro povoado, pois o pai dela não permitiria o casamento.

Com o nascimento de sua primeira filha, e já esperando o segundo dos onze filhos que viriam a ter, eles foram viver em Recife. Lá, ele seguiu trabalhando em uma pedreira, mas com uma novidade: naquele espaço, deu os primeiros passos como militante por melhorias nas condições de trabalho. Em 1954, depois de nove anos em Pernambuco, e passando por muitas dificuldades financeiras, eles voltaram para Sapé. Na terra da esposa, João Pedro arrendou um sítio do sogro e retornou às atividades políticas – desta vez, no meio rural.

A miséria, a fome e os altos índices de analfabetismo e de mortalidade eram pontos comuns entre as massas de trabalhadores do campo e da cidade, duas vivências conhecidas de perto por João Pedro. "Era uma situação triste demais, de muita carência. João Pedro se revoltava com isso", conta Elizabeth.

^ Elizabeth Teixeira com seis dos onze filhos que teve com João Pedro Teixeira, em frente à sua casa, na zona rural de Sapé (PB). Crédito: Mapa Filmes

“Estar no campo, assistindo a toda aquela miséria, e não fazer nada?”

A realidade que forjou João Pedro e Elizabeth para a luta é a de um sistema de trabalho quase feudal: os trabalhadores rurais eram obrigados, entre outras formas de exploração, a aceitar a imposição do “cambão” – dia de trabalho gratuito concedido ao dono da terra; a pagar o foro – aluguel das terras em que viviam; a se sujeitar ao “barracão” – isto é, a comprar mantimentos somente no barracão das terras do proprietário; e, na ocasião de sua demissão, eram forçados a acatar, em silêncio e sem indenização, a ordem de expulsão do patrão.

A comida era escassa, não havia nem atendimento médico nem escolas disponíveis e, quanto mais terra era engolida pelas vastas plantações de cana-de-açúcar, mais camponeses eram descartados, sem direito a nada. Essa realidade era praticamente a mesma em todo o Nordeste rural, principalmente em regiões da Zona da Mata onde se cultiva a cana.

“Estar no campo, assistindo a toda aquela miséria, e não fazer nada? Meu pai não era assim”, diz Carlos, um dos filhos do casal. Para ele, o desejo do pai era de que houvesse instrumentos institucionais para mediar as relações de trabalho entre proprietários e camponeses. João Pedro queria garantias. Queria que os poucos direitos que os trabalhadores tinham saíssem do papel e fossem cumpridos. Queria dignidade. Para reivindicar isso, ele fundou, em 1958, a Associação dos Lavradores e Trabalhadores Agrícolas de Sapé, conhecida como Liga Camponesa de Sapé. Em pouco tempo, ela se tornou a maior associação desse tipo no país.

Criada como forma de organização política de ajuda mútua, a Liga não foi bem recebida pelas classes dominantes. Assombradas com o “fantasma do comunismo” propagado durante a Guerra Fria, as elites oligárquicas estavam convencidas de que essas Ligas – que também existiam em outros estados – seriam o berço de revolucionários treinados pela então União Soviética com o objetivo de transformar o Brasil em um país comunista, como queriam fazer crer os dirigentes locais e os jornais da época. João Pedro, líder da maior e mais forte delas, era o alvo principal do ódio de donos de terra, polícia e políticos da região. Passou a ser perseguido de forma sistemática.

Entre 1958 e 1962, a angústia de Elizabeth em relação à segurança do marido era constante. Cada vez que ele saía de casa, ela se perguntava se ele voltaria vivo. Os onze filhos do casal viviam assustados com os tiros e ameaças dos capangas em seu terreiro, toda noite. João Pedro precisou fugir em duas ocasiões. Em outras, foi preso, espancado, intimidado, insultado.

Em 2 de abril de 1962, aos 44 anos, João Pedro Teixeira foi assassinado em uma emboscada. Ele retornava de uma viagem à capital paraibana, para onde tinha ido no intuito de resolver um conflito em torno do sítio arrendado do sogro, que o vendeu para um homem chamado Antônio José Tavares.

A reunião agendada entre João Pedro e Antônio José em João Pessoa, contudo, nunca aconteceu – foi apenas um pretexto para a execução do líder camponês. Quando voltava para casa, após descer do ônibus que seguia para Sapé pela estrada Café do Vento, ele foi morto pelas costas com três tiros de fuzil, disparados por capangas contratados por latifundiários. Era fim de tarde. Nessa hora, Elizabeth e os filhos estavam em casa, esperando por ele. Mas só tiveram notícias suas ao nascer do dia seguinte, quando vizinhos anunciaram: "João Pedro foi assassinado!".

"Ele sempre me perguntava se eu daria continuidade à luta, caso acontecesse alguma coisa com ele. Mas eu desconversava, porque tinha medo. Só respondi que sim quando o vi morto, no necrotério de Sapé. Segurei a mão dele, suja de terra e sangue, e fiz a promessa de seguir lutando", lembra Elizabeth.

Presos, torturados e desaparecidos

Quando Elizabeth perdeu o marido, em 1962, o Brasil era presidido por João Goulart, que chegou ao cargo depois da renúncia de Jânio Quadros, no ano anterior. Na política, Jango, embora um latifundiário sulista, estava disposto a implementar reformas de base, com as quais pretendia diminuir a desigualdade social no país – entre elas, a agrária.

^ Após o assassinato do marido, Elizabeth manteve viva a luta pelos direitos dos trabalhadores no campo e se tornou presidente da Liga Camponesa de Sapé. Crédito: Mapa Filmes

Na Paraíba, nesse mesmo período, quem governava era Pedro Gondim, que se identificava com as ideias de mudança de Jango e defendia uma proposta de modernização do campo, cujo objetivo seria melhorar as condições de vida do trabalhador rural. O governador, a exemplo do presidente, também dizia ser justo o anseio por reforma agrária, maior bandeira de luta das Ligas Camponesas.

O cenário paraibano parecia favorável à pauta camponesa, mas o poder dominante não permitiria uma alteração tão drástica em seu *status quo* – não sem antes espernear. As críticas ao governador eram ásperas. Depois de janeiro de 1964, quando aconteceu o episódio que ficou conhecido como a Tragédia de Mari – cidade vizinha à de Sapé –, os ataques endureceram.

O Sindicato dos Trabalhadores Rurais de Mari, com o apoio das Ligas Camponesas, havia conseguido fazer com que os direitos dos trabalhadores locais fossem reconhecidos e aplicados. Mas, num dia de semeadura nas terras do usineiro Nezinho de Paula, o presidente desse sindicato, Antônio Galdino, foi surpreendido por empregados da usina e policiais militares fortemente armados, que o procuravam. Acompanhado dos outros trabalhadores daquela propriedade, Galdino se apresentou. Foi metralhado. Os demais camponeses reagiram e se defenderam com seus instrumentos de trabalho. No final, onze pessoas morreram – a maioria, do lado do usineiro. Nezinho aproveitou a situação e exigiu do governador Gondim uma reação veemente "contra o ataque de que fora vítima". E foi atendido.

Se, inicialmente, Gondim acenava com a perspectiva de uma reforma agrária pacífica, essa possibilidade havia sido aniquilada com o acirramento dos embates entre latifundiários e camponeses. A partir de então, as Ligas ganharam o rótulo de subversivas, e o governador acabou cedendo às exigências da elite política e dos latifundiários, meio no qual tinha a sua maior base de apoio. Para dirigir ações repressivas na região de Sapé, ele nomeou o temido coronel Luiz de Barros, a quem Elizabeth chamava de "besta-fera", dada a brutalidade de suas investidas. Poucos meses depois, veio o golpe militar.

A partir de então, as Ligas ganharam o rótulo de subversivas, e o governador acabou cedendo às exigências da elite política e dos latifundiários, meio no qual tinha a sua maior base de apoio.

Com a derrocada da democracia, as Ligas Camponesas foram duramente reprimidas pelo Estado. Lideranças foram presas, torturadas e desaparecidas, como aconteceu com os líderes camponeses João Alfredo Dias, conhecido como Nego Fubá, e Pedro Inácio de Araújo, vulgo Pedro Fazendeiro, companheiros de João Pedro na Liga Camponesa de Sapé – libertados e assassinados no mesmo dia. E também com a própria Elizabeth, que precisou fugir e ser dada como morta pela família para ter chances de sobreviver.

Bem antes disso, porém, em julho de 1962, três meses após a execução covarde do marido, Elizabeth viu um dos seus filhos, Paulo Pedro, de 11 anos, ser vítima de um atentado. O menino havia dito, em uma discussão com outras crianças, que vingaria a morte do pai quando ficasse adulto. Foi o suficiente para que um dos coronéis da região enviasse um jagunço para lhe tirar a vida. Baleado no crânio, Paulo Pedro passou por várias cirurgias e ficou meses hospitalizado, mas sobreviveu.

Em novembro do mesmo ano, a filha mais velha do casal, Marluce, em depressão desde o assassinato do pai, tomou arsênico. A perda do pai, as perseguições à mãe e o atentado sofrido pelo irmão foram um fardo pesado demais para ela. Paulo Pedro ainda estava internado quando Elizabeth chegou com a filha ao hospital. Não foi possível salvá-la. Aos 18 anos, a primogênita de Elizabeth e João Pedro partiu.

Tudo o que viveu antes e logo depois da morte de João Pedro poderia ter levado Elizabeth a se encolher, a se calar, a desistir. Mas o efeito que isso tudo teve sobre ela foi contrário: ela passou por cima da dor e tomou as rédeas da luta, sendo escolhida presidente da Liga Camponesa de Sapé por dois anos, até ser obrigada a entrar na clandestinidade, em 1964. "A minha mãe é uma pessoa admirável. Ela sempre teve muita coragem, muita força. É o meu maior exemplo, até hoje", diz Carlos.

A luta documentada

O assassinato de João Pedro Teixeira causou forte comoção em todo o Brasil, e também no exterior. Duas semanas depois, foi realizado, em Sapé, um grande ato público contra a execução do "mártir da reforma agrária", como João Pedro ficou conhecido. Elizabeth Teixeira e seus filhos participaram do evento.

Nessa ocasião, o cineasta Eduardo Coutinho, em caravana com a equipe de cinema do Centro Popular de Cultura da União Nacional dos Estudantes (CPC da UNE), passava pela Paraíba. Quando soube da movimentação em Sapé, interessou-se pelo assunto e partiu para lá com a equipe de filmagem. Nesse mesmo dia, nasceu a ideia do longa-metragem *Cabra marcado para morrer* (1984), documentário sobre a vida e a luta do líder camponês executado pelo latifúndio.

Pouco antes do ato, na sede da Liga, o cineasta se apresentou a Elizabeth e falou sobre a ideia do filme, no qual ela e seus filhos interpretariam a si mesmos. Inicialmente resistente à ideia – ela achava que não saberia fazer o que ele queria que fizesse –, Elizabeth acabou aceitando o convite, encarando-o como uma missão e uma possibilidade de denunciar a violência sofrida pelo trabalhador do campo.

Quase dois anos depois, em janeiro de 1964, Coutinho voltou à Paraíba para começar as filmagens, que seriam realizadas em Sapé. Mas a euforia da equipe foi cortada antes mesmo de a claquete bater: no dia 15 daquele mesmo mês, aconteceu a Tragédia de Mari. A partir desse grave incidente, a região foi tomada por forças policiais, a repressão aumentou e a realização do projeto de Coutinho na Paraíba foi inviabilizada.

Sem se dar por vencido, o cineasta conseguiu transferir as locações para outro lugar: o assentamento Engenho Galileia, no município de Vitória de Santo Antão, em Pernambuco, onde houve o primeiro caso de reforma agrária bem-sucedida no Brasil após o fim da Segunda Guerra Mundial. A ideia inicial de filmar com os personagens reais não foi adiante; somente a participação de Elizabeth se manteve, enquanto os demais papéis ficaram com camponeses locais.

As filmagens começaram e tudo corria bem. Até que chegou o golpe militar, no dia 1º de abril de 1964. Depois disso, o Brasil entrou numa longa noite que durou 21 anos e o projeto do longa-metragem foi novamente interrompido e, desta vez, sem soluções imediatas às quais Coutinho pudesse recorrer. À procura de armas e de revolucionários comunistas, o Exército invadiu o Engenho Galileia, prendeu líderes camponeses e parte da equipe de filmagem e apreendeu todo o material que estava no local.

Elizabeth foi levada para Recife pelo cineasta Vladimir Carvalho, assistente de Coutinho, e passou um mês escondida na casa de conhecidos, sem notícia dos filhos, que ficaram em Sapé. Os agentes da ditadura não sabiam, mas a maior parte do negativo filmado estava salva, pois já havia sido enviada a um laboratório no Rio de Janeiro. No entanto, o documentário só foi finalizado anos depois, em 1984, depois da queda da ditadura.

"Colocaram a gente em fila pra nos queimar vivos"

Quando voltou à Paraíba, após um mês desde sua fuga do Engenho Galileia, Elizabeth foi direto para o Primeiro Grupamento de Engenharia, em João Pessoa, e se entregou. Ela não sabia, mas o seu filho mais velho, Abraão, havia sido preso em seu lugar logo depois do golpe, quando não conseguiram encontrá-la no *set* de filmagens. Ele só foi posto em liberdade quando ela se entregou. Dias depois, em visita à mãe, que ficou quase quatro meses encarcerada, o rapaz contou que foi torturado na prisão e que a casa da família tinha sido invadida e incendiada por policiais, irritados pelo fato de ela não estar lá.

Maria José, uma das filhas do casal, guarda viva a lembrança desse episódio funesto: "Um dia, à tardinha, uma camionete parou em frente a nossa casa, com dois policiais fardados e dois à paisana, procurando por minha mãe. Não a acharam. Então, colocaram a gente em fila pra nos queimar vivos. Aí, um deles disse: 'É só criança, deixa pra lá'. E partiram. Se ela estivesse lá, eles teriam matado todos nós", ela conta, com lágrimas nos olhos.

Ao ser solta na capital, Elizabeth correu para Sapé. Na casa dos pais, soube que oito dos seus filhos haviam sido "leiloados" entre o avô e os tios, depois que sua casa fora incendiada. Cada criança ficou com um parente materno diferente, sem contato entre si, sem saber o que tinha acontecido com a mãe, sem ideia de quando voltariam a se ver. Os dois mais velhos, Abraão e Isaac, haviam ganhado bolsas para estudar em João Pessoa e em Cuba, respectivamente, e não estavam em Sapé na ocasião dessa separação forçada.

Mas ela não teve tempo para muita conversa; mal chegou, já estavam lá os proprietários de terra, acompanhados de policiais, para levá-la de volta a João Pessoa e prendê-la novamente, numa abordagem coalhada de xingamentos e intimidações. Depois de implorar a ajuda do pai, o velho Manoel cedeu e assinou um documento no qual atestava que Elizabeth estava adoentada, mas se apresentaria na manhã do dia seguinte, logo cedo.

Ao amanhecer do outro dia, ela realmente foi para João Pessoa – não para se apresentar no quartel, e sim para fugir. Comprou passagem para Recife com a ajuda do filho Abraão, que estudava em João Pessoa, e partiu. Ao chegar lá, não pôde ficar com a família que a acolheu quando escapara do cerco ao Engenho Galileia, pois sua casa vinha sendo revistada com frequência pelo Exército. Foi então que ela decidiu ir para o Rio Grande do Norte, de carona em um caminhão que fazia transporte irregular de alimentos, na expectativa de arranjar um trabalho para se

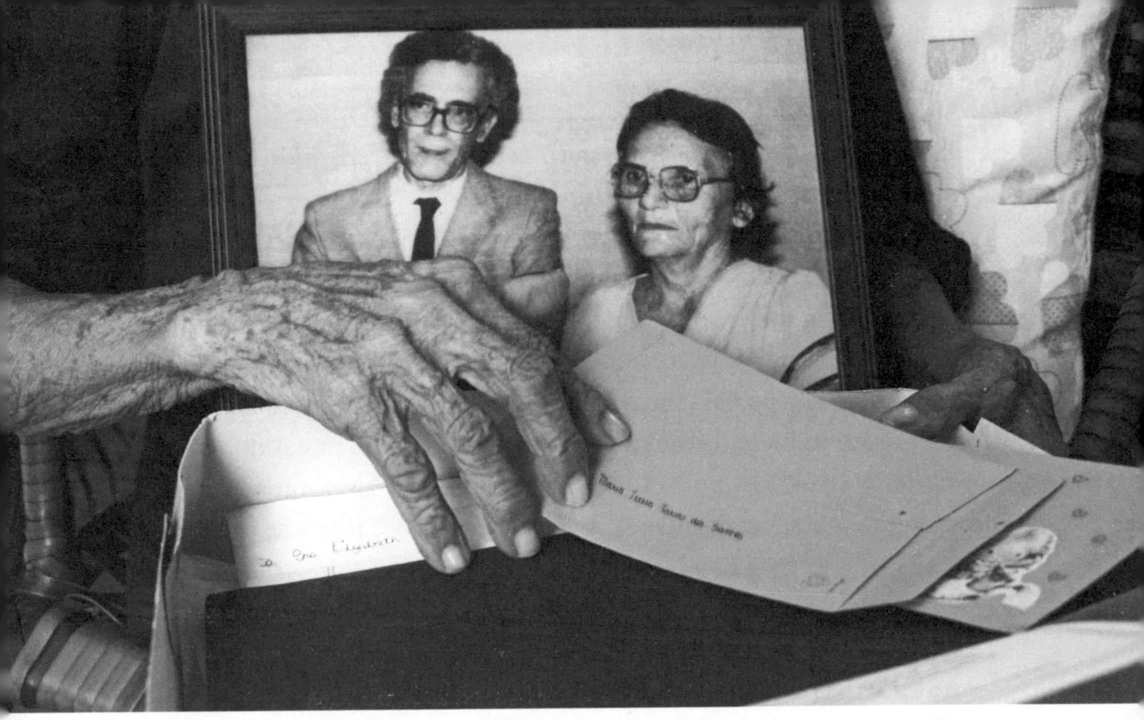

^ Elizabeth segura fotografia com o cineasta Eduardo Coutinho, quando ele foi premiado pelo filme *Cabra marcado para morrer*, em 1984. Crédito: Dayse Euzébio, 2019

manter. Ela não sabia para onde estava indo e não conhecia ninguém no Rio Grande do Norte. Mas foi.

Elizabeth passou dezessete anos na clandestinidade. Levou apenas um dos filhos em sua fuga, Carlos, na época com 6 anos de idade, o mais novo dos seus filhos homens. Ele estava com parentes em Recife, e ela só o levou porque, segundo conta, os familiares se recusaram a ficar com o menino por ele "se parecer muito com o pai". Perseguida, ameaçada, sem dinheiro e com uma criança para alimentar, ela foi parar em São Rafael, cidade potiguar a poucos quilômetros da divisa entre o Rio Grande do Norte e a Paraíba.

Apresentando-se como Marta Maria da Costa, ela colheu batatinha e feijão, lavou roupa na beira do rio, plantou mandioca, alfabetizou crianças, lavou pratos nos bares da cidadezinha e fez acabamentos de roupas para uma costureira. Nenhum serviço foi dispensado. O filho também precisou trabalhar: vendeu água em latas, pastoreou gado, vendeu lanche na escola. E, assim, os dois foram ficando em São Rafael, esperando o fim da ditadura, passando necessidades, sentindo saudades, sofrendo e sendo o apoio um do outro.

Elizabeth não entra em detalhes quando questionada sobre o período que passou no Rio Grande do Norte. Não mais. Essa fase da vida dela fica cheia de lacunas. Sabe-se apenas que viveu solitária, ao lado de pessoas que a conheciam apenas como Marta, uma viúva que havia chegado a São Rafael com um filho pequeno em busca de um trabalho para sobreviver. Esse silêncio é um efeito indireto da ditadura em sua vida. Com o passar do tempo, uma barreira se colocou entre ela e essas lembranças – talvez, uma forma de autoproteção que se intensificou à medida que os anos foram se passando.

Retorno

Elizabeth só voltou à Paraíba em 1981, quase dois anos depois da Lei da Anistia, promulgada em 28 de agosto de 1979. O primeiro passo para esse retorno foi dado quando ela conseguiu o endereço do filho Abraão e lhe escreveu uma carta, nunca respondida. Vendo a aflição da mãe por não ter notícias do filho mais velho, Carlos decidiu procurar o irmão em Patos (PB), onde ele era responsável pela sucursal de um jornal sediado em João Pessoa.

O encontro dos irmãos se deu, apesar da desconfiança de Abraão, que não respondeu a carta da mãe por não acreditar que havia sido escrita por ela. Criados por parentes conservadores, a todos eles foi ensinado que a mãe devia estar morta, como o pai, e que nenhum dos dois prestava, porque eram comunistas e queriam tomar a propriedade alheia. "Na escola, quando se comemorava o dia das mães, eu sempre recitava poesias para as mães que já haviam morrido", conta a filha Maria José.

Vencidas as desconfianças, Carlos e Abraão se preparavam para ir ao encontro da mãe quando foram surpreendidos pelo cineasta Eduardo Coutinho, que apareceu em Patos bem na época, à procura de Elizabeth. Ele pretendia retomar o projeto do filme *Cabra marcado para morrer*. Foram todos juntos para São Rafael.

O reencontro foi tenso. Abraão ficou muito abalado com tudo o que sofreu desde a morte do pai, principalmente durante o exílio da mãe. A dor e o medo o tornaram uma pessoa amarga, desconfiada. Ele ficou sozinho em João Pessoa, teve ajuda de poucas pessoas, chegou a passar fome e a morar na rua. Apesar de tudo, conseguiu se formar em Jornalismo e trabalhar na área. Filho de Elizabeth e João Pedro Teixeira.

Depois do estranhamento inicial, Abraão levou a mãe para morar durante um tempo com ele em Patos, até que ela tivesse um lugar só para si. Foi então que a cortina começou a se fechar para Marta Maria da Costa e a se abrir novamente para Elizabeth Altina Teixeira.

Afeto roubado

"Eu não teria feito o que a minha mãe fez, porque não sei se valeu a pena. Eu não deixaria os meus filhos por nada neste mundo", diz Marinês, uma das filhas de Elizabeth que foram morar no Rio de Janeiro ainda na adolescência. Para ela, que quase não conviveu com a mãe – era bem pequena quando Elizabeth precisou fugir –, é difícil encontrar sentido em sua atitude. "Conheci a minha mãe e os meus outros irmãos já adulta. Foi um encontro de estranhos. Não desejo essa sensação pra ninguém, não ter laços com seus próprios irmãos... É muito ruim. A minha referência de família é a minha irmã Marta, que veio para o Rio e depois me chamou para vir morar com ela", acrescenta.

Marinês e Marta tiveram poucos encontros com a mãe e os irmãos. A distância e o dinheiro curto não permitiram mais visitas. As cartas também foram ficando mais escassas com o tempo. Mesmo hoje, com a tecnologia das redes sociais, o contato é raro. "A família se reencontrou, mas o estrago já tinha sido feito. A separação provocou muitos traumas em todos, um sofrimento grande demais", argumenta Carlos.

Maria José, a sétima dos onze filhos de Elizabeth e João Pedro, havia visto a mãe pela última vez em 1964, aos 7 anos de idade. Só a reencontrou em 1982. "Ficar sem ela foi muito difícil. Minha mãe sempre foi muito acolhedora, sempre pensou no próximo. Ela e meu pai eram pessoas dignas, corajosas, que não se acovardaram. Eu passei a infância ouvindo o contrário, mas depois eu tive dimensão de quem eram os dois. Eu acho que a luta deles valeu a pena. Apesar de tudo, valeu a pena", afirma.

Elizabeth viveu na pele o sofrimento da vida no campo, passou fome, teve o marido assassinado, sofreu ameaças, viu um dos filhos ser baleado e a filha mais velha cometer suicídio, foi perseguida, presa e obrigada a fugir, trabalhou pesado para se sustentar, adoeceu de tanto lavar roupa às margens do rio, em São Rafael, perdeu o contato com a família e os amigos por quase vinte anos. Voltou à ativa, como militante e mãe, mas jamais poderia recuperar o tempo que lhe foi roubado junto da sua família.

Padecimento sem fim

Pouco depois de retornar à Paraíba, ela passou por mais uma provação: o assassinato de um filho seu por outro, em 1988. José Eudes e João Pedro Teixeira Filho, conhecido como Peta, dividiam a responsabilidade de cuidar de uma pequena extensão de terra deixada pela avó materna, Altina Joaquina de Jesus Costa, de família de fazendeiros. José Eudes conseguiu financiamentos, fez cursos, comprou adubo e sementes e estava prestes a construir um armazém comunitário na região – tudo por meio da associação que fundou com outros camponeses para pleitear verbas do governo.

A associação levou o nome de João Pedro Teixeira, em homenagem ao pai. Foi o bastante para que Peta começasse a questionar o irmão e a acusá-lo de subversão, de receber dinheiro de comunistas, de querer tomar a terra dos outros. Criado pelo avô e pelo tio Justino, irmão de Elizabeth, o rapaz tinha na ponta da língua o discurso dos dois, que sentiam profundo desprezo pela luta travada por Elizabeth e o marido. Tomado por aquelas ideias, Peta deu três tiros em José Eudes, diante da mãe e de sua irmã Maria José, a poucos metros de onde mataram o pai, 26 anos antes.

Em maio de 1994, depois de seis anos foragido, Peta foi visitar a mulher e a filha, que moravam na cidade de Mari. Durante um encontro com amigos, recebeu um tiro à queima-roupa; o crime nunca foi elucidado. Era mais um filho de Elizabeth que partia de forma trágica. Mais um padecimento que ela acrescentava a uma conta que parecia não ter fim.

> Na fotografia, quadro em homenagem à Elizabeth Teixeira, do paraibano Shiko, artista plástico, ilustrador, grafiteiro e quadrinista. Crédito: Dayse Euzébio, 2019

EU
CONTINUO
LUTA!
ELIZABETH TEIXEIRA EM ENCONTRO COM O

Apesar de tudo, ela mantém o mesmo altruísmo e a mesma coragem que não lhe permitiram se omitir no passado. "A luta dos meus pais foi uma luta justa, o que eles fizeram foi pelo bem de todos. Eu jamais diria que não foi válido, mesmo depois do que sofremos", afirma Carlos.

Impunidade

Na região de Sapé, em meados do século passado, havia uma associação de fazendeiros conhecida popularmente como Grupo da Várzea, composta por dezenas de latifundiários e políticos. Era uma organização que, de acordo com a Comissão Estadual da Verdade e da Preservação da Memória do Estado da Paraíba (CEVPM-PB), promovia todo tipo de violência contra os trabalhadores rurais e patrocinava campanhas eleitorais de parlamentares para a Assembleia Legislativa da Paraíba e a Câmara Federal. O líder dessa associação era Aguinaldo Veloso Borges, então proprietário da Usina Tanques.

> *O bárbaro assassinato ficou impune, apesar das fartas evidências sobre os possíveis culpados. O processo que apurou o crime desapareceu do Tribunal de Justiça da Paraíba e nunca foi localizado, mesmo depois de ser solicitado pela CEVPM-PB.*

A investigação do assassinato de João Pedro Teixeira, sob a responsabilidade do delegado Chico Maria, foi encerrada em dez dias. O inquérito apontou Borges, Pedro Ramos Coutinho e Antônio José Tavares – todos do tal Grupo da Várzea – como os mandantes do crime contra João Pedro, além de outros três homens como os seus executores: os policiais Francisco Pedro da Silva e Antônio Alexandre da Silva e o vaqueiro Arnaud Nunes Bezerra, empregado de Borges. O juiz Walter Rabello da Costa decretou a prisão de todos, mas, devido aos recursos impetrados e, logo depois, com a chegada do regime militar, nenhum foi encarcerado.

O bárbaro assassinato ficou impune, apesar das fartas evidências sobre os possíveis culpados. O processo que apurou o crime desapareceu do Tribunal de Justiça da Paraíba e nunca foi localizado, mesmo depois de ser solicitado pela CEVPM-PB.

A conclusão a que chegou a Comissão Nacional da Verdade (CNV), em seu relatório final, volume III, publicado em 2014, é a de que o assassinato contou com a omissão e/ou conivência do Estado brasileiro. Esse é, também, o entendimento dos filhos sobreviventes do líder camponês. "O Estado brasileiro foi cúmplice nessa e em outras arbitrariedades no campo", enfatiza Carlos.

A casa onde Elizabeth mora, em João Pessoa, foi comprada por Eduardo Coutinho com o dinheiro de um prêmio recebido por *Cabra marcado para morrer*. É uma casa simples, na qual duas das filhas de Elizabeth se revezam nos cuidados com a mãe.

Em janeiro de 2018, por meio da Lei 13.598/12, da Presidência da República, o nome de João Pedro Teixeira passou a figurar no Livro dos Heróis e Heroínas da Pátria, que homenageia personalidades com destaque na história do país.

Novas gerações

A maioria dos filhos do casal Teixeira não levou adiante a luta dos pais, talvez até por desconhecê-la por quase toda a vida. Apenas José Eudes mostrou pendor para a causa camponesa, criando, quase trinta anos mais tarde, uma associação comunitária no mesmo local da Liga Camponesa de Sapé – razão pela qual foi morto pelo irmão, tamanho o ódio de classes nele impingido pela família.

Uma das netas de Elizabeth, Juliana Elizabeth Teixeira do Nascimento, no entanto, escolheu outra trincheira para honrar e manter viva a história dos avós: a educação. Licenciada em História, pesquisadora, educadora em escolas da região de Sobrado e Sapé e secretária do Memorial das Ligas Camponesas, ela elegeu como missão o resgate da memória desse importante movimento social. "As Ligas deveriam estar no currículo das escolas paraibanas, para que as futuras gerações entendessem a dimensão dessa luta e valorizassem o importante papel de Elizabeth e João Pedro Teixeira nela", defende a neta.

Para Juliana, a educação pode até não causar agitação ou trazer mudanças rápidas, mas promove o senso crítico e fortalece a percepção de que ainda falta muito para que as injustiças no campo sejam superadas. "Aqui mesmo, em Sapé, a terra onde tudo isso aconteceu, poucos conhecem a história das Ligas e sabem quem foram os meus avós", diz ela.

A educação pela memória seria um pouco como a educação pela pedra, proposta no poema de mesmo nome, de João Cabral de Melo Neto: "Uma educação pela pedra: por lições; / Para aprender da pedra, frequentá-la; / Captar sua voz inenfática, impessoal". É uma educação a partir da realidade, da objetividade, do rigor na sua construção e organização. Por isso a existência de um memorial, e por isso a necessidade de incluir um tema de tamanha importância na matriz curricular das escolas.

O Memorial das Ligas Camponesas está localizado na casa onde a família Teixeira viveu na zona rural de Sapé, uma construção de meados do século passado, tombada pelo Instituto do Patrimônio Histórico e Artístico do Estado da Paraíba (Iphaep) em 2018. O local, além de guardar um vasto acervo documental e fotográfico, sedia eventos importantes – como a celebração pela memória viva de João Pedro Teixeira, todo dia 2 de abril.

"Heroína, eu?"

Elizabeth é uma mulher marcada para lutar. E para viver, viver muito – a despeito de toda a sua luta, da prisão, da fome, dos filhos desgarrados e das perdas trágicas. Embora a memória a leve com frequência a um labirinto onde as lembranças se misturam, ela segue o seu caminho como a heroína que foi destinada a ser. "Heroína, eu?", ela ri, sem jeito, enquanto brinca com a bainha da saia. "Eu me sinto, assim, forte... Porque a luta pela terra é muito difícil, é um sacrifício grande."

A força de Elizabeth não consiste em passar pelo que passou sem sentir revolta, tristeza, vontade de morrer ou de desistir – está justamente em sentir tudo isso e resistir. "Eu me orgulho demais da minha avó, por ela não ter recuado e ter enfrentado tudo o que enfrentou, por sua fome de justiça social. A minha avó é sinônimo de garra. São pessoas como ela que nos dão esperança de um Brasil melhor", diz a neta Juliana, com a voz tomada de emoção.

Ao final da visita, e com o mesmo ânimo da conversa iniciada no início da tarde, Elizabeth posa para fotos, entre as cartinhas enviadas por admiradores – em sua maioria, estudantes – e as placas e medalhas com menções honrosas recebidas de várias instituições. Ao saber que escolas e assentamentos espalhados pelo Brasil têm o seu nome, ela se surpreende: "E é?", pergunta, sem se dar conta da própria magnitude.

A conversa termina com um passeio por seu quintal, onde ela mostra as árvores frutíferas e as galinhas que cria lá. Nós nos despedimos com muitos abraços, agradecimentos e a promessa de um novo encontro. "Venha, minha 'fiinha', venha! Eu acho tão bom!", diz ela, excitada como uma criança que acabou de ganhar um presente.

O fato de ela não se ver como heroína não surpreende, já que os verdadeiros heróis não costumam se reconhecer como tal. Mas não há outro conceito para descrevê-la. É uma mulher ousada e destemida, que marchou ao lado de milhares de trabalhadores reivindicando terra, trabalho e dignidade para o homem do campo. Uma mulher que sofreu algumas das piores injustiças e as mais duras perdas. Pela audácia de ser quem é, pagou um preço que somente os heróis suportariam pagar.

"Mas eu não me arrependo de nada", acrescenta, sem titubear. ■

Crédito: Cínthia Raposo

SHEILA RAPOSO

É graduada em Jornalismo pela Universidade Federal da Paraíba (UFPB), foi repórter nos jornais *O Norte* (PB) e *Correio Braziliense* (DF), assessora de imprensa de empresas estatais e privadas, gerente de jornalismo da Secretaria de Estado da Comunicação Institucional da Paraíba e diretora da Secretaria de Comunicação da Prefeitura Municipal de João Pessoa (PB). Com mestrado pela Universidad de Salamanca (Espanha), também se dedicou à docência, por três anos e meio, em uma universidade privada de Caruaru (PE), além de ter ministrado aulas de inglês e espanhol em escolas de idiomas em João Pessoa, Campina Grande (PB) e Santa Cruz do Capibaribe (PE).

Crédito: Silvio Correa/Agência O Globo

EUNICE PAIVA

Os pés de Eunice desobedecem a leis injustas

Paula Sacchetta

Ismene: – Infeliz! Apesar da proibição de Creonte?
Antígona: – Ele não tem o direito de me coagir a abandonar os meus!

Trecho da tragédia *Antígona*, de Sófocles

Os pés de Eunice atravessaram diferentes chãos. Tortuosos chãos. Da confortável casa, frequentada pela animada esquerda intelectual carioca, ao chão do DOI-CODI. Dos cômodos da casa em Santos, de onde ouvia seus filhos brincarem enquanto se trancava no quarto e enviava cartas aos generais, ao chão da Faculdade de Direito, ao piso frio do escritório de advocacia, ao porcelanato branco dos tribunais.

Aqueles mesmos pés de Eunice saíam, agora, da Estação Sé do metrô de São Paulo e se encaminhavam para, talvez, um dos momentos mais significativos das travessias de sua vida. Ao abrir a porta do cartório, encontrou uma grande quantidade de repórteres, que a aguardavam para cobrir o momento. Seus pés atravessaram o cordão de jornalistas com alguma dificuldade e se detiveram em frente à mesa da escrevente, que segurava nas mãos um atestado.

A história, às vezes, acontece em repartições apertadas, em meio aos birôs e carimbos de autenticação. O cartório de Registro Civil das Pessoas Naturais do 1º Subdistrito da Sé ficou apertado, tamanha a quantidade de pessoas agrupadas ali. A repartição abafada, acostumada a trâmites corriqueiros dos registros civis diários, estava descaracterizada devido à enorme quantidade de fotógrafos, cinegrafistas e jornalistas.

"Certifico que, em 23 de fevereiro de 1996, foi feito o registro de óbito de Rubens Beyrodt Paiva. Profissão, engenheiro civil. Estado civil, casado. Natural de Santos, neste Estado. Nascido em 26 de dezembro de 1929. Observações: registro de óbito lavrado nos termos do Artigo 3º da Lei 9.140 de 4 de dezembro de 1995", atestou o Estado brasileiro, 25 anos depois do desaparecimento de Rubens, marido de Eunice.

Os olhos da escrevente se detiveram por alguns segundos nos de Eunice. Apenas o suficiente para demonstrar que as duas estavam ali, de fato, naquele momento.

Eunice, segurando 25 anos de luta pela memória e pela verdade nas mãos, levantou o atestado acima da cabeça como um troféu para os repórteres. Sorria. Era o troféu de uma árdua batalha de luta por justiça, que caminhou junto com a reinvenção de uma mulher. "Minha mãe estava na capa de todos os jornais no dia seguinte. Com o atestado de óbito erguido, alegre. Uma batalha foi vencida. 'V' de vitória. Ela nunca faria uma cara triste. Bem que tentaram", conta seu filho Marcelo. À *Folha de S.Paulo*, Eunice disse, em edição publicada dia 24 de fevereiro de 1996: "É uma sensação esquisita sentir-se aliviada com uma certidão de óbito".

Famiglia

Maria Eunice Facciolla Paiva. Assim se chamava Eunice Paiva. Os Facciolla, de origem italiana, orgulhavam-se de sua dupla cidadania. Eles "tinham problemas de excesso de peso e não morriam cedo", é assim que Marcelo Rubens Paiva descreve sua família materna.

Eunice cresceu numa casa que ficava em cima de um armazém de cereais, perto do Mercado Municipal de São Paulo, no bairro do Brás. A casa era cheia: moravam pai, mãe e suas quatro filhas. Por serem mulheres, ficavam em casa, proibidas que eram – pelo pai – de trabalhar e estudar. Comia-se muito. Gritava-se muito.

Dessa família, conta-se que a "menos italiana" era Eunice. Ainda assim, foi apelidada de "italianinha" na escola – e odiava. Em um dado momento, ficou obcecada em permanecer magra. Não comia, trancava-se no quarto e desejava ser como as atrizes de Hollywood. De tanto se trancar, começou a ler romances. Deitada em sua cama, em jejum, lia, lia e lia sem parar.

Eunice era prática, objetiva, *workaholic*. Tinha um temperamento forte. Com a obsessão pela magreza, continuou esguia durante toda a vida. Quando adulta, cozinhava saladas, carne e peixe para os filhos. "Macarronada italiana de domingo, jamais! O café da manhã sempre foi uma laranja, café e meio pãozinho. Até hoje como isso, por costume", conta Veroca, a filha mais velha de Eunice.

Eunice era culta. Brigou com o pai para estudar. Era amiga de escritores como Lygia Fagundes Telles, Antonio Callado, Millôr Fernandes e Haroldo de Campos. Lia os clássicos, "os russos Dostoiévski e Tolstói, os franceses Balzac, Flaubert, Victor Hugo e Proust no original, e, do inglês, de Hemingway a Fitzgerald, passando por Henry Miller, além de toda a literatura brasileira", conta Marcelo.

Um dia, na escola, Eunice levou um golpe de régua na mão esquerda. Era uma punição típica direcionada aos canhotos. Não mudou a mão de sua escrita e se fechou ainda mais. Trancava-se para estudar e tornou-se a melhor aluna da sala. Passou em primeiro lugar no vestibular para Letras no Mackenzie, aos 18 anos. E, depois de viúva, formou-se também em Direito.

Às vezes, faz-se um silêncio ensurdecedor por dentro das coisas

Dois capuzes cobriam o rosto de uma mãe e de uma filha. As cabeças das duas enfiadas em capuzes negros, no banco de trás de um carro da polícia. Por dentro do capuz, o silêncio que se faz por dentro das coisas quando se está em estado de sítio. Um país inteiro coberto por um capuz negro, impedido de ver sua própria trajetória. Ao tirarem as vendas, a revista dos corpos, uma cadeira de madeira para o interrogatório, uma cela apertada, um colchão. "Depois soube que mamãe ficou dois dias sem se mexer, imóvel. Eles disseram que ela ficou estendida no colchão", conta Eliana, no livro *Infância roubada: crianças atingidas pela Ditadura Militar no Brasil* (2014). Era dia 21 de janeiro de 1971 quando Eunice Paiva foi levada junto à filha, então com 15 anos, às dependências do DOI-CODI carioca, no quartel da rua Barão de Mesquita, na Tijuca, após 24 horas de prisão domiciliar. Eliana passou um dia no local; Eunice, doze.

Eliana e Eunice ficaram presas a duas celas de distância uma da outra. "Durante a noite foram colocadas pessoas na frente da cela, gente amordaçada, gente encapuzada, amarrada, imobilizada. Não dava para ver quem eram. Estavam todos estranhamente quietos e eu só ouvia a respiração. Era uma respiração muito difícil por causa do capuz. Tinha um colchonete pequeno e imundo no chão", relembra Eliana.

Durante os doze dias em que Eunice permaneceu no Departamento de Operações de Informação do Centro de Operações de Defesa Interna (DOI-CODI), os amigos da família Paiva se reuniam diariamente para pensar estratégias de ação contra a sua prisão e o sequestro de seu marido, Rubens Paiva, que havia sido retirado de casa um dia antes da prisão de sua esposa e do qual não se sabia o paradeiro. Nas dependências da Polícia do Exército, Eunice viu a foto de seu marido na lista de presos. Conta que sentiu um alívio: "Ele está aqui, está vivo".

Eunice foi, então, liberada. Já seu marido, continuou desaparecido. Pesando vinte quilos a menos, disse ao jornal *O Estado de S. Paulo*, em rápida entrevista publicada no dia 4 de fevereiro de 1971: "Fui solta mas, evidentemente, falta uma peça na família. Há uma angústia profunda em Marcelo e Beatriz, os [filhos] mais novos".

Tivemos festas, tivemos beijos, tivemos filhos, tivemos fotografias...

Seu Facciolla gostava de dar festas. Pai de quatro moças, estava decidido a encaminhá-las na vida, o que naquele tempo significava conseguir-lhes um bom casamento. Ele dava, então, reuniões animadas em sua casa. "As famosas festas do seu Facciolla costumavam juntar turcos (como chamava-se, na época, os sírio-libaneses), italianos, armênios, quatrocentões paulistas, portugueses, espanhóis, todos fãs de Sinatra e Cole Porter, e atraíam também uma garotada à casa do velho novo-rico italiano", conta Marcelo. Os jovens se encontravam e dançavam foxtrote – ritmo de sucesso na época.

Uma das Facciolla tornou-se amiga de uma das Paiva, que convidou o irmão Rubens para uma das festas. Eunice Facciolla e Rubens Paiva se conhecem e começam um namoro que não é lá muito bem aceito pelo

^ Eunice e Rubens Paiva com os filhos – Eliana, Vera, Ana Lúcia, Maria Beatriz e Marcelo – e Aracy, mãe de Rubens. Crédito: Acervo Família Rubens Paiva

pai dela, que não gostava do fato de Rubens ser mais jovem que a filha. Resolvem se casar, a contragosto de seu Facciolla.

Têm, juntos, cinco filhos: Marcelo, o "Cacareco"; Vera Sílvia, conhecida como "Veroca"; Maria Eliana; Ana Lúcia e Maria Beatriz, a "Babiu".

Aos finais de semana, a família Paiva gostava de ir à praia e de viajar, era uma típica família de classe média brasileira. Os filhos Veroca e Marcelo se lembram de uma infância tranquila. A mãe, segundo eles, tinha uma maneira menos espalhafatosa, se comparada à de suas tias, de demonstrar afeto. Gostava de cuidar de suas próprias coisas, tinha *hobbies*, lia muito. Ao mesmo tempo, cuidava muito bem dos filhos, costurava suas roupas, educava-os de perto.

O pai, primeiramente como engenheiro e depois na política, realizava suas atividades fora de casa, sendo mais ausente da vida doméstica: deixava a cargo de Eunice a educação dos filhos. Ela era admirada por Rubens – uma mulher culta, sociável, que frequentava o círculo social do marido com habilidade. A família recebia políticos, artistas, escritores e intelectuais em casa. À medida que Rubens ia adentrando a vida pública, eles ampliavam seu círculo social e passavam a receber mais e mais amigos.

Os dias dos Paiva, a Pátria e as cartas

"Não é possível que, mais de sessenta dias decorridos, conserve-se assim desaparecida uma pessoa humana. Recusamo-nos a acreditar no pior." Assim começa a carta de Eunice Paiva escrita dia 21 de março de 1971 e direcionada ao general Emílio Garrastazu Médici, então presidente do Brasil. Depois de deixar as dependências do DOI-CODI, Eunice inicia um processo incessante de busca e pressão política para descobrir o paradeiro de seu marido. A carta foi a primeira de muitas direcionadas aos chefes de Estado em sua busca desesperada por informações.

Rubens Paiva foi eleito deputado federal pelo estado de São Paulo aos 34 anos de idade, compondo as primeiras gerações a entrar no Congresso Nacional em Brasília depois da Era Vargas. Antes disso, como engenheiro civil, ajudou a construir a capital do país. Quando os militares deram o Golpe de Estado em 1964, ele teve seus direitos políticos cassados e exilou-se na Iugoslávia e na França por alguns meses. Voltou ao Brasil de surpresa, cinco meses depois. "Entrou em casa pela cozinha dizendo para quem ali estava: 'Oi, cheguei'. Foi um dos maiores sustos da minha mãe quando, de repente, surge aquele pai de família de cinco filhos na porta da cozinha, dizendo: 'Voltei, estou de volta'", conta Vera. Rubens se muda com a família de São Paulo para o Rio de Janeiro, onde volta a exercer suas atividades de engenheiro.

Quando os militares deram o Golpe de Estado em 1964, ele teve seus direitos políticos cassados e exilou-se na Iugoslávia e na França por alguns meses. Voltou ao Brasil de surpresa, cinco meses depois.

A situação da família era instável, mas Rubens fazia questão de manter a alegria dentro de casa. "O estilo do meu pai era e sempre foi da continuidade da vida. Do prazer pela vida. Então, o que ele fez? Alugou um sobradinho em frente à praia do Leblon", conta Eliana.

O pequeno sobrado localizado no número 80 da rua Delfim Moreira se agitava com a circulação de políticos, militantes, ex-deputados, ex-ministros e todo o pessoal ligado ao governo João Goulart. "Não havia espaço para tristeza ou depressão, a vida era uma festa naquela casa. Até o dia em que foi assinado o Ato Institucional Número Cinco (AI-5). Quando começaram prisões, torturas e mortes, meu pai achou que a coisa era séria e começou a ajudar militantes engajados na luta armada, uma nova geração constituída", relembra a filha Vera.

Com o AI-5, a dureza do regime recrudescia cada dia mais. A resposta da esquerda acompanhava os passos de radicalização, e grande parte de seus membros, já na clandestinidade, partiu para a guerrilha urbana. O então ex-deputado preocupava-se com a segurança desses grupos de esquerda, que já vinham sendo perseguidos e muitos de seus integrantes, desaparecidos ou torturados. "Outros presos e interrogados eram intelectuais, parte integrante do vasto grupo de políticos, em sua maioria cassados. Artistas e intelectuais, que circulavam lá em casa", relembra Eliana.

Na manhã do dia 20 de janeiro de 1971, alguns homens que diziam servir à Aeronáutica entraram na casa da família Paiva, sem mandado judicial, e levaram Rubens para o quartel do comando da Terceira Zona Aérea, no Rio de Janeiro. De lá, ele foi transferido para o DOI-CODI, no quartel da Polícia do Exército, e nunca mais retornou à sua casa.

Na segunda carta enviada ao presidente Médici, Eunice relata: "Rubens foi preso na minha presença e dos seus cinco filhos; foi visto por testemunhas ao longo do dia 20 de janeiro no quartel da Terceira Zona Aérea, de onde foi transportado, no fim da tarde, para o quartel da Polícia do Exército na Barão de Mesquita; sua fotografia no livro de registro de prisioneiros no referido quartel da PE, eu mesma vi, ao lado da minha própria e da de minha filha Eliana".

Em 22 de fevereiro de 1971, Eunice escreveu ao deputado Pedroso Horta uma carta em que denuncia a prisão de seu marido e a subsequente ausência de informações sobre seu paradeiro. Num dos trechos, relata: "Assegurou-nos o ministro Buzaid [Alfredo Buzaid, ministro da Justiça do governo Médici] que Rubens está vivo, que estaria bem tratado, conquanto isso não signifique que possa afirmar tenha deixado de sofrer alguns 'arranhões'; e, afinal, que é prisioneiro do 1º Exército". Apesar da assertiva, seu marido nunca mais retornou ao convívio familiar.

Até hoje, não se sabe ao certo o que exatamente ocorreu nas dependências do Exército, tampouco onde estão os restos mortais de Rubens Paiva, declarado morto por desaparecimento político 25 anos depois de seu desaparecimento físico.

Durante esse tempo, coube a Eunice a incessante missão de lutar pela verdade e pela memória de seu marido, tendo sido umas das principais forças de pressão que culminou na promulgação da Lei 9.140/95, que reconhece como mortas as pessoas desaparecidas em razão de participação – ou acusação de participação – em atividades políticas durante os anos de regime militar. A lei foi um importante marco para as famílias dos perseguidos e desaparecidos políticos do regime militar brasileiro.

Uma primeira imagem

Há uma imagem. Uma fotografia. Nessa foto, Eunice aparece com os filhos, logo após a prisão de Rubens Paiva. O fotógrafo pede: "Vou tirar a foto, podem ficar sérios". Quando se olha o retrato, entretanto, não há ninguém com semblante sisudo. Eunice aparece no canto direito, elegante, com um rosto altivo e alegre. Seus filhos têm sorrisos no rosto. São uma família, permanecem uma família, apesar da situação trágica. O amor é um grande laço, diz a música. E laços permanecem, se reestruturam, se seguram para continuar atados.

Marcelo Rubens Paiva conta em seu livro *Ainda estou aqui* (2015) que a mãe sempre repetia: "A família Rubens Paiva não chora na frente das câmeras, não faz cara de coitada, não se faz de vítima e não é revanchista". O sorriso, ali, era a perturbação do *status quo*, uma perturbação ao contexto. Era a legitimação da vida, da cidadania e da dignidade daquela família.

Ao sorrir diante daquela situação, a família Paiva abriu o debate. Transmutou a dor – sentimento por essência íntimo – em luta coletiva, pública, política. O sorriso indicaria um chamamento à pólis, que

^ Eunice sempre disse: "A família Rubens Paiva não chora na frente das câmeras". Na fotografia, mãe e filhos depois do desaparecimento de Rubens Paiva. Crédito: Acervo Família Rubens Paiva

Eunice continuaria a encampar: "Olhem todos! Saibam todos! Estamos vivos, estamos aqui! Fomos chamados por eles a continuar lutando! Vamos sobreviver porque precisamos que todos saibam a verdade!". Aquela imagem deles sorrindo era um anúncio de Eunice, que dizia: "Nós vamos continuar".

Em seu livro, Marcelo ressalta a importância de se falar da trajetória de Eunice como uma mulher que resistiu firmemente à ditadura civil-militar durante os longos anos que se seguiram ao desaparecimento de seu pai. Lutou pela memória dele, mas também aceitou o chamado para resistir em outras frentes de ação política.

Na verdade, todos nós somos, de tempos em tempos, chamados a lutar para que pátrias não sejam soterradas na lama. Para que não sejam engolidas. O sorriso da família Paiva na imagem há de nos lembrar de mostrar os dentes aos que querem nos esmagar, silenciar e oprimir. Aquela imagem sorrindo continua sendo um anúncio hoje: "Nós vamos continuar".

Uma segunda imagem

Há uma segunda imagem interessante na trajetória dela. Uma foto com os colegas do curso de Direito da Universidade Mackenzie, em meados dos anos 1970. Eunice ingressou, em 1973, numa faculdade de Direito ainda em Santos, para onde tinha se mudado com os filhos após o sequestro de Rubens Paiva. Posteriormente, transferiu o curso para o Mackenzie, em São Paulo, onde concluiu o Bacharelado em Direito, aos 47 anos de idade.

Na foto, Eunice está de pé, na lateral da fotografia, junto aos seus colegas de curso, que se abraçam no centro da imagem. Todos são muito mais jovens que ela. Eunice carrega um sorriso leve e está, também, abraçada a uma das colegas. Impossível ver naquela mulher fotografada a dor, o estado de exceção, a perseguição, a prisão, a ausência de notícias. A ditadura não tinha roubado sua dignidade, ainda que tenha marcado sua trajetória com o grande vazio de uma ausência forçada e violenta.

A escolha em fazer uma faculdade de Direito depois de tudo é um ponto de destaque em sua biografia. Já era mãe de cinco filhos, tinha mais de 40 anos e vivia uma viuvez forçada. Estudar pareceu uma tábua de sobrevivência, para ter nas mãos as ferramentas para agir perante a conjuntura. Para cobrar atitudes do poder instituído. Para sobreviver emocional e financeiramente.

Eunice se forma e inicia um caminho consistente na advocacia. Torna-se uma advogada respeitada. Sobre sua carreira, Marcelo Rubens Paiva escreveu no livro *Ainda estou aqui* (2015): "[Minha mãe era] advogada para tudo: batida de carro, contratos, desentendimentos

^ Eunice junto aos colegas do Mackenzie, onde cursou Direito. Crédito: Acervo Família Rubens Paiva, 1970

trabalhistas, problemas com a Receita. Foi minha revisora e contadora, além de advogada de todos os cinco filhos e de uma dezena de primos, amigos e até de amigos de primos e pais de amigos. Divorciou casais amigos, inventariou bens de famílias amigas, foi advogada de fábrica, de empresas e de índios, foi advogada do divórcio do Ronnie Von, que causava furor quando aparecia no escritório".

Para além da memória dos seus

Durante os anos de advocacia, Eunice Paiva se apaixonou pela causa indígena. Para ela, a justiça servia para "proteger os mais fracos", como dizia aos filhos. Passou a se envolver e representar populações indígenas que tinham suas terras indevidamente demarcadas ou expropriadas. Defendia e denunciava as perseguições, muitas vezes sem retorno financeiro.

Eunice combateu a política indigenista do regime até o final da ditadura e, anos depois, já no período democrático, lutou para que a Companhia Vale do Rio Doce indenizasse os índios que tiveram suas terras expropriadas em função da construção de linhas de transporte e barragens.

"No Projeto Carajás, ela exigiu que três milhões de dólares fossem para treze comunidades indígenas afetadas. Em Rondônia, a mesma coisa: o Banco Mundial financiou a rodovia Cuiabá-Porto Velho, que passava por terras indígenas, condicionando a proteção de aldeias. Minha mãe advogou por eles", conta Marcelo. Eunice tornou-se, assim, uma das poucas especialistas em direito indígena do país.

Acabou se tornando advogada do cantor Sting no Brasil, que também se envolveu com a causa indígena e doava o cachê de seus shows para a preservação de comunidades Caiapó.

Em 1987, Mauro Leonel, Carmen Junqueira, Tarcísio Lage, Betty Mindlin e Eunice, entre outros, fundaram o Instituto de Antropologia e Meio Ambiente (IAMA), organização não governamental que atuou até 2001 e foi muito importante para a defesa dos direitos indígenas e para a criação de projetos em educação, saúde, autonomia econômica e política desses povos.

Em outubro de 1983, no jornal *Folha de S.Paulo*, Eunice assina, ao lado de Manuela Carneiro da Cunha, o artigo "Defendam os pataxós". As duas trabalhavam na Comissão Pró-Índio de São Paulo, uma organização não governamental. O artigo foi um marco na luta indigenista brasileira, tendo servido de inspiração para outros movimentos de luta por direitos. Eunice ainda representou o Brasil no Congresso Mundial das Populações Nativas, realizado em Estrasburgo no ano de 1984.

Eunice fichada pelo regime

A ditadura militar estruturou-se a partir do progressivo cerceamento de liberdades. Seguiu a receita clássica dos regimes de exceção: sufocou a cultura e as manifestações. Prendeu e torturou seus opositores. Propagandeou conquistas muitas vezes falsas e perseguiu ferrenhamente seus críticos.

Durante o regime, houve a larga utilização de métodos de espionagem e controle de cidadãos considerados perigosos ou críticos. Eunice foi uma das pessoas mantidas sob vigilância. Documentos do Sistema Nacional de Informações (SNI) tornados públicos em 2013 demonstram que Eunice era monitorada. Uma de suas palestras, datada de 22 de junho de 1979, por exemplo, foi registrada pelo SNI. Consta que Eunice começou a ser monitorada ainda nos idos de 1971, e assim permaneceu até o período das Diretas Já, em 1984.

Regimes de exceção costumam tentar minar o ímpeto de seus cidadãos. A tendência é que, para manter o estado de sítio em funcionamento, empenhem-se em deixar o terreno infértil ao pensamento crítico e ao exercício da denúncia de suas falhas. Regimes de exceção tolhem a coragem, embotam a capacidade de arguir a autoridade e de questionar sua legitimidade.

Eunice, ainda que sob risco constante, foi a jornais, revistas, televisão e reuniões. Não recuou, mesmo sabendo que corria risco de vida. Eunice lutou contra cada determinação que lhe foi imposta. Apelou ao Ministério Público, à Comissão de Direitos Humanos, ao Exército e ao presidente da República. Foram inúmeras denúncias, apelos e cartas.

Eunice, ainda que sob risco constante, foi a jornais, revistas, televisão e reuniões. Não recuou, mesmo sabendo que corria risco de vida. Eunice lutou contra cada determinação que lhe foi imposta.

Em matéria da *Folha de S.Paulo*, publicada em 30 de agosto de 1987, que trata da elaboração de um banco de dados acerca das violações aos direitos humanos cometidas no Brasil entre as décadas de 1960 a 1980, é possível ver o nome de Eunice Paiva como figura essencial na apresentação de denúncias sobre o tema desde os anos 1970.

Para quem sempre viveu num regime democrático, talvez seja difícil entender a dimensão concreta dessa situação de cerceamento. Eunice foi presa, teve seu marido desaparecido e, mesmo com sua integridade física em risco, não se calou.

Sua travessia foi uma longa jornada que começou com uma esperança pulsante de encontrar o marido com vida. Com a passagem do tempo, outras diversas batalhas se fizeram necessárias: a busca pela reabertura do caso, que havia sido arquivado; a luta pela emissão de um atestado de óbito, pela investigação do caso e pela responsabilização dos assassinos de Rubens Paiva, além da procura por seus restos mortais.

Eunice somou-se a outras vítimas e a grupos civis que reivindicavam os direitos dos familiares de desaparecidos, fazendo de sua dor pessoal uma luta pelo direito inalienável à memória, à verdade e à justiça.

A memória é matéria dos vivos

Segundo Chico, neto de Eunice, quando a família se reunia para almoçar na casa da matriarca "ela recebia, cozinhava, enchia a casa de gente, mas também, em determinado momento, mandava todo mundo embora. Ou porque tinha acabado a paciência ou porque tinha outras coisas para fazer. Ela sempre teve isso de ter a vida dela e ser muito independente".

Colegas de trabalho referem-se a Eunice como uma pessoa serena. E sedutora. Betty Mindlin, que trabalhou com Eunice no IAMÁ, conta que os que a conheciam sempre a descreviam como "uma mulher sedutora, com uma feminilidade atraente e original".

Veroca ressalta que Eunice sempre se destacou no meio das mulheres. Costumava, por exemplo, ficar lendo na fazenda que frequentava com a família, em vez de brincar com as crianças, como o restante das mulheres. Eram as tias que animavam a criançada.

Ela lembra que a mãe era uma dona de casa que tinha uma vida pacata e boa, que cuidava dos filhos e tinha tempo de ir à praia, mas que, de uma hora pra outra, precisou cuidar de absolutamente tudo sozinha. Segundo a filha, esse lado independente e lutador da mãe, na verdade, sempre esteve lá. "Essa mulher já existia. Essa Eunice já existia, mas ficou mais evidente depois do desaparecimento do meu pai. Na adolescência, ela brigou com o pai para estudar Letras. Estudou e conseguiu se formar. Brigou com o pai porque queria casar com um homem mais novo. E conseguiu. Ela já tinha uma trajetória de enfrentamento e emancipação, isso sempre foi dela. Isso não foi inventado na adversidade, mas ampliado. Toda essa capacidade dela estava subutilizada, cuidando da casa e das crianças", conta.

Após o desaparecimento de Rubens, Veroca conta que sua mãe tornou-se mais fechada. "Com a dor ela lidava dentro de casa e, mais do que isso, fechada dentro do quarto. Ela ficou menos amorosa do que era, acho que sofreu muito, mas não compartilhava nada com a gente. Aos poucos, foi construindo essa pessoa pública e, dentro de casa, incorporou o lado paterno, provedor, que cuidava de tudo."

Em 1979, seu filho Marcelo sofreu um acidente e ficou paraplégico. Mais um golpe na travessia tortuosa de Eunice. "Com o acidente do meu irmão, os laços da família foram recompostos de certa forma. Cada um estava nessa ordem prática tocando a vida, do jeito que minha mãe tinha ensinado, mas aquilo ali nos uniu de novo. Voltamos a nos beijar, nos abraçar, a compartilhar afeto de modo geral", relembra Veroca.

Apesar da gravidade do acidente, Marcelo foi, aos poucos, rearticulando a própria vida. Voltou a estudar e formou-se na Escola de Comunicações e Artes da Universidade de São Paulo (ECA-USP), tornando-se em seguida um escritor de renome. "A minha mãe achou que ia ter que cuidar do Marcelo pro resto da vida e se assustou. Mas não foi bem isso que aconteceu", diz a filha.

Um capítulo importante: o processo de redemocratização e a Lei 9.140/95

As batalhas empreendidas por Eunice foram, com o passar do tempo, tornando-se cada vez mais coletivas. A luta pela apuração do caso Rubens Paiva tomou uma proporção de luta pela verdade histórica de um período que finalmente apresentava sinais claros de falência. Começava a redemocratização no Brasil.

Eunice engajou-se no movimento das Diretas Já e também foi uma das primeiras críticas à Lei da Anistia, que propunha perdão amplo, geral e irrestrito aos crimes cometidos durante o regime militar, permitindo, de um lado, o retorno de exilados políticos ao país, mas de outro, deixando impunes agentes do Estado que haviam cometido graves violações de direitos humanos: que torturaram, mataram e desapareceram com corpos, entre eles, o de Rubens Paiva.

Em 1988, Eunice foi consultora da Assembleia Nacional Constituinte, que promulgou a Constituição Federal brasileira e sedimentou nosso processo de redemocratização.

Os papéis para além do legalismo jurídico

Pelo atual Código Civil brasileiro, "a personalidade civil da pessoa natural, capacidade de direito ou de gozo, capacidade para ser sujeito de direitos e obrigações no âmbito civil, começa com o nascimento com vida e termina com a morte do indivíduo". Para o direito brasileiro, ou o sujeito está vivo – esteja ele apto ou não para ser agente de seus direitos –, ou está morto. E são três as possibilidades de uma pessoa ser tida como morta: seja pela sua morte natural, seja pela sua ausência definitiva do convívio social ou pela sua morte presumida, declarada por um juiz a partir da indução de certeza.

Dessa forma, há, para o ordenamento jurídico, dois estados possíveis para uma pessoa: estar viva e em pleno domínio de suas capacidades, ou ser declarada morta. Nesse sentido, a situação de desaparecido político deixa, além da tenebrosa ausência da pessoa em seu convívio social e familiar, um imbróglio jurídico para seus familiares: ao não ter nenhum documento que comprove o estado dessa pessoa perante a sociedade, a administração pública, a justiça e a burocracia civil ou estatal, diversos trâmites sucessórios, legais, previdenciários são impedidos de ocorrer. Sem uma declaração, um atestado de óbito, é praticamente impossível gerir direitos *post-mortis*. Aliena-se, fere-se, assim, direitos básicos de qualquer cidadão – e o mesmo ocorre com os de seus familiares.

Entretanto, como proceder quando uma pessoa desaparece quando estava sob custódia do Estado? Quando o crime é cometido dentro de seus aparelhos públicos, pelas mãos de seus funcionários? Como provar que o Estado torturou e assassinou quando as provas do crime estão sob poder do assassino, em seus arquivos? Como declarar mortas pessoas

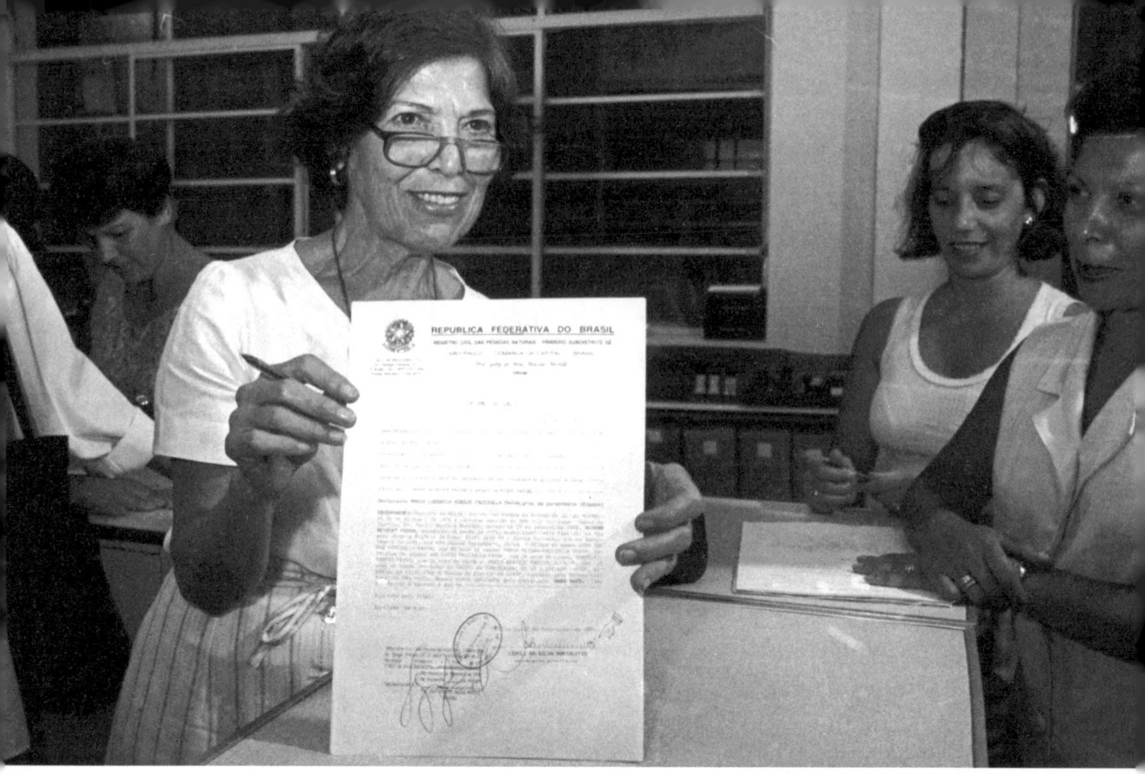

^ "É uma sensação esquisita sentir-se aliviada com uma certidão de óbito", disse Eunice, ao mostrar o atestado emitido 25 anos depois do desaparecimento de Rubens Paiva. Crédito: Sergio Andrade/ Agência O Globo

cujos corpos foram ocultados e nem suas famílias tiveram o direito de enterrá-las? Como garantir seus direitos, se essas pessoas foram brutalmente esmagadas por quem deveria protegê-las?

A militância

Eunice Paiva compôs, por um período, a Comissão Especial sobre Mortos e Desaparecidos Políticos, formada no governo de Fernando Henrique Cardoso, após pressão capitaneada pela própria família Paiva, a partir de texto-denúncia de Marcelo Rubens Paiva na revista *Veja*. Após a repercussão da matéria, José Gregori, ministro da Justiça à época, elaborou a minuta da Lei 9.140/95.

Durante o processo de aprovação da lei, os familiares das vítimas redigiram um documento, onde declaravam: "É direito de toda a sociedade brasileira, e não exclusivamente das famílias, resgatar a verdade histórica. Essa não é uma questão humanitária entre os familiares e o governo – é uma exigência e um direito da sociedade".

A batalha pela lei foi árdua. Ela só foi promulgada após intensos debates públicos em sessões no Congresso Nacional. Era um pedido dos próprios familiares: que a decisão fosse aprovada por lei e não por decreto ou medida provisória – como forma de tornar o próprio processo de elaboração legislativa uma revisão histórica do passado recente.

Marcelo conta que quando a lei foi promulgada, chamaram Eunice para a cerimônia, que ocorreu no Palácio do Planalto. "Ela ficou sentada ao lado do presidente, diante de ministros militares. Ao final, todos se levantaram, abraçaram-se. Fotos. No dia seguinte, vejo na capa dos jornais minha mãe abraçada ao chefe da Casa Militar, general Alberto Cardoso, do Exército brasileiro. É uma das fotos mais importantes do longo e infindável processo de redemocratização brasileira. Tempos de reconhecimento. Um lado sai da trincheira e cumprimenta o outro."

Sobre o abraço, Eunice confidenciou ao filho: "Todos se levantaram, abracei o Fernando Henrique, que estava ao meu lado, virei, tinha um militar, eu não sabia o que fazer, era o general, acabei abraçando-o também".

Foi a partir da promulgação da Lei 9.140/95 que Eunice e a família Paiva puderam, finalmente, pôr termo à completa ausência de resposta de 25 anos do desaparecimento de Rubens Paiva. E não só a família Paiva, mas as diversas pessoas que foram presas, torturadas e perseguidas e outros familiares de mortos e desaparecidos políticos.

O futuro do pretérito

"Quando eu tinha sete anos, entregaram o atestado de óbito para a minha avó. E acho que, até hoje, foi a maior conquista nessa história toda. Já tinha acabado a parte de uma luta mais constante por alguma coisa de fato. Não lembrávamos dessa história e da memória de meu avô em casa com tristeza e sofrimento; falávamos abertamente, sem constrangimento", conta Chico, neto de Eunice.

Para ele, segunda geração da família Facciolla Paiva, apesar de o desaparecimento do avô ter sido uma tragédia, a luta pela memória tornou-se política no seio da família. "Eu vejo como isso pegou na minha mãe, no meu tio e nas minhas tias. Isso os formou como pessoas. Imagine só, ver uma mãe que era uma dondoca, dona de casa do século passado, virar uma advogada batalhadora dos direitos humanos, das causas indígenas e tudo mais? Isso formou eles."

Chico conta que toda a trajetória de luta de Eunice marcou profundamente a família, afetada e transformada pelos fatos que viveram. Para ele, a questão foi "resolvida" na família. Tudo é discutido abertamente. "Quando eu digo que está resolvido, é porque está resolvido de certa forma, como sofrimento, no pessoal, porque enquanto crime cometido pelo Estado não está nem resolvido nem esclarecido de fato."

Eunice Paiva faleceu no dia 13 de dezembro de 2018, marco dos cinquenta anos do AI-5. Tinha 89 anos e lutava contra o Alzheimer em estágio avançado. Segundo a família, foi um sofrimento para ela assumir que precisava de ajuda, sentimento compartilhado por todos à sua volta. Como aquela mulher tão independente e forte, que sempre deu conta de tudo sozinha, teria que ser agora cuidada?

Eunice foi mais uma que se foi sem poder enterrar o marido. Até hoje não se sabe do paradeiro do corpo de seu companheiro e pai de seus filhos. Mas Eunice lutou até o fim. A pergunta "Cadê Rubens Paiva?" ecoa agora em nossa democracia mambembe, atualizada para a era digital na forma de *hashtag* com o nome de um ajudante de pedreiro, torturado, morto e desaparecido pela polícia "pacificadora" em 2013: #CadêoAmarildo?. O mesmo Estado continua praticando os mesmos crimes. Talvez por nunca ter olhado com afinco para a própria história.

Uma mulher, tantas mulheres

Uma mulher mergulha o rosto no mar. Sente o gosto do sal da água, sente seu corpo relaxado como nunca antes. Uma mulher afunda seu corpo inteiro no mar. Seu corpo é líquido também. Sente seus ossos aprendendo a navegar. No mar, na imensidão do mar, não há cela, não há prisão. O gosto de sal inunda seu corpo de mulher. Ainda que ela chorasse, ninguém perceberia. Mas ela não chorava. Essa mulher não chorou nesse dia. Nem nos outros. E disse a seus filhos que não chorassem na frente das câmeras.

Antonio Callado relembra, em crônica publicada na *Folha de S.Paulo* em agosto de 1995, de uma vez na qual avistou Eunice. Ela, segundo ele, saía do mar linda, magérrima, molhada de água salgada. Tinha saído da prisão e recebia a notícia, pelo ministro da Justiça, que seu marido voltaria para casa em dois dias. Callado se lembra dessa mulher com um sorriso no rosto de quem pôde finalmente acreditar que tudo ficaria bem novamente. Não foi o que aconteceu. Mas ela seguiu. E seu rosto só seria molhado com o sal do mar. A luta exigia muita força para seguir, e não havia tempo para chorar.

Para Marcelo, ela não viveu à sombra de Rubens Paiva, "não incorporou o papel da viúva". No dia em que receberam o atestado de óbito, ela o ergueu para a imprensa, e foi naquele momento que ele descobriu: "ali estava a verdadeira heroína da família; era sobre ela que nós, escritores, deveríamos escrever". ■

Crédito: Arquivo pessoal

PAULA SACCHETTA

É documentarista. Dirigiu os documentários *Precisamos falar do assédio* e *Verdade 12.528*. Formada em jornalismo pela ECA-USP, cobriu as primeiras eleições presidenciais egípcias, no Cairo, para a TV Folha. Já fez webdocumentários para o canal AJ+, da Al Jazeera, e para o jornal inglês *The Guardian*. Lançou em 2014 *Quanto mais presos, maior o lucro* e codirigiu, em 2017, a série de TV *Famílias*. Dirigiu a série de TV *Eu, preso*, sobre o sistema carcerário brasileiro, lançada em agosto de 2019 no canal Curta! e é colaboradora da Hysteria, plataforma de conteúdos audiovisuais dirigidos por mulheres da Conspiração Filmes.

Crédito: Arquivo pessoal

EGLE VANNUCCHI LEME

A verdade um dia viria à tona

Fernanda Ikedo

Serenidade no olhar e doçura na fala. Egle Maria Vannucchi Leme processou a dor mais profunda, a perda de um filho, para se manter ativa na luta pela verdade, memória e justiça. Uma mãe que teve que se reinventar para seguir cuidando dos outros cinco filhos. Após a avassaladora crueldade que atingiu a família, com o assassinato de seu primogênito, Alexandre Vannucchi Leme, em 1973, Egle não poupou esforços para desmascarar a ditadura e seus vergonhosos partidários.

Alexandre cursava o quarto ano de Geologia na Universidade de São Paulo (USP) quando foi sequestrado, torturado e morto nas dependências do Destacamento de Operações de Informação – Centro de Operações de Defesa Interna (DOI-CODI) de São Paulo, vinculado ao II Exército. Seu corpo não foi devolvido à família, tendo sido enterrado como desconhecido no Cemitério Dom Bosco, no distrito de Perus, em São Paulo, o que só foi descoberto dez anos depois. Minhoca, como era conhecido, era militante da Ação Libertadora Nacional (ALN) e promovia atividades culturais contra a repressão, a censura e os projetos faraônicos dos generais, como a construção da Rodovia Transamazônica. Era um estudante que nutria os melhores ideais para uma sociedade mais justa.

Em 2008, dona Egle me concedeu uma entrevista para o documentário que fiz sobre Alexandre, *Porque lutamos!* (2009). Sentada na cadeira de balanço em sua casa em Sorocaba, interior de São Paulo – o porta-retrato dele ao lado, sob um abajur –, ela relatou como sua vida havia sido totalmente devastada. Arrancaram-lhe o sonho de ver o filho formado, de volta à cidade natal, mesmo que fosse só aos finais de semana.

Apesar da dor, ela não perdeu a ternura. "Quando eu estava com a tia Egle, em qualquer circunstância, [assim como] quando estive com dona Elzita [Santa Cruz], quando estive com Eunice Paiva, sempre surgia uma figura forte, serena, apesar da morte de um filho sob tortura", conta o jornalista e ex-ministro dos Direitos Humanos no Brasil, Paulo Vannuchi (com um "c" a menos que o sobrenome do primo Alexandre), que também foi preso e torturado pela ditadura. Ele cita a Pietà, escultura de Michelangelo, que representa Jesus morto nos braços da mãe. "Jesus, pelo menos, teve a possibilidade de ter seu corpo acolhido pelos braços de Maria. Mas o direito de reproduzir essa cena foi negado a tantas mães brasileiras e de outros países. Tia Egle passou por essa dor sem perder a serenidade."

Paulo se recorda do tempo de criança, quando passava as férias na casa de Sorocaba. "O dia inteiro ali, fazendo farra, bagunça... E a serenidade da tia Egle. Eu me lembro bem dos cuidados com as crianças depois do trabalho. Alexandre era o mais velho, tinha a Regina, a Miriam, a Cristina, a Beatriz e o Zé Augusto. [...] Foi uma infância muito viva, muito rica."

Beatriz Vannucchi, que tinha apenas 10 anos quando Alexandre foi morto e só conseguia dormir com um radinho colado ao ouvido para não escutar os gritos que dizia ouvir, se lembra da casa sempre cheia de parentes.

Beatriz Vannucchi, que tinha apenas 10 anos quando Alexandre foi morto e só conseguia dormir com um radinho colado ao ouvido para não escutar os gritos que dizia ouvir, se lembra da casa sempre cheia de parentes. Para eles, o local se manteve como uma referência mesmo após a morte de Alexandre. "A casa dos meus pais sempre foi o 'ponto de encontro' da família Vannucchi. Mamãe e papai se esmeravam nos almoços e festas. Era uma tia muito querida pelos sobrinhos e sobrinhas. Uma delas a apelidou de 'tia Legre', pois recebia a todos sempre sorrindo."

Quando Alexandre passou no vestibular e estava prestes a se mudar para São Paulo, perguntou o que ela queria que ele trouxesse de lá: "Um conjunto de colher e garfinho cor-de-rosa", respondeu. A irmã se lembra de Minhoca com o cabelo encaracolado, sempre com um sorriso no rosto e dando apelidos para todo mundo. O dela era "Betoca". Ao separar a última foto dele com a família, ela conta que era Natal e ele apareceu com uma namorada, a Lisete. "Eu, ainda criança, tentava atrapalhar os dois", lembra o sentimento de irmã caçula e ciumenta.

Beatriz não sabe de onde a mãe conseguia tirar "tanta força para continuar a vida, continuar criando os filhos menores, ajudando (e muito) a cuidar dos netos – e tudo isso com a incessante batalha para fazer justiça". A entrevista ocorreu no início da tarde de uma segunda-feira de agosto de 2019, quando a capital paulista e cidades do interior viram o dia virar noite, devido às cinzas das queimadas na Amazônia, com focos simultâneos em mais de 150 locais. Mas a lembrança da figura doce, do sorriso fácil, do carinho e da generosidade de Egle impulsionam forças para qualquer mau tempo.

As irmãs, as freiras Edwirges e Maria Luiza (Marilu) reforçam que ela sempre foi muito amorosa. "Além da tristeza observada, por conta do sofrimento terrível, ela tinha uma reserva dentro dela, aquela jovem alegre, comunicativa, generosa. Ela conseguiu ressuscitar essa jovem nesse momento", diz Marilu.

Ela era a sexta dos 13 filhos de Elvira e José. "Lembro da Egle como aquela irmã que cuidava da gente, que era o braço direito da mamãe. Aquela irmã do meio que era pau pra toda a obra. Aliás, a Egle era a fisicamente mais bonita, tinha uma ótima voz, quase uma soprano, e cantava no coro da igreja da Catedral. Ela era a que mais tinha habilidades manuais, dominava agulha, tricô...", conta Maria Luiza, com uma entonação de voz suave e doce, que faz muito lembrar a dona Egle, sentada ela também em sua cadeira de balanço.

Ela sabia cultivar amizades. Tinha muitas amigas e eram muito alegres. A irmã, dez anos mais nova, lembra de Egle mandá-la ir buscar o caderno de música na casa de uma das amigas. "Eram letras de grandes boleros. Ela cantava tão bem que tinha uma vizinha que até parava o que estava fazendo para ouvi-la."

Alexandre tinha bem a quem puxar. Na juventude, Egle era uma devoradora de livros – livros bons, como se recorda Edwirges. Eram romances, livros de formação humana e cristã, entre outros. Ela refletia sobre o que lia e transmitia para as irmãs. Contava com muita precisão, realmente saboreava a leitura. Também amava cinema: sempre que podia, não perdia uma sessão. "Tinha uma cabeça aberta. Filmes, livros... não era qualquer um não. Diríamos hoje que a Egle, apesar de não ter tido nenhuma militância em algumas dimensões da vida, durante a juventude, tinha uma cabeça muito aberta. Eu diria hoje, na linha cristã, que ela seria da Teologia da Libertação", rememora Edwirges.

A preocupação de mãe despertava em Egle terríveis presságios sobre a situação política do país. Ela alertava o filho, por quem tinha uma preocupação muito grande: "Toma cuidado, Alexandre", sem imaginar o quanto ele já estava envolvido nas ações contra a ditadura. Tempos depois, ela mesma disse que Alexandre sempre tentava protege-la. Às vezes ele começava a falar alguma coisa, mas ao ver que ela se angustiava muito, acabava dizendo: "não é nada não, mãe", contou Egle na entrevista para o documentário.

Já com a tia Edwirges, ele pôde ir um pouco além. Ela era a única que sabia da militância do sobrinho contra a ditadura. Edwirges já morava em São Paulo quando o golpe de Estado foi dado em 1º de abril de 1964. "Eu sabia de tudo. Alexandre ia todo mês à minha casa. Eu morava na rua Verguciro e, como eu viajava demais, acertávamos nossas datas. Ele levava muitos materiais, e eu era multiplicadora, espalhava esses materiais. Depois ia quase todo sábado nos presídios visitar os outros, estava situadíssima. Ele me contava tudo."

A verdade sempre será revelada

A peregrinação de Egle Vannucchi ao lado de seu esposo, José de Oliveira Leme, em busca do filho se iniciou em 20 de março de 1973, logo após um telefonema anônimo indicando que Alexandre teria sido preso. O pai partiu imediatamente para São Paulo, com a intenção de libertá-lo. Esperava encontrá-lo vivo, é claro; não poderia imaginar tamanha truculência. Voltou a Sorocaba sem qualquer informação de seu paradeiro para além da tenebrosa afirmação ouvida pessoalmente do delegado do Departamento de Ordem Política e Social (DOPS), Sérgio Paranhos Fleury: agora ele deveria cuidar de seus outros filhos "porque esse já era".

Conforme confirmado pela Comissão Nacional da Verdade em seu *Relatório Final* (2014), Alexandre fora visto pela última vez na USP, em 15 de março de 1973. Foi preso por agentes do DOI-CODI/SP no dia 16, por volta das 11 horas da manhã, tendo sido assassinado no dia seguinte, após bárbaras torturas. Não demorou a forjarem uma versão acidental: morte por atropelamento após tentativa de fuga. Os pais souberam pelos jornais – a notícia foi amplamente divulgada por veículos como *O Estado de S. Paulo* e *Folha da Tarde* no dia 23 de março. No entanto, nenhuma notícia do corpo. Ali começava um longo capítulo de buscas, que durou dez anos.

Ninguém acreditava na versão oficial da morte de Alexandre. Um dos primeiros protestos contra a farsa partiu do bispo de Sorocaba, dom José Melhado Gomes, que acusou a polícia de ter torturado e matado o rapaz, denúncia posteriormente endossada pelo do Conselho Presbítero da Arquidiocese de Sorocaba.

Centenas de acadêmicos e estudantes da USP se recusaram a voltar às aulas até os esclarecimentos dos fatos. Uma comissão foi montada para denunciar as inconsistências em torno do assassinato. Em nota, o Centro Acadêmico XI de Agosto da Faculdade de Direito explicava que, na data em que os órgãos de repressão acusavam a participação de Alexandre em "ato terrorista", ele estava se recuperando de uma cirurgia de apendicite em sua cidade natal.

A comoção foi geral. Em pleno ápice da repressão, cinco mil pessoas se reuniram na Catedral da Sé, no centro de São Paulo, no dia 30 de março de 1973. Apesar de todo o aparato policial que cercava a igreja e a praça, conforme depoimento de dona Egle ao documentário *Porque lutamos!* (2009), o Arcebispo de São Paulo, dom Paulo Evaristo Arns, conseguiu realizar a missa em homenagem ao estudante. "A voz do sangue do teu irmão clama da terra por mim? Se a vida é dom de Deus, a dignidade é a lembrança mais visível do homem na terra. Os homens podem estar nus, mas têm dignidade", clamava. Ao saírem da catedral, os estudantes entoaram a agora já clássica

A comoção foi geral. Em pleno ápice da repressão, cinco mil pessoas se reuniram na Catedral da Sé, no centro de São Paulo, no dia 30 de março de 1973.

canção de Geraldo Vandré: "Vem, vamos embora / Que esperar não é saber / Quem sabe faz a hora / Não espera acontecer / [...] / Os amores na mente / As flores no chão / A certeza na frente / A história na mão".

Egle nunca se conformou com a falta de respostas. Toda a farsa montada pelo aparato da ditadura civil-militar não a fez desistir de restituir a verdade. Ela cobrava o direito de saber quem foram os assassinos e os mandantes – para além do comandante do DOI-CODI, Carlos Alberto Brilhante Ustra, cujo envolvimento já era conhecido de todos. Indagava, sobretudo, para onde seu corpo havia sido levado.

A notícia da morte de Alexandre, naquele turbulento e doloroso período do país, fez pesar uma mudança no comportamento de amigos próximos. A desinformação, as ameaças da repressão, a censura e as incertezas sobre o futuro, aos poucos, fizeram rarear o coro dos inconformados. Ela não culpava os que se afastaram, diz a filha Beatriz. Com ou sem eles, ela sempre soube que a verdade, um dia, viria à tona. E não se cansou de buscá-la.

No dia 20 de abril, um mês após a morte de Alexandre, Egle enviou uma carta ao Papa Paulo VI, que inicia assim:

> QUEM VOS ESCREVE É UMA MULHER DO POVO A QUEM LHE MATARAM O PRIMOGÊNITO [...] Ajoelhada aos pés de Vossa Santidade, chorando, abro-lhe meu coração dilacerado de dor. Diante de Vós, Representante de Cristo na Terra, uma pobre mãe ousa dizer-vos que sofre hoje como Maria Santíssima, vendo o martírio de seu Filho. Maria, porém, pôde acompanhá-lo até o último alento. Pôde banhar de amor e lágrimas o Corpo exangue de seu Divino Filho, que fora preso, julgado, torturado e morto. Enquanto se comemora o 25º aniversário da Declaração Universal dos Direitos Humanos e o 10º aniversário da "Pacem in Terris"; enquanto os Bispos do Brasil acabam de se comprometer publicamente, em Assembleia Plenária, a denunciar todos os desrespeitos aos Direitos Humanos no país; enquanto se fala em "Campanha da Fraternidade", dentro da Quaresma, nestes mesmos dias, um jovem universitário, de 22 anos, meu filho, Alexandre, todo ideal e doação, foi sumariamente assassinado pelos órgãos de repressão do Governo, justamente por lutar pela vigência dos Direitos Humanos no Brasil e por se colocar ao lado da Justiça e da Liberdade.

^ Egle Vannucchi concede entrevista sobre o assassinato de seu filho Alexandre Vannucchi Leme.
Crédito: Epitácio Pessoa/*O Estado de S. Paulo*, 2006

Foi um desabafo diante da dor dilacerante dos crimes cometidos: tortura, morte, ocultação do corpo. Imprescritíveis. Mais que isso, foi um clamor por justiça e paz. Egle apelava à Igreja por uma atenção maior para a situação desumana em que se encontrava o Brasil, promovida pelos governos militares.

Ela leu a carta durante o ato público do Dia Nacional de Protesto, na Faculdade de Medicina da USP, em 28 de março de 1978. Entre os compromissos assumidos nessa manifestação estavam: a luta pela defesa dos estudantes indiciados na Lei de Segurança Nacional, a luta pela constituição do Comitê Paulista Pela Anistia, com o apoio de outros setores da população, a luta pela anistia ampla, geral e irrestrita e a luta pelas liberdades democráticas.

Enquanto escrevia, não tinha certeza de que suas palavras chegariam às mãos do destinatário. Ainda assim prosseguiu. Três meses depois, dom Paulo recebeu uma carta do Cardeal Villot, de 16 de junho, acusando o recebimento da carta de dona Egle e pedindo a dom Paulo que fizesse chegar à signatária uma palavra de alento, com a confortadora bênção apostólica.

Apesar de esperar mais do que palavras de alento – talvez uma reprovação mais efetiva por parte da Igreja sobre os abusos do governo brasileiro –, carta e resposta repercutiram no meio universitário, sendo reiteradamente lidas por vários ativistas de direitos humanos.

Ainda que tardia

Em 1975, um documento assinado por 35 presos políticos do presídio Tiradentes, em São Paulo, trazia testemunhos de mortes em consequência da tortura. Depois de relatar com detalhes a tortura e a morte de Alexandre nas dependências do DOI-CODI paulista, o documento concluía que "Dias depois, os torturadores exibiam a esses presos políticos um jornal que noticiava a morte de Alexandre, 'atropelado por um caminhão' no bairro Brás". Segundo os militantes presos, o torturador Lourival Gaeta, de codinome "Mangabeira", disse: "Nós damos a versão que queremos".

A contragosto da ditadura, contudo, a verdade já começava a aparecer, embora pela metade. Ainda faltava descobrir o paradeiro do corpo. Foi somente em 1983, já no final do comando dos generais, que a família conseguiu localizar os restos mortais de Alexandre, enterrado como desconhecido numa sepultura individual no Cemitério Dom Bosco, em Perus.

"Meu pai foi inúmeras vezes ao cemitério. Foi chantageado, ameaçado, tratado com desdém [...]. A partir de anotações mínimas de lá, de informações desencontradas e outras dadas 'meio sem querer', foi que conseguiu encontrar o local exato. Contou com o empenho dos advogados Mário Simas, José Carlos Dias e Luiz Eduardo Greenhalgh. Isso em 1983, muito antes da vala que foi localizada em 1990", ressalta Beatriz. No início dos anos 1990, uma vala clandestina contendo mais de mil ossadas do período da ditadura militar foi revelada no mesmo cemitério, algumas das quais hoje comprovadamente pertencentes a desaparecidos políticos.

A identificação foi possível graças à comparação da arcada dentária exumada a um molde feito por um dentista da família. A análise odontológica, ao lado de outros métodos, é uma importante ferramenta forense utilizada na identificação de pessoas até hoje. Beatriz tinha 15 anos quando recebeu a ligação do dentista confirmando o laudo odontológico: os dentes eram mesmo de Alexandre. Enfim o sepultamento poderia ser feito; o luto, concluído.

A identificação foi possível graças à comparação da arcada dentária exumada a um molde feito por um dentista da família.

Começaram os preparativos para as homenagens, que ocorreram entre os dias 25 e 26 de março de 1983. Primeiro, a vigília junto à urna de Alexandre, no salão nobre da Escola Municipal Getúlio Vargas, em Sorocaba, onde ele estudara. No dia seguinte, uma homenagem na praça que recebe seu nome, antes de transportarem a urna para o jazigo da família no Cemitério da Saudade, o mais antigo da cidade. O ato em Sorocaba foi precedido de uma cerimônia em São Paulo, que também marcou o retorno ao Brasil dos restos mortais de Frei Tito de Alencar Lima, frei dominicano barbaramente torturado durante a ditadura e que se suicidou na França, anos depois.

Em 2013, quarenta anos após a morte de Alexandre, a família do estudante finalmente conquistou o reconhecimento da responsabilidade pelo assassinato por parte do Governo Federal. Um novo atestado de óbito foi entregue à família. Por último, no final dos trabalhos da Comissão Nacional da Verdade, em dezembro de 2014, o Estado brasileiro reconheceu a culpa dos agentes da repressão pelas mentiras contadas a seu José. "O relatório saiu em dezembro de 2014, e ele morreu um mês antes, sem ter recebido essa satisfação devida. Isso nos entristece muito", lamenta Beatriz.

A verdade prevalecia afinal, ainda que tardia.

A vida tem que seguir

De família tradicionalmente católica, Egle continuou indo às missas aos domingos. "Íamos numa paróquia que era mais progressista na cidade, e não tínhamos problemas", recorda Beatriz. Ela era uma mulher muito bonita, tinha dez irmãos. Todos professores, sendo um padre e três freiras. Ela também era professora primária.

Em um ato em Brasília, em 2010, ela revisitou sua vida: "Como toda pessoa humana, tenho também a minha história. Começa repleta de sonhos, esperanças e fé; muita luta e muitos trabalhos para criar e educar, juntamente com meu marido [José Leme], nossos seis filhos". Mas a ditadura os interrompeu.

Lado a lado com o penoso drama por memória, verdade e justiça, ela e o marido faziam de tudo para estar presentes na vida dos outros cinco filhos. Professor aposentado, José comprou um sítio, onde cultivava os dias com a família, alimentando-se da força e da coragem da esposa. Em uma das poucas fotos no sítio, Egle está vestida de preto. Sorrindo, mas de preto – a cor com que se vestiu por muitos anos. Um luto interminável.

Beatriz lamenta que Alexandre não tenha podido aproveitar o sítio. Logo ele, que gostava tanto de cuidar da terra, do contato com a natureza – tanto que escolheu cursar Geologia. Durante essas recordações dolorosas, Beatriz se emociona e se levanta do sofá da sala para ir até a cozinha buscar um copo d'água. O quadro na parede, acima do sofá, se agiganta. Uma paisagem tranquila, com tons suaves, pintada por dona Egle, assim como as demais telas que decoram o apartamento no Butantã, em São Paulo. Mas o quadro que ficou mais conhecido é o

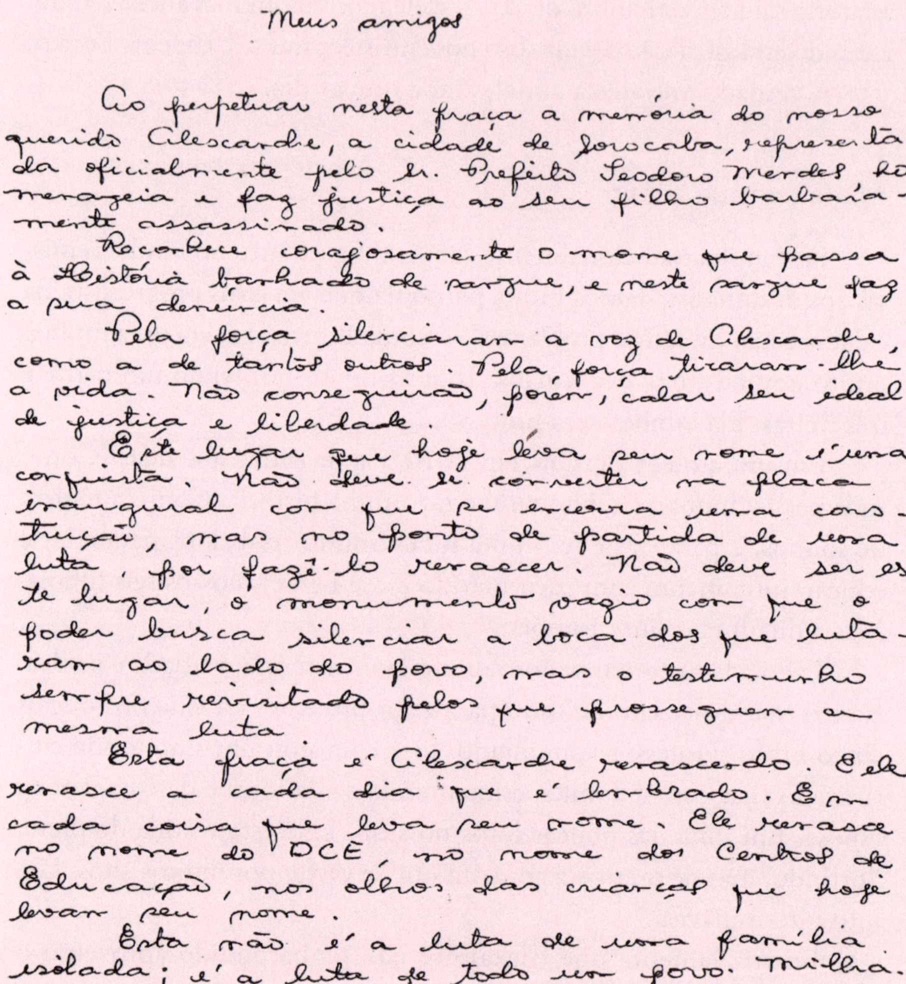
Meus amigos

Ao perpetuar nesta praça a memória do nosso querido Alexandre, a cidade de Sorocaba, representada oficialmente pelo Sr. Prefeito Teodoro Mendes, homenageia e faz justiça ao seu filho barbaramente assassinado.

Reconhece corajosamente o nome que passa à História banhado de sangue, e neste sangue faz a sua denúncia.

Pela força silenciaram a voz de Alexandre, como a de tantos outros. Pela força tiraram-lhe a vida. Não conseguirão, porém, calar seu ideal de justiça e liberdade.

Este lugar que hoje leva seu nome é uma conquista. Não deve se converter na placa inaugural com que se encerra uma construção, mas no ponto de partida de uma luta, por fazê-lo renascer. Não deve ser este lugar, o monumento vazio com que o poder busca silenciar a boca dos que lutaram ao lado do povo, mas o testemunho sempre revisitado pelos que prosseguem a mesma luta.

Esta praça é Alexandre renascendo. Ele renasce a cada dia que é lembrado. Em cada coisa que leva seu nome. Ele renasce no nome do DCE, no nome dos Centros de Educação, nos olhos das crianças que hoje levam seu nome.

Esta não é a luta de uma família isolada; é a luta de todo um povo. Milhares de famílias, neste país, viveram e vive

^ Manuscrito do discurso de Egle no ato de inauguração da Praça Alexandre Vannucchi Leme em outubro de 1978, em Sorocaba (SP). Crédito: Arquivo pessoal

retrato de Alexandre pintado por um amigo da família, Mário Matos, no qual ele aparece usando óculos grandes no rosto jovem de recém-chegado à universidade. Cabelo preto, partido de lado.

Beatriz se recorda de que pintar, tricotar e costurar eram atividades que distraíam dona Egle. "Filhos, filhas, netas, netos, genros e nora, todo mundo foi presenteado com peças de tricô." A resiliência de Egle era assim: se fazia sentir nos sinais de afeto e nas pequenas coisas. O quarto de Alexandre foi praticamente mantido como ele o deixara, a prateleira repleta de livros e pastas com artigos sobre ciência, os boletins escolares. Nas noites, ela se recordava dele ainda criança, quando contava histórias para que o menino dormisse. O quarto se manteve, ganhou a cama do irmão José Augusto e alguns outros móveis. E assim permaneceu até 2014, quando dona Egle e o marido se mudaram da rua Amazonas para a casa da filha Maria Regina, na mesma cidade.

Para a família, o quarto de Alexandre era um respeito à memória, não um santuário intocado. Mas a lembrança de Alexandre estava por toda a casa, nos livros, nos discos, na mesa de pingue-pongue – não só no quarto. Não só na casa, aliás. Não só no coração da família, tampouco. Dona Egle já havia tratado de espalhá-la pela cidade, pelo país, pelo mundo. Era por meio dela que ele se fazia vivo.

A parte pelo todo

Pela força silenciaram a voz de Alexandre, como a de tantos outros. Pela força, tiraram-lhe a vida. Não conseguirão, porém, calar seu ideal de justiça e liberdade.

Trecho de discurso de dona Egle no dia da inauguração da Praça Alexandre Vannucchi Leme, em outubro de 1978, em Sorocaba

A trajetória de Egle inspira e motiva a luta por justiça, mesmo depois de sua morte, aos 93 anos, em fevereiro de 2019. Na ocasião de seu falecimento, cinco anos após a partida do marido, o ex-preso político Ivan Seixas publicou um depoimento em uma rede social que dizia o seguinte:

> Tive a honra de conhecer e atuar com Dona Egle em várias ocasiões. A mais marcante para mim foi quando fomos (eu, Dona Egle e Rosalina Santa Cruz) falar para a bancada do antigo MDB, defendendo a criação da CPI das torturas, em plena ditadura militar, antes da Anistia e com os Doi-Codis ainda funcionando. Era o ano de 1978.
> Essa mulher extraordinária falou emocionada do assassinato de seu filho para deputados e deputadas que não tinham, em sua maioria, a mínima ideia do que ela falava. Quando ela falou do telefonema que seu outro filho recebeu anunciando a prisão de Alexandre: 'Meu filho disse: mãe, telefonaram dizendo que o Lê foi preso', eu e Rosalina desabamos a chorar.
> Aquela mulher não era uma militante, que deveria estar pronta para enfrentar o inimigo, mas tinha mais força do que várias centenas de militantes calejados. Falou firme e serena como só as pessoas grandes sabem fazer, e mostrou para aquele público como se enfrenta uma ditadura: sem medo e com ousadia.
> Dona Egle Vannucchi Leme é uma das grandes personagens e uma de nossas heroínas maiores.

Egle não apenas lutou pela verdade em memória ao filho, mas pela justiça e pela democracia. "Envolvida por dor tão grande e tão grande injustiça, quero deixar claro que não desanimarei jamais. Minha fé de cristã convicta cresceu, e minha consciência de brasileira pisoteada agigantou-se. Hoje, eu tenho certeza absoluta de que a minha causa é uma causa nacional", disse no Clube de Imprensa de Brasília, em 10 de dezembro de 1978, na comemoração do 30º aniversário da Declaração Universal de Direitos Humanos, cinco anos após a morte de Alexandre.

Com delicadeza e prontidão, ela sempre teve disposição para falar com estudantes, políticos ou com qualquer público que a chamasse em apoio a memória, verdade e justiça. Em toda oportunidade que teve, reiterou sua luta para exigir a verdade sobre a morte do filho, ciente de que não se tratava do pleito de apenas uma família isolada, mas de um povo.

"É parte da luta geral contra as circunstâncias que geraram a morte de Alexandre e de tantos outros", afirmou na inauguração da praça em Sorocaba que leva o nome de Alexandre, no dia 7 de outubro de 1978.

^ Egle e José de Oliveira Leme só conseguiram enterrar o filho dez anos depois de seu assassinato. Na fotografia, o casal diante do retrato de Alexandre feito por Mario Mattos. Crédito: Epitácio Pessoa/ *O Estado de S. Paulo*, 2006

E prosseguiu, afirmando que somente quando se esclarecesse que "o governo é o responsável pela tortura e morte de Alexandre, a democracia autêntica estará mais próxima deste país". Triste profecia.

Repetiu o questionamento que fazia sempre que tinha a chance, sobre a cínica versão que acusava Alexandre de terrorista atropelado ao fugir. "Por que não avisaram a família do atropelamento? Por que não foi entregue o corpo? Por que a família só soube do ocorrido através dos jornais? Por que enterrá-lo às pressas, como desconhecido e indigente, se foi a autoridade pública quem forneceu à imprensa o retrato recente de Alexandre e sua filiação correta? Por que impedir, por todos os meios, a exumação do cadáver?" Mesmo diante do horror de seu desaparecimento forçado – até então não desvendado –, o que mais a perturbava era saber o que fizeram do filho vivo: "Com que direito? Por que tanta selvageria? E como explicar a impunidade dos responsáveis?".

O discurso foi publicado no *Jornal Movimento* e no *Jornal do Brasil*, que ainda trouxeram trechos nos quais ela se orgulha "do ideal de

Alexandre de lutar para que o povo brasileiro fosse dono de seu próprio destino, libertando-se de sua condição de subdesenvolvido e explorado".

Entre os presentes na inauguração da praça, estava o jornalista Fernando Morais, que havia ido a Cuba e trazia uma mensagem do escritor colombiano Gabriel García Márquez à dona Egle, que comovia e comove ainda hoje:

> [...] saibam que vocês não estão sozinhos nessa luta. Na Nicarágua ensanguentada por Somoza, no Chile ensanguentado por Pinochet, em toda nossa América ensanguentada por tantos repressores, estará sempre a voz de um Alexandre Vannucchi Leme clamando pela liberdade e pela democracia [...].

A força dela se intensificou ainda mais após 1978, quando a censura começou a baixar. Em seus discursos, ressaltava a formação humana e cristã de Alexandre, como que para enaltecê-lo ainda mais. Reafirmava sua consciência crítica, de quem não se conformava com a situação política brasileira. Falava da generosidade expressa cotidianamente. Em um dos depoimentos, Egle disse: "Quando diziam que o povo brasileiro era conformista, ele [Alexandre] refutava: 'Este povo, sem doença e alimentado, produziria como os outros. O problema é que o povo não tem condições'".

Ela participou do Comitê Brasileiro de Anistia desde sua criação, em 1978, o que a fez visitar deputados em Brasília, ao lado de outras mães, esposas e demais familiares de perseguidos, torturados e mortos. Também esteve presente nas articulações em torno da aprovação da Lei 9.140/95, que ficou conhecida como a lei dos Mortos e Desaparecidos Políticos, junto com o movimento de familiares.

Também contribuiu com pesquisas sobre a repressão política no Brasil, concedendo entrevistas, documentos para pesquisadores de várias partes do país e do exterior, como para as universidades de Harvard e de Cambridge. Em março de 1995, o professor assistente de Política da América Latina dessa universidade norte-americana, Anthony Pereira, a agradece em carta pelo envio de documentos sobre o caso de Alexandre.

As ações corajosas da professora primária foram fundamentais para provar a culpa do governo autoritário na morte de seu filho, que hoje dá nome ao Diretório Central dos Estudantes (DCE) da USP, a uma praça em Sorocaba e outra em São Paulo, no Campo Limpo, e a escolas de Guaianazes, na Zona Leste de São Paulo, Campinas e Ibiúna, interior do estado.

"Uma das forças que mantêm a gente é esperar que um dia a justiça seja feita. Ver o nome do nosso filho reabilitado, ver toda essa situação melhorar. [...] Será uma felicidade muito grande o dia em que a gente puder respirar a liberdade. O dia em que houver mudança total, radical, de regime, mas não de um regime totalitário para outro, mas uma democracia. Não relativa, não relativa, *democracia*. Acho que daí vale a pena a gente viver, continuar lutando", diz em depoimento aos jornalistas Teodomiro Braga e Paulo Barbosa, em panfleto publicado pela Edição S.A – Editora de Livros, Jornais e revistas.

Esta foi Egle Maria Vannucchi Leme – a mulher que resistiu a tantos desmandos e se soergueu na luta. Qualquer perda de ente querido abala. Mas abala ainda mais uma mãe que sentiu no ventre os primeiros movimentos do filho. Abala mais ainda quando se pensa que esse filho lhe foi retirado por meio de tortura. Quando seu corpo nunca foi devolvido – ao contrário, foi ocultado. Mas não o suficiente para calá-la.

Sua história é um convite para pensar uma sociedade mais justa, mais igualitária e, portanto, mais humana. Como sonhava Alexandre. Como sonhamos, todos nós, com um Brasil final e inteiramente democrático. ■

Crédito: Foguinho

FERNANDA IKEDO

É jornalista. Autora do livro-reportagem *Ditadura e repressão em Sorocaba: histórias de quem resistiu e sobreviveu* (2003), do documentário *Porque lutamos! Resistência à ditadura militar* (2009), sobre a trajetória de Alexandre Vannucchi Leme, e uma das organizadoras do livro *Trabalhar e adoecer na agroindústria: da reabilitação profissional à construção da Norma Regulamentadora dos Frigoríficos* (2014). Atualmente, é diretora de redação do Sindicato dos Metalúrgicos de Sorocaba e Região (SMetal) e atua também no coletivo Jornalistas Livres. Atua principalmente nos seguintes temas: ditadura civil-militar, direitos humanos, memória e mundo do trabalho.

Crédito: Arquivo pessoal

ELZITA SANTA CRUZ

Mais de cem anos de coragem

Silvia Bessa

Coluna sem mínima curva, numa postura-resumo de uma vida, naquela noite ela esperava entender, aos 98 anos, a razão do jantar solene organizado pelos filhos que lhe restavam. Olinda, 2012. Estão todos em um semicírculo, numa sala frente à praia, onde a união dos Santa Cruz mais uma vez se reafirma, sobretudo depois daquele 1º de abril de 1964. Dona Elzita ouviu o que havia a ser dito para abrir o seu questionamento autocrítico: "Quem disse que Fernando teve o corpo incinerado? Um delegado? Um torturador? Têm provas disso? Não?", levantou-se. "Vamos jantar."

Fez sumir naquele instante o que seria o penúltimo capítulo sobre o filho Fernando Santa Cruz, desaparecido em 23 de fevereiro de 1974, aos 26 anos. Atribuiu demérito ao efêmero protagonismo do delegado Cláudio Guerra, que afirmou ter levado dez cadáveres de presos políticos do Destacamento de Operações de Informação – Centro de Operações de Defesa Interna (DOI-CODI) e da Casa da Morte, em Petrópolis, para serem carbonizados no enorme forno da Usina Cambahiba, no Rio de Janeiro. Entre eles, o de Fernando. As cinzas, conta-se, encheram piscinas fétidas de vinhoto, espécie de adubo para produção de álcool de cana-de-açúcar. O livro do delegado, *Memórias de uma guerra suja* (2012), não merecia atenção, muito menos o jejum de dona Elzita: "É apenas mais uma história".

As ondas do mar de Olinda estavam ali como testemunhas de sua firmeza diante da suposta novidade sobre a busca por Fernando. As mesmas que acolheram por anos dona Elzita na dor lancinante da perda de um filho que não pôde enterrar. "Eu tinha 3 anos e morava com ela. Lembro tanto de vê-la dizendo que tinha vontade de mergulhar e desaparecer também. Mas vovó virou uma fortaleza", conta Tatiana, tida como a mais próxima entre os 28 netos.

Elzita escolheu ser resistência. Encouraçou-se. Seis décadas no front, em defesa de direitos democráticos. Dona Elzita Santa Cruz faleceu aos 105 anos, no dia 25 de junho de 2019, enquanto esta história esperava apenas o ponto final da escrita. No velório do corpo dela, na Câmara Municipal de Olinda, a frase mais repetida pelos presentes era uma variação desta: "Dona Zita agora vai se encontrar com Fernando, como tanto quis".

Baldeando indignação e inconformismo, ela aprendeu ao lado do marido, o médico sanitarista Lincoln Santa Cruz, e dos filhos a resfolegar. Se chorava, era por dentro. "Nunca vi mamãe chorar", afirma Rosalina Santa Cruz, a filha mais velha de uma prole de dez. Também não usou preto, de luto. Gostava do azul royal e do vermelho.

"Estou sempre na luta!"

Dona Elzita foi o porto seguro de uma família de insurgentes. Forjou opiniões sobre direitos sociais guiada pelos jovens filhos. Pouco antes de a velhice silenciá-la, mostrava fotos, discursos, cartas, documentos que tratam das participações mais ativas dos filhos Rosalina, Marcelo, Fernando e Márcia frente à ditadura. Tinha o apoio de Auxiliadora, Célia, Zitinha (Elzita, sua filha), Eleonora, João Arthur e Lincoln Filho. Diante desses baús de memórias que justificaram a vida dela, em entrevista concedida em 2011 me disse, com altivez própria: "Estou sempre na luta!".

Militante político da Ação Popular Marxista Leninista (APML), Fernando, o quinto filho da sequência, foi o primeiro a contar com a eloquência da mãe – uma ex-sinhazinha do Engenho Jericó, no município de Água Preta, Zona da Mata Pernambucana. Elzita Santa Cruz se tornou um ícone no Brasil quando se fala de enfrentamento ao Estado repressor.

Em 1967, integrante do movimento estudantil, em passeata, Fernando ajudou a queimar uma bandeira estadunidense. Adolescente, havia acabado de completar 18 anos e apareceu no noticiário nacional. Fernando pegou uma semana de detenção. E seria julgado e enquadrado na Lei da Segurança Nacional.

"Esses meninos têm nada que se meter nessas questões", rechaçou o marido, Lincoln. "Errado foi quem prendeu. Você não conhece muitos médicos? Então arrume uma certidão dizendo que ele tem 17 anos. Não vai? Se não for, me dê os nomes deles que vou sozinha", retrucou Elzita. Doutor Lincoln acabou a acompanhando.

"Outra solução é dizer que Fernando não tem certidão", sugeriu, como se fazia com jovens com menos de 18 anos detidos por vadiagem, "ou tirar outra certidão dele". O marido reagiu: "Mas eu sou médico e vou dizer isso? Certidão falsa é crime". Dona Elzita saiu do Instituto de Perícia Técnica com a certidão atestando que Fernando tinha "aproximadamente" 17 anos. "Não é vergonha defender um filho da tortura. E, se precisasse, eu mesma ficaria presa no lugar dele." O documento garantiu a soltura de Fernando.

Os Santa Cruz já haviam se transformado

Na Passeata dos Cem Mil do Rio de Janeiro, em junho de 1968, Rosalina se deu conta de que o núcleo familiar era outro. Via-se naquela ocasião a fagulha do processo de reorganização dos Santa Cruz, imersos numa consciência política mais madura. No mesmo momento, em Recife, um protesto com cerca de 25 mil pessoas contava com as ilustres presenças de dona Zita e de doutor Lincoln. "O que aconteceu para eles irem para uma passeata proibida pela ditadura?", questionou-se Rosalina. A filha, que mora em São Paulo, já era referência para os irmãos, pai e mãe. Além de ser a primogênita, foi a primeira a morar em outro estado e a se envolver na luta democrática.

Marcelo acredita que o cerco à família estava mais intenso. Doutor Lincoln "não tinha um engajamento político orgânico", "evitava exposição", mas começava a sentir a necessidade de se solidarizar com os filhos diante de algo de que ele já discordava: o golpe. "Papai era contra o golpe e dizia ser um socialista-cristão. Eu acho que era um humanista, um seguidor de Dom Helder. A gente cresceu ouvindo ele fazer citações sobre Miguel Arraes e sobre outras fortes referências", conta ele.

> Dona Elzita foi o porto seguro de uma família de insurgentes. Forjou opiniões sobre direitos sociais, guiada pelos jovens filhos. Crédito: Arquivo pessoal

Wilson

Doutor Lincoln se mantinha reservado. Sanitarista respeitado, na juventude foi médico do Exército. "Até que me pediu para dar fim à antiga carteirinha de oficial", conta Marcelo. Foi a resposta mais contundente que poderia ter dado ao regime. Marcelo guarda a identificação até hoje. Doutor Lincoln influenciou socialmente dona Elzita e dona Elzita ajudou a ampliar a visão política do marido. Os filhos vieram para provocar a mudança definitiva na família Santa Cruz.

"Ele só fala o que quiser"

Certo dia, Marcelo, o mais velho, trouxe uma notícia impactante. Fora expulso da Faculdade de Direito da Universidade Federal de Pernambuco (UFPE), em Recife. Era a mesma instituição onde o fazendeiro do ramo de algodão e seu avô paterno estudou para ser juiz. O Ato Institucional Número 5 (AI-5) havia sido publicado em 13 dezembro de 1968; em 26 de fevereiro de 1969 entrou em vigor o Decreto nº 477, que expulsava estudantes de universidades por "infrações disciplinares", incentivo a greves e afins.

"Eu iria para Europa. Tinha de tirar o passaporte", conta o hoje advogado Marcelo Santa Cruz. "Aí foi quando o delegado do DOPS disse: 'Diga a ele que, se der declaração que não é comunista, a gente publica no jornal e o passaporte sai'. Eu fui lá e disse: 'Não posso porque papai é contra. Ele acha que é uma declaração que humilha a pessoa'. Inventei isso. Cheguei em casa e foi uma confusão danada, mas mamãe disse logo: 'Marcelo está certo. Ele só fala o que quiser. E, se não for para viajar, então tá. Ele não viaja'. E eu não dei declaração nenhuma."

O pai reclamou. "Se esses meninos são assim, a culpa é sua", dizia ele a Elzita.

Em casa, dona Elzita era uma mãe zelosa que detestava afazeres domésticos e engomar camisas. Quando tinha uma raiva incontrolável, no seu corpo apareciam manchas roxas. Para Marcelo, autoexilado na Europa por alguns meses após a sua expulsão da universidade, gostava de enviar bolo de rolo e bilhetes. Essa é uma recordação que o filho tem de sua mãe naquela época.

Já para Rosalina, as lembranças mais fortes e vívidas da mãe a levam à figura de dona Elzita com barriga de grávida, à imagem da mãe lendo

– um dos maiores prazeres da vida de dona Elzita era ler romances e contos – e à voz dela dizendo às mulheres do entorno para que fossem determinadas, tivessem carreira profissional e não dependessem de homem algum. "Mamãe foi a primeira feminista que me inspirou. Ela dizia: 'Quero criar minhas filhas para rua'. Porque lugar de mulher não é costurando ou bordando."

"Não tenho medo"

Rosalina estava no mundo. E a primeira prisão dela, em 1971, mudou a rotina da família e despertou ainda mais dona Elzita. Foram 54 dias isolada, sem comunicação, sob torturas e sem direito a *habeas corpus*. Rosalina e o então companheiro, Geraldo Leite, tinham atuação política intensa. Ela, assistente social do Banco Nacional de Habitação (BNH); ele, agrônomo do Instituto Brasileiro de Reforma Agrária (IBRA). Levada ao Departamento de Ordem Política e Social (DOPS) da Guanabara, no Rio de Janeiro, enfrentou e sobreviveu a torturas psicológicas e físicas das mais perversas. Nua, diante de encapuzados, levou choques elétricos na vagina, orelhas, recebeu chutes na barriga.

Assim que soube da prisão de Rosalina, Elzita arrumou as malas e partiu para o Rio de Janeiro. Antes de embarcar, polemizou com o marido. "Papai queria ir para a minha formatura da faculdade e mamãe ia viajar para ver Rosa", conta a filha Célia. Longe de casa, começou a peregrinação pelas dependências militares. "Não tenho medo", repetia a mãe-coragem.

Quando dona Elzita se aproximava do paradeiro da filha, vinha outra transferência. Chegando no DOI-CODI da rua Barão de Mesquita, no Rio de Janeiro, afora os socos, pau de arara e choques, havia a geladeira à espera de Rosalina e dos demais presos. Eram poucos metros de chão e paredes pintados de preto. Por vezes, com temperaturas muito frias; noutras, quentíssimas. Eram seis geladeiras. Nelas, os presos ficavam nus. Um espaço para torturas física e psicológica, levadas quase ao limite da loucura.

Do lado de fora, ouvia-se o som afirmativo de dona Elzita, impregnado na filha até hoje. É quase um eco que se mantém por décadas. "Um dia fui tirada para o interrogatório e o Exército convocou mamãe.

Quando chegamos lá [ela e o marido], o coronel queria que nossos pais falassem pra gente que a gente devia colaborar. Sabiam que tínhamos envolvimento grande, sendo assistente social e outro engenheiro. Foi quando percebi a voz de minha mãe, nordestina."

Era aquela senhora franzina, que saiu de Água Preta, que não teve o direito de estudar, que não tinha medo de militar, que achava digno os filhos lutarem pela liberdade democrática. "O que o senhor quer que eu diga para minha filha? Que ela seja dedo-duro? Porque eu quero que ela fale o que ela fez e que vocês cumpram a lei e a julguem, mas não batam na minha filha."

Rosalina ficou pensando: "Ela vai ser presa". No primeiro encontro entre mãe e filha, a tortura ficou evidente pelas marcas no corpo. Obrigaram dona Elzita a ir sozinha ao encontro da filha. No caminho, dentro do carro, ameaças e intimidações.

"Eles diziam: mãe de comunista não pode ter filho. A senhora quer ser toda valente." Foi quando perguntaram: "A senhora é paraibana?" Dona Elzita respondeu: 'Não, sou pernambucana, como as mulheres de Tejucupapo que expulsaram os holandeses'", narrou dona Elzita em entrevista concedida em 2011.

A filha questionou a mãe: "E eles sabem o que era Tejucupapo?". Foi quando ela respondeu: "Se não sabiam, ficaram sabendo". As mulheres a que ela se referia foram as que lutaram contra invasores holandeses em 23 de abril de 1643 e acabaram reconhecidas como heroínas, tendo um saldo de trezentos mortos ao final da batalha que venceram.

Rosalina foi presa pela segunda vez em abril de 1974. Nessa época, trabalhava como assistente social da prefeitura de São Paulo, fazia mestrado em Ciências Sociais e não havia mencionado para colegas de trabalho o seu passado político. Depois, ela se tornou professora da Pontifícia Universidade Católica de São Paulo (PUC-SP).

Dona Elzita não costumava ser afetuosa, tecer frases de efeito para dizer aos filhos; mostrava-se em atos. E na capacidade de escutar. Rosalina achava, dessa maneira, que a mulher que peregrinava o Brasil e se fazia ouvir além das fronteiras não podia ser poupada de nada.

"Eu contei pra mamãe tudo que eu contei para os outros. Claro que tem coisas que contei depois. No dia que eu fui levada para a auditoria,

^ Elzita ao lado das "Madres de la Plaza de Mayo", que perderam seus filhos durante a ditadura argentina, em protesto contra os desaparecidos dos regimes autoritários. Crédito: Arquivo pessoal

depois de dez meses presa na segunda prisão, estava com amigos meus. Perguntaram 'O que é que vocês têm a declarar?' e me deram cinco minutos. Eu tinha vindo do DOI-CODI, tinha sido colocada na geladeira. Antes de eu sair de lá, o cara disse: 'Você vai voltar para cá. Veja bem o que vai dizer lá'. Nesse momento, me deu uma raiva enorme, mas eu disse o que queria: 'O que tenho a declarar é que fui torturada, me deram choque na vagina, nos seios, me provocaram aborto de tanto que chutaram a minha barriga".

Foi quando Rosalina se deu conta de que, na plateia, estava a mãe. "Era a primeira vez que eu falava isso [sobre as torturas e o aborto] para outras pessoas". "Minha mãe teve de sair da sala, arrasada. Fiquei sozinha com os julgadores e me arrependi naquela hora de falar tudo aquilo."

As torturas psicológicas talvez tenham gerado cicatrizes mais profundas. "Teve muita coisa assim que foi difícil de compartilhar com mamãe e papai." Um episódio, em específico, vivido quando estava na geladeira, é, para ela, inquietante: "Eu tinha ouvido Lúcia [Lúcia Murat, companheira de luta e, hoje, cineasta] contar que ficou amarrada no pau de arara e eles colocavam baratas numa caixinha embaixo. Nessas condições, quem não teria medo de uma barata? E eu peguei e pensei: 'Tenho que matar esta barata'. Eu descalça, nua, matei a barata para mostrar força para mim mesma".

Noutra ocasião, o que lhe pareceu uma das piores torturas sofridas, lembrou do pai quando viu um médico chegar de branco para examiná-la na cela. "Me tiraram da geladeira e eu fiquei três dias sem comer, beber e tinha muito frio. Veio um médico, de branco, me atender e eu peguei na mão dele e disse: 'Estou fraca, sem ar'. Levantou-se e disse: 'Pura manha. Está ótima'. Eu cuspia com ódio por ter segurado a mão dele, por ter falado com ele". Identificado por Rosa como o psicanalista Amílcar Lobo – morto em 1997, vítima de uma pneumonia –, o médico foi a julgamento. Numa audiência, Rosalina se dirigiu a ele contando o ocorrido. E o médico respondeu: "Eu não lhe torturei. Eu era médico do Exército e eu só disse o estado em que você estava".

Dona Elzita ouviu dezenas de relatos semelhantes; não se levantava da cadeira nem os interrompia até que se encerrassem.

Um quadro em movimento

Rosalina em São Paulo. Marcelo e Márcia, no Rio de Janeiro. Fernando, enfrentando a vigilância militar no Recife, mudou-se com a mulher, Ana, e o filho, Felipe, para o Sudeste. Juntos, os irmãos e seus companheiros se reuniram no Rio. Era um sábado de carnaval. O mar do Leblon, que lembrava a infância em Olinda, estava mais belo. A imagem de Fernando naquele 23 de fevereiro de 1974, saindo do mar de calção preto, alegre, é como um quadro em movimento. E a melhor lembrança que Rosalina guarda dele.

Ao meio dia, todos se separaram. Fernando foi para a casa de Marcelo, no Flamengo. Rosalina e os demais para a residência da irmã Márcia, no bairro de Santa Tereza. No dia seguinte, retornariam para a casa de Marcelo para curtir a praia. Foi quando perguntaram por Fernando. "Não está com vocês?", indagou um deles. "Estás de brincadeira? Fernando dormiu com vocês", retrucou o outro. Fernando não havia perdido o bonde; fora preso.

No dia 23, ele saiu perto das 16 horas da casa do irmão para cobrir um ponto com o amigo Eduardo Collier Filho. Ambos foram sequestrados. A partir daquela data, Ana Lúcia, com seu filho Felipe de 1 ano e 10 meses, passaram a viver na clandestinidade entre Rio Grande do Sul, São Paulo e Rio de Janeiro. Por doze anos.

Só no domingo, dia 24, Marcelo e sua companheira Carol souberam por Ana que Fernando teria um encontro em Copacabana com Doralina Rodrigues, da Ação Popular Marxista-Leninista (APML), esposa de Jair Ferreira de Sá, também conhecido como Dori e um dos dirigentes da organização. Eleonora, irmã que havia ficado no Recife, recebeu a difícil missão de dar a notícia aos seus pais. Eles achavam que não seria uma prisão demorada. Dona Elzita mandou a resposta: "Agora eu não posso ir. Seu pai está muito doente. Vamos esperar um pouco". Por essa decisão, dona Elzita sofreu durante décadas. "Talvez a palavra não seja culpa; seja lamentação", acredita Tatiana, a neta.

Por dias os militares negaram a prisão de Fernando. A mãe foi, dessa vez, quase convocada pelos filhos: "Mamãe, venha porque a situação está ficando complicada". Fernando era acadêmico do curso de Direito da Universidade Federal Fluminense (UFF), estava trabalhando no Departamento de Águas e Energia Elétrica do Estado de São Paulo e atuava como militante político da APML, grupo de origem católica de resistência à ditadura iniciada em 1964.

Onde está meu filho?

Começaram então as buscas por Fernando – que se estendem por 45 anos –, assim como a propagação da pergunta que dona Elzita repetiu até completar um século de vida e que deu musculatura a um livro sobre a história dela: *Onde está meu filho?*, de Chico de Assis, Cristina Tavares, Gilvandro Filho, Glória Brandão, Jodeval Duarte e Nagib Jorge Neto (2012).

O único documento que a família tem sobre o sumiço de Fernando indica que ele foi preso na Aeronáutica. E que o alvo dos militares era Jair, com quem Fernando iria se encontrar, conforme comprovou

^ Qualquer oportunidade lhe servia como um ato político. Na fotografia, Elzita em seu aniversário, quando costumava reunir toda a família. Crédito: Arquivo pessoal

a Comissão Estadual da Memória e Verdade Dom Helder Câmara (CEMVDHC), de Pernambuco.

Anos mais tarde, Doralina escreveu uma carta em memória de Fernando: "Bem sei que Fernando deu a vida também por mim, pois ele sabia como encontrar-me, podia ter me entregue, e não o fez. Posso não ser digna desse gesto mas outros companheiros que também ele preservou na repressão o são. Dei o seu nome ao meu filho, uma pálida homenagem a quem me deu tanto em vida, até com a própria morte". Dona Elzita confortou Doralina quando leu a carta: "Não pense nessa troca, minha filha".

A ilegalidade da prisão de Fernando passou a ser denúncia permanente da família. No Recife, em Brasília ou no Rio de Janeiro, dona Elzita falava dele ao visitar padarias, açougues, gabinetes de autoridades ou quartéis. Marcelo era advogado do irmão Fernando ao lado de Modesto Silveira e do renomado jurista Sobral Pinto.

A mãe dava telefonemas altas horas da madrugada, angustiada com os filhos que moravam no Rio e São Paulo, conta Rosalina. Já a tristeza do doutor Lincoln é traduzida, com pesar, por meio de gemidos de saudades ouvidos à distância na casa. Segundo os filhos, ele "foi morrendo, foi morrendo, morrendo..." com o desaparecimento de Fernando. Dona Elzita assumiu a luta. Social e politicamente. Era com a força dela que todos contavam.

No Rio, dona Elzita buscava o alto escalão militar. Em 21 de maio de 1974 redigiu uma carta, agora histórica, ao marechal Juarez Távora, ex-integrante da Coluna Prestes e líder da revolução de 1930. Nos anos 1970, era ele um dos chefes militares mais respeitados do Brasil. O apelo dela era para que o marechal lhe desse informações precisas e relatasse de forma legal a prisão do filho Fernando e "à autoridade judiciária" que coubesse. Detalhista sobre as primeiras informações, era uma carta carregada de afetos de mãe: "Que direi ao meu neto, quando jovem se fizer e quando indagar que fim levou seu pai, se ele não tiver a felicidade de seu regresso? Direi que foi executado sem julgamento? Sem defesa? Às escondidas, por crime que não cometeu?".

"Que direi ao meu neto, quando jovem se fizer e quando indagar que fim levou seu pai, se ele não tiver a felicidade de seu regresso? Direi que foi executado sem julgamento? Sem defesa? Às escondidas, por crime que não cometeu?"

Atendendo ao pedido de dona Elzita Santa Cruz, a carta foi entregue ao chefe da Casa Civil, general Golbery do Couto e Silva. Ela buscava múltiplos canais. Tempos depois, escreveu para a Comissão Interamericana de Direitos Humanos (CIDH), indagando: "Há crime maior que o de se negar o sagrado direito de defesa?". Em outubro, "depois de oito longos e tenebrosos meses", frisa ela – escreveu outra, questionando possíveis contradições em informações sobre as atividades carcerárias envolvendo Fernando. Queria que o general intermediasse o envio para o comandante do Segundo Exército, general Ednardo D'Ávila Mello.

"V. Exª. pode imaginar a minha angústia, aflição, as noites que tenho passado, juntamente com todos da minha família, em claro, nossas lágrimas, o nosso profundo sofrimento e a dimensão dessa dor, pois na sua juventude, o jovem Joaquim Távora foi também de maneira brutal arrancado do convívio de seus familiares para sempre, como hoje já começo a imaginar que tenha ocorrido ao meu adorado e estimado filho."

O marechal Juarez Távora respondeu, em correspondência de 25 de novembro de 1974: "Sem pretender apreciar o mérito da questão, em que se acham envolvidos o referido senhor (Fernando Santa Cruz) e seu amigo Eduardo Collier Filho, nem tampouco pleitear que seja diminuída a severidade da pena que eles afinal merecem, apenas venho rogar-lhe (como já fiz, anteriormente a outra autoridade pública) que tenha a caridade de transmitir, por meu intermédio ou diretamente, a dona Elzita Santa Cruz Oliveira uma informação segura sobre o paradeiro do filho, preso há meses sem culpa formada".

Quem respondeu foi o assessor do general Ednardo, o tenente-coronel Horus Azambuja. Além de negar a prisão de Fernando na área da jurisdição do comando do Segundo Exército, defende a instituição, alegando que lá "não são cerceados os direitos do cidadão", exceto aqueles detidos para "averiguações policiais". Finaliza com a seguinte frase: "Nosso Exército é Exército civilizado e respeitador da dignidade humana", e "não dispõe de cárceres ou carcereiros". Ainda acusou a família de agressividade – "[...] apresenta uma sequência maldosamente elaborada dos fatos [...]" – e levantou dúvidas quanto a autenticidade das cartas enviadas ao comparar mais de uma com a assinatura de dona Elzita.

Poucos meses depois, o marechal Juarez Távora, transmissor de mensagem do general Ednardo, cortava contato com a família de Fernando: "Cessa assim minha capacidade de interferir no caso". Em seguida, sugeria que dona Elzita e seus filhos buscassem – sem que fosse feita menção ao nome dele como indicador – informações junto ao comandante do Primeiro Exército no Rio de Janeiro, o general Reynaldo Mello de Almeida.

"Monstros que matavam jovens idealistas"

Ameaças e tentativas de intimidações se tornaram frequentes para dona Elzita. "Não venham mais aqui. Vocês são todos perigosos. Vai acontecer o mesmo com vocês", certa vez disse a ela um militar, engrossando a voz.

A mãe, que nunca perdeu a determinação nem se calou, vendeu joias e percorreu estados e países em busca do seu filho, tinha uma definição sobre os militares: "Eram monstros que matavam jovens idealistas e que queriam mudar o mundo", costumava afirmar em entrevistas, como a que me concedeu em 2011.

"O meu filho queria uma sociedade justa, e por isso ele foi morto." Com os olhos sempre firmes e sem modular o timbre de voz uma só vez, completou: "Vou até às últimas consequências. Quero justiça. Não tenho nenhum desejo de vingança. Não quero saber quem atirou. Quero saber o que aconteceu com meu filho. Quero o direito de enterrar o corpo dele", disse dona Elzita.

Em um dos últimos e mais marcantes atos políticos dos quais participou ainda lúcida, em 2009, diante do ex-presidente Luiz Inácio Lula da Silva, em Brasília, pediu providências do Governo mais uma vez: "É uma dor muito grande, porque o único crime que ele [Fernando] cometeu foi defender a igualdade social, essas coisas que eu luto até hoje". "Peço muito a Deus para ter coragem para fazer o enterro do meu filho [Fernando] e saber o que aconteceu com ele."

Ela foi incansável. Quando completou 96 anos, em sua festa de aniversário – qualquer oportunidade lhe servia para fazer um ato político –, dona Elzita reforçou sua determinação em um pequeno discurso: "Se resta pouca esperança de que esteja vivo, ao menos me deixem conhecer a história do desaparecimento do meu filho", disse. Ela chegou a ser indicada para concorrer ao Prêmio Nobel da Paz em 2005, numa lista de 1000 mulheres selecionadas em todo o mundo.

Pernambuco, este de que dona Elzita se orgulha como as mulheres de Tejucupapo, tem quatorze nomes de presos políticos desaparecidos. Fernando Santa Cruz é um deles. Os outros são advogados, operários, estudantes, jornalistas. A maioria militava em organizações políticas clandestinas, como o Partido Comunista Brasileiro (PCB), o Partido Comunista do Brasil (PCdoB), a Ação Libertadora Nacional (ALN) e a APML.

Dona Elzita encontrou-se com várias das mães que viviam o mesmo drama dela – o de ter um filho desaparecido na repressão. "Ela nos ensinava a ser forte. É assim que temos de ser", repetia a filha Eleonora no velório da mãe.

Uma família sobrevivente

A família Santa Cruz – que, em 2019, é formada por 28 netos, 32 bisnetos e um tataraneto a caminho – é uma sobrevivente. E Fernando, diz Rosalina, vive como um orgulho coletivo. Felipe, filho de Fernando e atual presidente nacional da Ordem dos Advogados do Brasil (OAB), contou-me, em entrevista concedida em 2014, que certa vez estava na escola e o professor falava da ditadura, dos jovens que deram a vida por um mundo melhor. Sentado lá atrás, Felipe começou a chorar. O professor perguntou: "Você está emocionado?". Ele respondeu: "Não, é que o senhor está falando do meu pai".

Durante muito tempo, dona Elzita resistiu a trocar o telefone da casa, sonhando com a chance de um dia Fernando ser reencontrado, recobrar a consciência e fazer um contato qualquer.

A casa da infância dos Santa Cruz, onde Fernando cresceu, viveu por décadas assim, numa ebulição de ideias e debates políticos. De portão baixo, com um alpendre na frente, estava quase sempre ocupada por jovens. Dona Zita amava ouvi-los. Não por fiscalização, e sim por curiosidade. Na sua conhecida cadeira de balanço, recebia jornalistas. Impreterivelmente, recitava um verso que leu de uma mãe chorosa por seu filho na guerra, e o tomou para si pela similitude dos seus sentimentos com o daquela mulher: "Hei de vê-lo voltar, ela dizia, o meu doce consolo, o meu filhinho. Passam-se anos, e no véu do esquecimento baixando sobre as coisas tudo apaga. Menos da mãe, no triste isolamento, a saudade que o coração esmaga". Nos discursos, relia os versos. De tanto repeti-los, na internet dá-se a ela a autoria dessa estrofe.

Durante muito tempo, dona Elzita resistiu a trocar o telefone da casa, sonhando com a chance de um dia Fernando ser reencontrado, recobrar a consciência e fazer um contato qualquer. Negava-se a mudar-se, esperando pelo grito do filho: "Velha Zita, cheguei!". E ela teria rabanadas para lhe oferecer. Ou os bolinhos de queijo que aprimorou a receita e distribuía para os aniversariantes do mês.

Dona Zita se mantinha sem o gosto por afazeres domésticos, contudo. Característica antiga dela. Dizem as filhas que, quando pequenas, a visita mais aguardada na casa era a da tia prendada, conhecida como tia Zitinha, que fazia calcinhas de pano, com biquinhos na ponta. As calcinhas confeccionadas por dona Elzita eram mal costuradas e puxavam para o lado. Ela não devia se importar. Usava o tempo para lembrar às filhas e netas: "Seja independente".

Uma mulher à frente do seu tempo. "Vovó sempre foi muito libertária e com conceitos avançados. O enfrentamento da prisão de tia Rosa, por exemplo, foi um ato de rebeldia", diz o neto Antônio Augusto, que morou com dona Elzita. Antônio Augusto, o Guto, e todos os outros descendentes de dona Elzita usam o Santa Cruz no sobrenome. É simbólico.

Forte desde o nascedouro

Conta ela que era gêmea de um garoto. O menino nasceu morto e a parteira – isso há um século – não sabia que havia outro bebê. Após dois dias, ela veio ao mundo. "Até para a senhora nascer, a senhora precisou de força", diziam os filhos, em tom de brincadeira. Fala-se de uma família de três homens e duas mulheres. O pai, coronel Joãozito, senhor de engenho, precisou escolher sobre onde aplicaria os recursos, e os filhos homens tiveram prioridade no estudo. Elzita ficou inconformada.

Com 17 anos, conheceu um rapaz e com ele se casou – contrariando os pais dela. Era Alfredo, um sobrinho de Estácio de Albuquerque Coimbra, governador de Pernambuco na época. Após apenas três meses de casados, ele teve de ser internado, vítima de uma tuberculose. Morreu com mais três meses e dona Elzita ficou viúva antes de completar a maioridade. Desse acontecimento nunca gostou de lembrar.

"Minha vida começou quando conheci Lincoln", afirmou em entrevista concedida anos atrás. Ele, que por coincidência do destino, visitou como acadêmico de Medicina seu primeiro marido enquanto ele esteve em tratamento. Eles se reencontraram dez anos depois, tendo sido reapresentados pelo Senhor Fortuna, dono de um hotel.

O casal se estabeleceu em Olinda, cidade onde morou por quase toda a vida. Filhos nascendo todos os anos, certa vez o marido chegou e a mulher estava chorando. O amontoado de fraldas sujas era desesperador para ela, desejosa por ter um tempo para si. Então, ele propôs: "Vamos fazer o seguinte: coloque um lençol na janela e me dê as fraldas que eu lavo". Ela deu. Naquela noite e em outras.

Uma diferença de menos de um ano entre os filhos. Para que ela desse conta da rotina e das repetidas chegadas da maternidade com bebê no colo, os maiores foram enviados para o engenho de seu Joãozito.

O marido era homem bem articulado, chegou a ter cargos de chefia na Secretaria Estadual de Saúde de Pernambuco, mas cabia à dona Zita opinar sobre os discursos dele em eventos, melhorá-los e dar o apoio de que ele precisava para crescer profissionalmente. Doutor Lincoln foi morar no Rio de Janeiro para fazer uma especialização em saúde pública. Estudava sobre prevenção de doenças e casos como a hanseníase, chamada então de lepra. Meses depois, queria voltar. Dona Elzita o convenceu a se desfazer da ideia. Arrumou-se e bateu à porta do Palácio do Governo para pedir ajuda para a passagem porque queria acompanhá-lo. Deixou os filhos com os parentes e foi. Orgulhosa, organizava os cadernos de estudo dele. Sempre foi de defender os filhos, mas repetia: "Primeiro seu pai".

No Rio, tirou seu título de eleitora e tomou gosto por se colocar como persona crítica e política. Cansou de afirmar que sua militância se iniciou em 1945 quando se inscreveu como eleitora para votar em Luís Carlos Prestes. Dele, dona Elzita falava com gosto ímpar. Mais tarde, em 1982, ajudou na fundação do Partido dos Trabalhadores (PT). Tinha imensa satisfação, até bem pouco tempo, em afirmar que era a mais antiga filiada do Partido dos Trabalhadores.

A relação com Lincoln Santa Cruz foi erguida com admiração e respeito às diferenças. Ele era um homem inteligente. Diante de uma mesa farta, recebeu, certa vez, a visita do verdureiro Joaquim. "Doutor,

> Elzita Santa Cruz recebe prêmio da Secretaria de Direitos Humanos, em 2010 ao lado de seu filho, Marcelo Santa Cruz, o presidente Luiz Inácio Lula da Silva e os ministros Paulo Vannuchi e Maria do Rosário. Crédito: Arquivo pessoal

estão dizendo que seus filhos são comunistas. O que é comunismo?", perguntou o cidadão. "O senhor está vendo essa mesa aqui? Comunismo é todo mundo poder comer de tudo que tem nesta mesa." O verdureiro foi embora com essa questão martelando na consciência.

Dona Elzita virou uma espécie de conselheira da família. E dos jovens militantes. Concordava em dar abrigo a eles quando precisavam. Uma vez acertou com o marido que um amigo da família Chico de Assis, precisaria ficar escondido num quarto da casa para não ser descoberto. Se ele quisesse sair, teria de ser escondido no carro oficial. Ninguém imaginaria um subversivo ali. Chico, que no dia da morte de dona Elzita lamentava pela "incomensurável perda para a luta democrática", pela partida "de um símbolo internacional de luta pelos direitos humanos".

O que a sustenta

Dona Elzita morou por uma década em Olinda em um apartamento ao lado da filha Eleonora; havia se mudado para lá em 2010, depois de sua casa sofrer um assalto e ela enfrentar os ladrões, discutindo com a filha Célia e com eles sobre a existência ou não de uma arma. Safou-se.

Enfrentou ainda a morte de Márcia e do filho Lincoln – ambos vítimas do câncer. Deu-me entrevista por quatro vezes entre os anos de 2011 e 2014. Agora, seus filhos e netos são sua memória. "Acho que ela viveu tanto tempo à espera de uma resposta para o caso de tio Fernando", diz a neta Tatiana.

Perdeu a lucidez aos 102 anos e morreu aos 105, cercada por cuidados de saúde. "Sem dor, como um passarinho", conta Marcelo, com um tom de alívio. No caixão, dona Elzita estava com rosto sereno. E vestia vermelho-vivo, forte – ou encarnado, como gostava de falar, usando linguajar nordestino. Contou-me Tatiana certa vez ter ouvido de dona Elzita a confidência de que sonhava que as "cinzas fossem jogadas no mar de Olinda".

Pela idade, não teve discernimento para acompanhar as últimas novidades políticas brasileiras, como as de 2019, quando o presidente da República, o ex-capitão do Exército Jair Bolsonaro, propôs "comemorar" a ditadura civil-militar na passagem da data do golpe, em 1º de abril.

Mas, se pudesse lhe narrar o Brasil de hoje, Rosalina, a filha que mais cedo deixou a casa dos pais, diria: "Mãe, a gente lutou e, por mais difícil que seja, isso voltou de outra forma. Em uma dessas reuniões [de familiares de mortos e desaparecidos políticos], a Cruz Vermelha trouxe também familiares de desaparecidos sociais. Colocamos as nossas fotos e as deles e éramos famílias iguais lutando por motivos parecidos. A perda e o desespero que sentimos é o mesmo. Mãe, a luta vai e vem. E as gerações continuarão lutando para que o mundo seja melhor". ■

Crédito: Paulo Paiva

SILVIA BESSA

É jornalista e tem mais de 20 anos de experiência em jornalismo impresso e online. Conquistou em sua carreira três prêmios Esso, quatro Embratel e um Prêmio da Associação dos Correspondentes da ONU, além de outras vinte honrarias nacionais e internacionais. Em 2010 esteve entre os 15 repórteres mais premiados do país, de acordo com o site especializado Jornalistas&Cia, de São Paulo. Trabalhou por mais de dez anos como repórter da editoria de política e foi colunista da *Revista Imprensa* (SP), onde debatia sobre a prática da reportagem. Hoje, atua como repórter especial do *Diário de Pernambuco* e faz matérias sobre temas de cunho social, histórico e regional.

Crédito: Carolina Vilaverde

CLARA CHARF

Amor que não se apaga

Laura Capriglione

Clara Charf, por muitos considerada uma das mulheres mais lindas do Partido Comunista Brasileiro (PCB), aeromoça de profissão, poliglota, espírito libertário, ousadia e coragem sem limites, tinha tudo para brilhar. Passou, entretanto, 25 anos na mais estrita clandestinidade, a esconder com zelo militante sua personalidade, sua luta e até mesmo o sorriso franco, encimado ainda aos 93 anos, quando a entrevistei, por um par de olhos curiosos e espertos como os de uma criança. "Marighella dizia que meu sorriso era muito característico, que me reconheceriam por ele. Então, passei anos sem sorrir."

A negação de si mesma em nome de uma causa – a revolução –, de um propósito – a construção de uma sociedade mais humana e solidária – e de um amor proscrito, perseguido, porém correspondido, define essa doce figura que é Clara Charf. Ela foi a amiga de todas as horas, a confidente, a camarada e a companheira de vida do militante comunista mais carismático que o Brasil já conheceu, Carlos Marighella, considerado o "inimigo público número 1" do regime militar instaurado no Brasil em 1964.

Segundo Adriano Diogo, militante dos direitos humanos e ele também um revolucionário durante os chamados "anos de chumbo", a aura heroica, de generosidade e brasilidade que hoje cinge a imagem de Carlos Marighella no altar da revolução deve-se em grande medida ao trabalho incansável de Clara Charf. "Clara zelou e zela até hoje para que o Brasil entenda e guarde empatia com as difíceis decisões políticas que Marighella tomou depois de romper com a burocracia encastelada na direção do 'Partidão' e tomar o rumo da luta armada", diz Diogo.

Clara viveu nas sombras da clandestinidade durante dez anos por conta da perseguição empreendida contra os comunistas entre 1946 e 1956. Após o golpe militar de 1964, voltou a ter de se esconder. Cinco anos depois, logo após o assassinato de Marighella, em 1969, foi obrigada a fugir para Cuba. Na ilha de Fidel, ela morou por dez anos, também na clandestinidade, até que retornou ao Brasil em 1979, com a anistia aos presos e perseguidos políticos pela ditadura civil-militar. Desde então, não parou mais de falar e aparecer publicamente, sorrir e defender a memória do amado companheiro. Segundo Diogo, "Clara transformou-se no sol que ilumina a memória do fundador e principal dirigente da Ação Libertadora Nacional, a ALN. E é assim até hoje".

Foi em seu apartamento sóbrio e espaçoso, no tradicional bairro judeu do Bom Retiro, Zona Central de São Paulo, que Clara nos recebeu, em fevereiro de 2019. Pela sala, espalham-se fotos e homenagens – Clara e Lula, Clara e Nelson Mandela, Clara e Marighella. Um pôster com o retrato mais bonito do comunista, aquele que ele tirou para sua carteira de filiação ao Partido Comunista Brasileiro (PCB), o chamado "Partidão", em 1945, decora uma parede. Clara mora a poucos metros de distância da irmã Sarita, generosa amiga e parceira para todos os momentos, inclusive na militância. Foram horas de conversa até que eu entendesse que foi de amor e renúncia que se plasmou essa mulher.

"Ué, então também sou comunista!"

Clara Charf nasceu em uma família judaica de origem ucraniana que se viu obrigada a emigrar em decorrência dos *pogroms*, que acompanharam a Guerra Civil Russa e que resultaram em sistemáticos massacres de judeus. A família de Clara seguiu um script comum ao de outra judia contemporânea a ela, Clarice Lispector (1920-1977), que também saiu da Ucrânia para buscar asilo em Maceió, Alagoas, onde se refugiou uma pequena comunidade judia. O pai de Clara, Gdal Charf, foi um mascate com valores humanistas que enviuvou precocemente, tendo a mãe de Clara, Ester, sucumbido à tuberculose aos 40 anos.

E foi no interior desse grupo de refugiados, ainda em Maceió, que a jovem Clara recebeu a lição que ficou gravada para sempre em seu espírito.

Veio de Jacob Wolfenson, pai do aclamado fotógrafo Bob Wolfenson, que havia sido preso por volta dos anos 1930. Clara perguntou-lhe o porquê da sua prisão, ao que ele respondeu confidenciando a ela sua condição: "Sou comunista". E explicou: "Um dia vai haver uma sociedade em que todos serão iguais, não vai faltar nada, e aí não vai ter dinheiro, vai ser tudo troca. Se você precisa de um sapato, a gente troca de acordo com a necessidade. E todo mundo vai ser feliz". Ganhou a jovem Clara, que pensou: "Ué, então também sou comunista!". E continua a ser.

A decisão de dedicar sua vida à revolução, entretanto, veio em 1945, quando ela se viu embalada pelos ventos democráticos que puseram fim à ditadura civil-militar do Estado Novo e o PCB conheceu pela primeira vez a legalidade. Libertado após nove anos de cárcere, Luís Carlos Prestes ainda era o "Cavaleiro da Esperança", epíteto a ele conferido após ter liderado o movimento político-militar que ficou conhecido como Coluna Prestes. Esse movimento percorreu 25 mil quilômetros pelo interior do Brasil com 1.500 homens durante dois anos e cinco meses, exigindo o voto secreto, o ensino público, a obrigatoriedade do ensino secundário para toda a população, além do fim da miséria e da injustiça social. Sua mulher, a judia alemã Olga Benário Prestes, foi deportada por Getúlio Vargas quando estava grávida de sete meses. Presa pela Gestapo assim que chegou à Alemanha, em 18 de outubro de 1936, Olga deu à luz a filha, Anita Leocádia Prestes, em 27 de novembro do mesmo ano. Uma campanha internacional de solidariedade conseguiu resgatar a criança das autoridades nazistas e entregá-la à mãe de Prestes, dona Leocádia. Em 1942, com 34 anos de idade, Olga foi assassinada com mais 199 prisioneiras no campo de extermínio que funcionava na cidade alemã de Bernburg.

Clara perguntou-lhe o porquê da sua prisão, ao que ele respondeu confidenciando a ela sua condição: "Sou comunista".

Agora, imagine-se o impacto sobre Clara, também uma jovem judia comunista, da tragédia de Olga Benário e Luiz Carlos Prestes – com todos os contornos românticos do amor impossível –, e que, apesar de tudo, gerou como fruto a menina Anita Leocádia, uma

^ Clara Charf ao lado de Carlos Marighella e sua família. Essa é a única fotografia do casal que sobreviveu aos anos de perseguição e clandestinidade. Crédito: Carolina Vilaverde, 2019/Arquivo pessoal

Shirley Temple comunista, de marias-chiquinhas e olhar doce como o da mãe. Em 1945, Clara Charf, aos 20 anos, foi uma das milhares de pessoas a irem às ruas de Recife recepcionar Anita Leocádia, que voltava em companhia da avó de um exílio no México.

A família Charf tinha acabado de se mudar para a capital pernambucana, o Brasil acabava de encerrar um ciclo ditatorial, o nazismo havia sido derrotado, a União Soviética firmava-se como grande bastião da resistência ao fascismo. Clara respirava esperanças de dias melhores e a chegada da pequena Anita Leocádia ao país foi um sinal de que haveria um futuro e ele seria bom. "Aquilo foi marcante demais na formação de uma geração inteira e para Clara foi decisivo", lembra-se sua irmã Sarita.

Foi numa dessas missões que Clara conheceu Marighella. Em 1946, o PCB, pela primeira vez na história, conseguiu eleger catorze deputados e um senador para atuar na Constituinte convocada para reorganizar o Brasil após o fim do Estado Novo.

O sonho de infância de Clara era ser médica. Depois, quis ser aviadora, tendo como inspiração a pioneira da aviação americana, Amelia Earhart, a primeira mulher a cruzar o oceano Atlântico em voo solo, em 1932. Mas o sonho se mostrou grande demais para um país semicolonial e essencialmente agrário como o Brasil da época. Aos 21 anos, já no Rio de Janeiro, a jovem Clara tornou-se aeromoça em uma companhia aérea chamada Aerovias Brasil – criada apenas quatro anos antes, em 1942, a primeira a voar para os Estados Unidos. Ela tinha facilidade para falar outros idiomas e era independente – dois dos principais requisitos para ser aeromoça. Com sua manifesta simpatia pela atividade comunista, logo se transformou em uma espécie de pombo-correio do PCB, levando e trazendo correspondências, livros e panfletos entre os escritórios regionais do partido.

Foi numa dessas missões que Clara conheceu Marighella. Em 1946, o PCB, pela primeira vez na história, conseguiu eleger catorze deputados e um senador para atuar na Constituinte convocada para reorganizar o

Brasil após o fim do Estado Novo. Dela faziam parte: Marighella, eleito deputado pela Bahia; Jorge Amado, eleito por São Paulo; Prestes, único senador comunista, eleito pelo Rio de Janeiro, então Distrito Federal; Gregório Bezerra, eleito por Pernambuco, entre outros.

Clara lembra-se bem daquele dia. O PCB tinha montado uma sede nacional do bairro da Glória, no Rio de Janeiro. E foi lá, esperando o elevador já bem velho e gasto, uniformizada com o casaquinho e a saia azuis da companhia aérea, que ela viu aquela enorme figura pela primeira vez.

Carlos Marighella, baiano, poeta, capoeirista, negro, era filho de um imigrante italiano, Augusto Marighella, com Maria Rita do Nascimento, filha de negros africanos hauçás trazidos do Sudão como escravos. Amigo dos terreiros de candomblé da Cidade Baixa, em Salvador, era um homem bonito, de gentileza extrema e oratória empolgante. Desde os 23 anos, quando se tornou militante do PCB, viveu cada minuto de sua existência para a revolução.

Em pouco tempo, Clara trocou o emprego de aeromoça – malvisto à época, por sinal – por um posto na Fração Parlamentar e prestava assessoria aos deputados comunistas durante a Constituinte. Passou a trabalhar como tradutora e datilógrafa. Logo estava namorando o líder baiano. "Eu não vou dizer que ele era maravilhoso porque alguém poderia dizer que meu julgamento decorre do fato de ele ter sido meu companheiro. Mas ele era maravilhoso mesmo", derrete-se, sorrindo.

Então, chegou o momento difícil de contar para o pai, Gdal Charf, que a sua Clarinha tinha se tornado comunista e era companheira de um negro, não só não judeu como também amigo do povo dos terreiros. A reação dele foi péssima. "Não quero que você namore ele, não quero que você milite. Você vai ser presa, você vai ser morta", Clara se recorda. Em iídiche, Gdal disse à filha as três palavras que sintetizavam sua aflição: Marighella era *shwartz, royt* e *gói* – respectivamente "preto", "vermelho" e "gentio", ou seja, não judeu. Clara e Sara tentam explicar o pai extremoso: "Não era racismo nem anticomunismo. Papai tinha um medo horrível de que a filha sofresse nas mãos da polícia por esse amor revolucionário". Desde que a mãe morrera de tuberculose, o pai cuidava com obsessão dos filhos Clara, Abraão e Sara. Depois que soube

^ O sorriso de Clara sempre foi algo que chamou atenção. Durante os mais de vinte anos na clandestinidade, teve que deixar de sorrir para passar despercebida. Crédito: Arquivo pessoal

do romance da filha, Gdal destruiu todos os documentos dela para impedi-la de retornar o Rio. Rasgou-lhe todas as roupas, para que ela não tivesse enxoval para viajar. Não funcionou.

Como num conto de fadas, Clara também teve sua fada madrinha: a amiga Adalgisa Cavalcanti, musa comunista, primeira deputada estadual de Pernambuco. Adalgisa costurou-lhe um vestido especialmente para o dia da fuga para os braços do amor. No sábado, dia 4 de dezembro de 1948, véspera do aniversário de Marighella, Clara e ele passaram a morar juntos, no bairro do Méier, Zona Norte do Rio de Janeiro.

A arte do disfarce e a negação de si

O casal nem sequer conseguiu aproveitar os ares democráticos. Em 7 de maio de 1947, apenas seis meses depois de proclamada a nova Constituição, o Tribunal Superior Eleitoral (TSE) cancelou o registro do PCB, sob a alegação de que o partido não passava de um instrumento da intervenção soviética no país. No dia 20 de outubro de 1947, o Brasil rompeu relações diplomáticas com a União Soviética. No ano seguinte, os parlamentares eleitos pela legenda do PCB perderam seus mandatos, inclusive Marighella. Começava assim um novo e longo período de clandestinidade.

Embora preferível à prisão e à tortura, obviamente, a clandestinidade é também uma condição cruel. Se você for bonita demais, tem de deixar de sê-lo. Se seu sotaque trai sua origem nordestina, é preciso falar pouco. Se é simpática, é necessário se retrair. É, de modo geral, proibido chamar a atenção, o que, convenhamos, não devia ser fácil num país racista, para aquele casal improvável composto pelo negro alto e atlético e a judia branca e *mignon*.

A arte do disfarce requer o domínio de técnicas de maquiagem, algo em que Clara se aperfeiçoou, e do uso de adereços diversos, com destaque total para as perucas, que Marighella sempre usava de forma desajeitada. Mas também implica a negação de si, a renúncia aos pequenos apegos, ao álbum de retratos, à coleção de cartas de amor. É morar em um "aparelho", a casa sem móveis, sem geladeira, mas com um mimeógrafo barulhento que não se sabe como esconder de ouvidos sensíveis ou curiosos. É ter de usar a casa de outras pessoas para se encontrar. É sair de casa de repente, levando apenas uma malinha com duas ou três mudas de roupa e nunca mais voltar nem para pegar o documento de identidade – que quase sempre, aliás, é falso.

Marighella e Clara faziam escassas visitas à família. A irmã Sarita era uma das que recebiam as visitas. A pequena Isa Grinspum Ferraz, filha de Sarita, que anos depois dirigiu o filme "Marighella", encantava-se com o tio, que era afetuoso e divertido com as crianças. E a menina sempre lhe perguntava: "Onde você mora?". Ao que o clandestino respondia com a mesma leveza de outro baiano, Dorival Caymmi, cantando: "Eu não tenho onde morar. É por isso que eu moro na areia". Que tio!

Vera, Nice, Marta, Claudia... São vários os nomes de guerra usados por Clara. "Eu, em geral, preferia homenagear camaradas revolucionárias", lembra. De 1948 a 1956, Clara e Marighella viveram clandestinamente. Não usavam seus nomes reais nem mesmo entre eles. Para Marighella, Clara era "Chapeuzinho"; para Clara, ele era o seu "Lobinho"

– mas essas intimidades do tratamento entre o casal ela só conta depois de baixar o olhar. Clara é tímida, quem diria!

Marighella saía de casa muito cedo e voltava tarde da noite, para cruzar com o mínimo de gente possível na vizinhança. Quando chegava, era o melhor companheiro para Clara, o marido que fazia questão de dividir as tarefas domésticas com a mulher. "Era um feminista", diz ela, que descobriu o feminismo com a militância. Ela não conseguia entender como homens comunistas, comprometidos com a construção de uma nova sociedade, proibiam suas mulheres de atuar politicamente.

Poesia na tábua de passar roupas

Coordenadora do PCB no movimento feminino paulista, lá se foi Clara organizar encontros para discutir igualdade de gênero com operárias discriminadas pelo patrão e oprimidas pelo companheiro. Marighella, então dirigente da seção paulista do partido, expressava seu "feminismo" na teoria e na prática, segundo Clara. Como gostava muito de água, na divisão do trabalho doméstico era ele quem lavava o chão, as roupas e a louça. Ainda assim, ele se condoía da mulher quando a encontrava passando roupa sozinha – tarefa enfadonha como essa não há. Combinaram então o seguinte estratagema: ela só passaria roupas quando ele estivesse presente, lendo-lhe, em voz alta, as notícias dos jornais, poesias e documentos políticos. E o casal passava horas assim. Mas ele era capaz de ser também o super-homem a salvar a mocinha, se preciso fosse.

Foi assim quando Clara contraiu meningite, doença gravíssima que exige cuidados urgentes. Ardendo em febre, vomitando, o pescoço rígido, tontura extrema, a mulher precisava de atendimento médico. O que fazer? Se ele a levasse a um pronto socorro, estariam ambos expostos. Durante a madrugada, Marighella – que nunca dirigiu – não teve dúvidas: colocou a mulher nas costas, embrulhada em cobertores, e saiu com ela pelas ruas até uma avenida, onde militantes do PCB a resgataram e a levaram ao médico José Barros Magaldi, engajado defensor da liberdade, da justiça e dos direitos humanos, que a tratou com a reserva necessária. "Ele me salvou a vida", diz Clara, os olhos marejados.

^ As mãos de Sarita repassam as fotos de sua irmã e companheira de vida. Crédito: Carolina Vilaverde, 2019/Arquivo pessoal

A prisão Clara conheceu em 1954, quando foi incumbida pelo Partido de montar uma escola de formação política para sindicalistas em Campinas. Marighella estava na China tentando entender como Mao Tsé-Tung logrou incendiar os arrozais daquele país também de proporções continentais, quando a polícia deu o bote sobre Clara, que carregava uma mala cheia de livros revolucionários. “Abaixo a Ditadura de Getúlio Vargas!”, ela gritou, afinada com a oposição que o PCB fazia naquele momento a Getúlio. O “Velho”, como era chamado o líder político, então com 72 anos, cometeria suicídio naquele mesmo ano, acossado por um oposicionismo bem mais aguerrido e conservador, representado por Carlos Lacerda, membro da União Democrática Nacional (UDN), chamado de “Corvo”.

No jornal *O Diário da Noite*, de 28 de maio de 1954, saiu a manchete: “Escola de agitadores na região de Campinas”, junto à qual havia o retrato da “perigosa” professora, que se identificou como Marta Santos. Ao ser conduzida até uma cela feminina coletiva, o delegado ameaçou as demais presas: "Não falem com essa mulher que ela é comunista". Seu aviso desencadeou o oposto. Uma dessas mulheres se aproximou de Clara/Marta e perguntou: "O que é comunismo?". A resposta veio na mesma linha da que lhe tinha sido dada lá atrás, ainda em Maceió. E Clara falou: "Um dia vai haver uma sociedade em que todos serão iguais. Comunismo é dividir as coisas que você tem com as outras pessoas. Por exemplo, se eu tenho dois rádios, posso te dar um, porque só preciso de um". A presidiária respondeu: "Então sou comunista. Fui presa porque tinha dois rádios na casa onde eu trabalhava e roubei um". Todo mundo caiu na gargalhada. "Foram quatro meses de cana", foi a forma divertida com que Clara descreveu esse período para Marighella quando ele voltou ao Brasil.

Os rigores da clandestinidade só afrouxaram durante o governo "bossa nova" de Juscelino Kubitschek, iniciado em 1956. Dali até o golpe militar de 1964, o PCB teve uma existência quase legal. Foi nesse período de tolerância que, enfim, o pai de Clara, Gdal, pôde conhecer o genro *shwartz, royt* e *gói*. Logo se encantou com a gentileza de Marighella, mas, principalmente, com o carinho dele para com a filha querida. É bem verdade que o coração do senhor Gdal já havia se flexibilizado, ele mesmo tendo se casado em segundas núpcias com uma brasileira *gói*. Estava tudo certo, a família junta e misturada.

A prisão Clara conheceu em 1954, quando foi incumbida pelo Partido de montar uma escola de formação política para sindicalistas em Campinas.

Os anos JK também permitiram a Marighella um feliz reencontro com Carlos Augusto Marighella, o Carlinhos, fruto de sua união com a operária baiana Elza Sento Sé. O menino foi morar no Rio de Janeiro com o pai e com Clara. "Marighella ensinava matemática e história a ele e influenciou muito Carlinhos no gosto pela leitura. Também tentou incentivá-lo – sem sucesso – a apreciar o canto lírico." Naqueles anos, entre 1956 e 1964, a convivência gerou um amor profundo entre Clara e o enteado. "Adoro Carlinhos, temos uma relação de muito carinho um pelo outro", conta ela. E foi assim até o golpe de 1964, quando, de novo, sobreveio a repressão e a clandestinidade. Expulso da escola por causa do sobrenome famoso e sem poder morar com o pai, agora caçado, restou ao menino voltar para a Bahia. Carlinhos só o veria uma vez mais, na cadeia. Depois, nunca mais.

Pergunto a Clara se ela nunca quis ser mãe. A resposta veio como um tiro, pronto e rápido, sob a forma de outra pergunta: "E dava?". Sem chance de réplica.

"Se a reação levantar a cabeça, nós a cortaremos de imediato"

O golpe civil-militar de 1964 pegou o Partidão paralisado. Às vésperas do fatídico dia 31 de março, Prestes ainda desacreditava da possibilidade de a direita tomar de assalto o poder. Em um episódio tristemente célebre por causa da alienação diante dos perigos colocados à frente, Prestes discursou no Departamento de Relações Internacionais do Partido Comunista da União Soviética, a convite do todo poderoso Nikita Khruschóv, sucessor de Joseph Stalin. Corria o mês de fevereiro de 1964 – apenas dois meses antes do golpe –, e perguntaram a Prestes sobre "o perigo de a direita levantar a cabeça". Como se a revolução proletária estivesse logo ali, bem ao alcance da mão, Prestes respondeu: "Se a reação arrastar o Brasil para um confronto de classes sociais, [...] estará levando nosso povo para a batalha que culminará com a implantação de um governo socialista. Em outras palavras, se a reação levantar a cabeça, nós a cortaremos de imediato. Os reacionários poderão cometer loucuras, mas mesmo as loucuras deles têm limites".

Nem o golpe culminou com a implantação de um governo socialista, nem os comunistas "cortaram a cabeça" da reação, nem as "loucuras deles" tiveram limites. Prestes errou em tudo, infelizmente. Já Marighella, na mesma época, estava certo de que o golpe era uma questão de tempo, e defendia que o partido se preparasse para as prisões e sofrimentos que estavam por vir.

Um mês e nove dias depois do golpe Marighella acabaria preso enquanto tentava fugir dos tiras entrando numa sessão de cinema lotada de crianças. Na telona, passava a comédia *Rififi no safári*, filme de 1963 estrelado por Bob Hope e Anita Ekberg. Acesas as luzes do cinema, os policiais localizaram sua presa e lhe deram voz de prisão. Marighella reagiu aos gritos: "Matem, bandidos! Abaixo a ditadura militar fascista! Viva a democracia! Viva o Partido Comunista!". Os policiais atiraram. Foi um tiro, três perfurações. Inconformado com a iminência de ser preso, Marighella entrou em luta corporal com eles. Quatorze foram necessários para conter sua fúria.

Solto por força de um *habeas corpus* impetrado pelo jurista católico e ferrenho defensor dos direitos humanos Heráclito Fontoura Sobral Pinto, Marighella recebeu um convite para participar da fundação da Organização Latino-Americana de Solidariedade (OLAS). Criada em agosto de 1967, em Cuba, a organização era composta por diversos movimentos revolucionários e anti-imperialistas da América Latina que compartilhavam em linhas gerais as propostas estratégicas da Revolução Cubana.

Aos 54 anos, Marighella era cérebro e músculos da organização, mas o nome Ação Libertadora Nacional (ALN) só seria convencionado em 1968.

Foi a virada radical na vida de Marighella. De dirigente comunista disciplinado e atento às normas do Comitê Central, que integrou, passou para a dissidência aberta. Também pudera: o PCB, depois do golpe militar de 1964, mostrou-se inapto a organizar a mínima resistência ao regime ditatorial. Imobilista, dizia-se. A decepção por parte das hostes comunistas promoveu a debandada de milhares de militantes, parte dos quais "desbundou" – expressão usada para denominar o abandono de qualquer perspectiva de luta –, outra parte indo para os diversos "rachas" do Partidão que decidiram pegar em armas contra o regime militar. Foi para essa turma que Marighella transformou-se em referência.

O líder comunista baiano passou a organizar sua dissidência enquanto insistia em participar das ações mais audazes – era essa a sua forma de se distinguir dos burocratas do partido, à época criticados pelo distanciamento das lutas reais. Aos 54 anos, Marighella era cérebro e músculos da organização, mas o nome Ação Libertadora Nacional (ALN) só seria convencionado em 1968.

A ALN foi um agrupamento guerrilheiro vanguardista em tudo. Aposentou – por invalidez – a velha verticalidade bolchevique, tão característica das organizações leninistas, em prol de uma estrutura em rede, como a dos coletivos modernos. Colocou toda a ênfase na ação, única legitimadora do verdadeiro comunista. Marighella escreveu em seu *Minimanual do guerrilheiro urbano* – obra seminal de 1969 que inflamou movimentos anti-establishment em todo o mundo –, que "a obrigação de todo revolucionário é *fazer* a revolução".

De fato foram desencadeados muitos "fazeres": teve assalto a bancos – ações às quais os guerrilheiros chamavam de "expropriação"; assalto a um trem pagador; ocupação da Rádio Nacional, com a divulgação de um "Manifesto à Nação" escrito pelo próprio Marighella; bombardeio de instalação militar; sequestro de embaixadores em troca da libertação de camaradas presos e torturados pelo regime; teve assassinato de traidores e de integrantes das forças policiais e repressivas – ações às quais a ALN denominava "justiçamentos" –; além de resgate de camaradas presos em um presídio no Rio. A ditadura civil-militar bem que tentou carimbar nessas ações o estigma de crime, e para isso recebeu a caprichosa colaboração da grande mídia. A capa da *Veja* datada de 20 de novembro de 1968, por exemplo, não deixava por menos: como nos cartazes de filme de bangue-bangue, a revista estampou essa edição com uma foto de Marighella acompanhada da chamada "Procura-se". A polícia não faria melhor.

Nessa época, os rigores da clandestinidade tornaram-se mais exigentes, beirando a paranoia, porque agora envolviam armas, esquemas táticos, ações espetaculares, traidores e tiras – muitos mesmo. Clara, que nunca aprendeu a atirar, ficava na retaguarda, enquanto o marido viajava, cumpria pontos, organizava e preparava os militantes para a luta. Mas eles nunca se perderam um do outro. No último dia da vida dele, ela também estava à sua espera.

"Mataram 'o menino'! Acabou tudo! Acabou tudo!"

O "inimigo público número 1" da ditadura já tripudiara demais. Um silêncio tenso e os olhos de Clara Charf se encheram de lágrimas. Não há narrativa que dê conta da enormidade do que aconteceu naquele

MULHERES ASSASSINADAS PELA
DITADURA MILITAR
Alceri Maria Gomes da Silva
Ana Maria Nacinovic Corrêa
Ana Rosa Kucinski Silva
Anatália de Souza Alves de Melo
Eleni Telles Pereira Guariba
Elenira de Souza R. Nazareth
Ieda Santos Delgado
Isis Dias de Oliveira

MULHERES ASSASSINADAS PELA
DITADURA MILITAR

4 de novembro de 1969, dia do assassinato de Carlos Marighella pelos policiais do Departamento de Ordem Política e Social (DOPS) de São Paulo, chefiados pelo delegado e torturador Sérgio Paranhos Fleury, codinome do horror. Clara não conseguiu me contar sobre o fim da vida de Marighella.

Está, contudo, registrado na magistral pesquisa do jornalista Mário Magalhães, autor de *Marighella: o guerrilheiro que incendiou o mundo* (2012), o momento em que ela recebeu o convite insólito de um militante que se encontraria com o líder da ALN naquela noite, e que foi um dos primeiros a saber que a caçada a ele tinha terminado: "Quer tomar um conhaque?", perguntou ele.

Clara desabou quando entendeu: "Mataram 'o menino'! Acabou tudo! Acabou tudo!". Proibida até nesse momento extremo de dizer o nome do grande amor, restou-lhe o carinhoso e maternal vocativo: "o menino".

> *Oh, pedaço de mim*
> *Oh, metade adorada de mim*
> *Lava os olhos meus*
> *Que a saudade é o pior castigo*
> *E eu não quero levar comigo*
> *A mortalha do amor*
> *Adeus*
> (Chico Buarque, "Pedaço de mim", 1968)

Os camaradas da já reduzida ALN, àquela altura praticamente destroçada, apressaram-se em retirar Clara do Brasil – ela corria um risco enorme de ser capturada e assassinada pelos chacais do governo. Então ela seguiu para Cuba, onde trabalhou como tradutora. Foi com a roupa do corpo e levando um retrato de Marighella. "Ali estava a única coisa que sobrou do nosso apartamento. O resto todo foi queimado. Fui abraçada com essa foto para Cuba. Não a largava por nada", rememorou.

< Sem se dizer feminista, mas sendo, Clara participa de ato em memória de mulheres assassinadas pela ditadura. Crédito: Carolina Vilaverde, 2019/Arquivo pessoal

Já na ilha dos "revolucionários barbudos", como eram chamados os guerrilheiros cubanos, Clara ainda foi obrigada a manter-se na clandestinidade, pelo risco de haver agentes infiltrados entre os exilados, e porque nunca se sabia quando e quem faria a viagem de regresso. Lá, o nome de guerra adotado por ela foi Claudia González. Foram dez anos de exílio cubano, durante os quais Clara teve a oportunidade de ver sua família apenas uma vez, em Portugal, logo depois da Revolução dos Cravos, em abril de 1974, que pôs fim à ditadura obscurantista que dominava o país desde 1933. Sara foi com os filhos ao encontro da irmã, uma lembrança que ainda hoje a emociona a ponto de transbordar em lágrimas.

O regresso de Clara ao Brasil ocorreu em 1979, com aprovação da Lei da Anistia. Clara tinha, então, 54 anos e uma vontade danada de falar, de sorrir e contar o que sabia do heroico guerrilheiro. "Eu estava contentíssima", diz. A todo momento, era convidada para falar sobre Cuba ou sobre Marighella. Filiou-se ao Partido dos Trabalhadores (PT) no dia 29 de junho de 1981, e logo mais, em 1982, a pedido da comissão de mulheres do partido, candidatou-se a deputada estadual. Recebeu quase vinte mil votos, mas não se elegeu. Atuou na Secretaria de Mulheres e na Secretaria de Relações Internacionais do partido.

Clara lê os jornais todos os dias. Encara com resignação os limites físicos que uma fratura no fêmur lhe impõe: para caminhar, ela precisa se apoiar sobre um andador.

Em 1996, ao lado de Carlinhos Marighella, Clara requereu à Comissão Especial sobre Mortos e Desaparecidos Políticos, criada pela Lei 9.140/95, o reconhecimento da responsabilidade do Estado sobre a morte de Carlos Marighella. Ao fim do processo, a comissão concluiu que o militante foi de fato assassinado pela polícia sem nenhuma possibilidade de defesa, e determinou que a viúva e o filho dele fossem indenizados. "Foi uma de minhas maiores felicidades restabelecer a verdade sobre a covardia que a polícia política cometeu contra Marighella", diz.

Clara lê os jornais todos os dias. Encara com resignação os limites físicos que uma fratura no fêmur lhe impõe: para caminhar, ela precisa se apoiar sobre um andador. Sofreu com a prisão, que julga injusta, do amigo e ex-presidente Luiz Inácio Lula da Silva. Ainda é uma comunista e sustenta a fé absoluta de que um dia se materializará aquela sociedade, por ela sonhada desde a adolescência, em que todos serão iguais. Em que a felicidade será possível e o normal consistirá em dividir as coisas que você tem com pessoas que não as têm. Ainda se refere a Carlos Marighella, seu primeiro e único amor, como se ele fosse entrar pela porta a qualquer instante.

Após voltar do exílio em Cuba, Clara nunca mais parou de dizer, e repetir, teimosa e infinitamente: "Carlos Marighella". É como se todo o silêncio imposto pelas décadas de clandestinidade precisasse ser exorcizado pela colorida e expressiva fala do amor que se mantém vivo. ■

Crédito: Arquivo pessoal

LAURA CAPRIGLIONE

Nasceu em São Paulo, tendo estudado Física e Ciências Sociais na Universidade de São Paulo (USP). Atualmente, impulsiona com outros colegas a rede Jornalistas Livres, focada na cobertura de Direitos Humanos e Sociais. Trabalhou como repórter especial do jornal *Folha de S.Paulo* entre 2004 e 2013 e dirigiu o jornal *Notícias Populares*, voltado à reportagem policial. Exerceu o cargo de editora-executiva da revista *Veja*. Conquistou o prêmio Esso de Reportagem 1994, com a matéria "Mulher, a grande mudança no Brasil". Foi editora-executiva da revista até 2000.

Crédito: Carolina Vilaverde

ANA DIAS

Uma teimosa que desabrochou com a luta

Eleonora de Lucena

– Desce!

– Não desço!

– Desce!

– Não desço!

Ao lado do motorista, Ana Maria do Carmo Silva estava irredutível. Encharcada pela chuva, ela se agarrava ao banco. Não iria sair do rabecão que levava o corpo do marido na parte de trás. Fazia poucas horas que Santo Dias da Silva tinha sido assassinado em frente à fábrica Sylvania, na Zona Sul de São Paulo. Ao lado do carro, policiais gritavam:

– Comunista!

– Subversivos!

– Vagabundos!

– Sem-vergonha!

Ana tremia. Não era de medo. Era de raiva.

Poucas horas antes do raiar daquele mesmo dia, quando se viram pela última vez, Santo recomendara que ela carregasse uma blusa. Ana pegara, meio a contragosto, uma peça que fizera, de crochê verde e vermelho. Não estava frio, mas o marido insistira no agasalho. Temia que a mulher fosse presa e precisasse de um abrigo.

A greve dos metalúrgicos passava por um período tenso. Havia divisões entre os operários. A repressão apertava. Militantes estavam sendo presos.

O casaquinho – símbolo daquele carinho expresso pela manhã – sumiu na confusão.

Chovia muito naquela tarde de 30 de outubro de 1979. Na entrada lateral do Pronto Socorro de Santo Amaro, Ana já não sentia nem frio, nem fome, nem sede. A calça lilás-claro e a camiseta branca com desenhos minúsculos estavam empapadas: a umidade tomava conta dos sapatos pretos baixos. De repente, Ana virou fera.

Foi quando entendeu o zum-zum-zum dos policiais. Encostado numa pilastra ao lado do rabecão, um homem de calça marrom e camisa amarela sussurrou para o motorista: era preciso "se livrar daquilo" rapidamente. "Aquilo", percebeu Ana, era o corpo de Santo. Grudada ao banco, ela berrou de dentro da caminhonete:

– Gente! Eles vão sumir com o corpo do Santo!

Amigos, metalúrgicos, militantes já se aglomeravam por ali. Alguém respondeu: "Eles podem ir para o inferno, mas nós vamos junto".

O burburinho cresceu, e a caminhonete disparou. Atrás, um cortejo de apoiadores de Santo buscava acompanhar a corrida. No percurso até o Instituto Médico Legal, em Pinheiros, o veículo policial não deixou de acelerar. Sirene ligada, passou sinais vermelhos, subiu em calçadas, balançou sem dó. Cada vez mais tensa, Ana chacoalhava a cada curva desvairada. Tentava organizar os pensamentos.

"Não é comigo", chegou a pensar quando, minutos antes, fora levada para um quartinho no subsolo do hospital. Lá, vira o corpo de Santo nu. A camisa ensanguentada e com marcas de tiro estava jogada no chão. Com o choque, achou que tinha perdido o juízo. Agora, dentro da viatura, estava obstinada a cumprir uma missão: salvar o corpo do marido.

Sua vida tinha mudado definitivamente.

Pindaíba na roça

Teimosa. É assim que Ana define a si mesma. Acha que herdou a característica da mãe, que tinha coragem de enfrentar padre, patrão, médico. "É um pouco do sangue. Muitas vezes tive tudo para desistir, mas não desisti. Minha mãe parecia um homem para trabalhar. Era corajosa, decidida, batalhadora. Quando via coisa errada, criticava. Ela me achava mole, porque eu era medrosa", diz.

Na memória de Ana Dias, nome pelo qual ficou conhecida, a mãe encarava os poderosos de plantão olhando-os nos olhos. Ao interlocutor, costumava dizer: "Eu não sei ler nem escrever, mas conversar eu sei". Ela se chamava Santa Ferreira Batista. Na Bahia, onde nasceu, teve um companheiro muito violento. Recebia surras e teve seu cabelo cortado com faca por ele.

Santa resolveu fugir quando um jovem de 19 anos lhe fez uma proposta: pegar um pau de arara que rumava para São Paulo. Vindo do norte de Minas Gerais, José Antônio do Carmo era quase cinco anos mais moço que ela. Santa topou a aventura e nunca mais voltou para Tremedal, terra dos pais e do primeiro marido.

Santa e José Antônio desembarcaram em Campinas, onde os fazendeiros precisavam de mão de obra barata para os cafezais. Passaram a viver juntos. Improvisaram uma morada. "Não tinham nem sal para pôr na abóbora. Minha mãe nunca tinha usado um sapato. Nunca tinha visto luz elétrica. Nunca tinha visto um carro", relata Ana.

Logo se estabeleceram em Terra Roxa, no norte do estado de São Paulo, entre Bebedouro e Barretos, a cerca de 400 quilômetros da capital. Santa descobriu que viajara grávida do companheiro baiano. José Antônio assumiu a criança e teve mais oito filhos com ela. Ana foi a quinta – nasceu em 16 de janeiro de 1943, na cidade de Pitangueiras.

A família toda trabalhava na fazenda, que produzia café, arroz, feijão, amendoim, algodão, milho. José Antônio cuidava dos animais; Santa e os filhos iam para a roça. A rotina era dura. Ana lembra que, com 6 ou 7 anos, recebeu uma pequena enxada para capinar. "Eu não gostava de trabalhar na roça. Era sofrimento: formiga, chuva, barro, molhado, pau de arara", relembra Ana, acrescentando: "A gente nunca comia carne. Galinha, só quando estava doente. Comíamos o que plantávamos no meio do cafezal: verdura, abobrinha, quiabo. Se a gente colhia trinta sacas, quinze eram para o patrão. Com as nossas quinze, tínhamos que pagar todas as despesas. Não tinha dinheiro; a gente comia de caderneta".

Era esse modelo de quase escravidão que vigorava na região nos anos 1940, como anotam Luciana Dias (filha de Ana), a repórter Jô Azevedo

> Ana Dias e seu companheiro Santo Dias, com os filhos Luciana e Santinho. Crédito: Carolina Vilaverde, 2019/Arquivo pessoal

e a fotógrafa Nair Benedicto no livro *Santo Dias: quando o passado se transforma em História* (2004):

> A sujeição ao armazém – geralmente ligado aos fazendeiros – endividava parceiros e meeiros durante todo o ano. Os adiantamentos em alimentos eram marcados na caderneta, e, quando se fazia a conta, no final da safra, o parceiro praticamente nada tinha a receber pelo seu trabalho. Isso quando não ficava devendo algum valor, que naturalmente seria descontado na safra seguinte.

Apesar da situação precária, Ana classifica a casa de sua infância como "maravilhosa": tinha pátio na frente e nos fundos, flores em cercadinhos, porcos e galinhas perambulando por todos os lados. Morava no que se chamava "colônia", um conjunto de moradias geminadas.

"Caprichosas, as pessoas lavavam tudo com cinza. Dentro de casa, poucos pratos e xícaras. Latas vazias serviam como utensílios. Outros, feitos de ágata, furavam sempre. Para consertá-los, a mãe dava um jeito de vedá-los 'costurando' as aberturas com fiapos de roupa. Não se sabia a cor da roupa. Era de remendo. Elas ficavam com muitos buracos por causa do trabalho na roça. Minha mãe não deixava a gente jogar nada fora, éramos muito econômicos", afirma Ana.

O Natal era um desafio para dona Santa, a mãe trabalhadora. Ana se lembra do que se passou quando tinha oito anos: "Eu queria ganhar uma boneca. Papai Noel não trouxe. Trouxe uma bonequinha que eu tinha vontade de jogar no lixo. Era de plástico duro, parecia um monstrinho. Eu olhei aquilo e tive raiva daquele Papai Noel".

Dois irmãos de Ana morreram ainda crianças, de desidratação. Na família havia momentos de tensão: "Minha mãe era muito brava. Batia muito, como todos os pais [da época]. Batia de chicote de bater em animal. De marcar as costas e levantar aqueles caroços. Não era uma vez ou outra. Depois que eu casei, ela veio me pedir perdão".

Ana avalia as razões para a violência da mãe: "Meu pai era muito bonito, e minha mãe, não. Minha mãe tinha ciúmes dele. Meu pai era mulherengo. Ela tinha os problemas com o marido. Eu era a filha mais próxima dela. Então ela descontava todas a mágoas em quem estava mais próximo. Eu apanhava injustamente por causa da raiva dela. Ela descontava em mim".

Ana lembra de uma surra grande que recebeu: "Chovia. Eu fiquei com tanta raiva que pensei: 'Podia cair um raio e me matar!'. Eu tinha revolta por apanhar sem merecer".

Uma parte boa das memórias da juventude está na vida escolar. Por insistência da mãe, todas as crianças foram estudar. Analfabeta, dona Santa dizia: "Não quero que meus filhos sejam cegos como eu". Cega por não saber ler: era assim que ela se via.

Estudar e lavar privada

Certa vez de montaria
Eu descia o Paraná
E o caboclo que remava
Não parava de falar
Ah, ah, não parava de falar
Ah, ah, que caboclo falador

Ana cantarola os primeiros versos de "Uirapuru" do maestro paraense Waldemar Henrique da Costa Pereira (1905-1995), uma das canções que marcaram sua passagem pela escola. Antes das aulas, a turma toda ficava de pé e aprendia a se divertir com música. Hino nacional e folclore – eram momentos de contentamento. Ana se lembra: "Eu era muito privilegiada. No primeiro dia que fui para a escola, usei uma saia azul marinho de preguinha, com suspensório, com uma camisinha branca e uma gravatinha azul marinho. O pai comprou um guarda-chuvinha para mim. Eu tinha um cabelo muito armado, negro. Minha mãe me arrumou direitinho, e eu fui bem feliz para a escola. Gostava de estudar".

Nessa escola, Ana estudou até o quarto ano do primário. Era o possível de ser feito ali naquele momento. Décadas mais tarde, depois de ficar viúva, é que ela completou o ensino fundamental. Finda a fase escolar em Terra Roxa, dona Santa queria que a filha, que já estava com 13 anos, voltasse a trabalhar integralmente na fazenda. Ana ouviu a mãe dizer: "Não vou criar empregada para lavar privada de ninguém". O que fez? "Fui trabalhar como doméstica, contra a vontade da mãe", conta ela.

Ana, a teimosa.

Trabalho escravo em Higienópolis

As transformações no campo iniciadas nos anos 1950 atingiram em cheio a família de Ana. A crescente concentração de terras e o aumento da mecanização provocaram a expulsão de trabalhadores rurais. O êxodo para as cidades se intensificou, como mostra Maria da Conceição d'Incao e Mello em *O boia-fria: acumulação e miséria* (1983). Ao mesmo tempo, a legislação trabalhista de Getúlio Vargas chegava às fazendas, e os camponeses começavam a se mobilizar por direitos e pela reforma agrária.

"Começaram as mudanças e os patrões mandaram todo mundo embora. Nós tivemos que ir para uma casinha pequeninha em Viradouro. Viver do quê? De brisa?", diz Ana.

A saída foi continuar buscando trabalho na lavoura, de forma cada vez mais precária. Ana foi trabalhar para a família dos donos da fazenda onde crescera. Eles tinham um apartamento em Higienópolis, na praça Buenos Aires, em São Paulo. "Eu fazia limpeza. Morava no emprego. Não tinha carteira assinada, não tinha férias, não tinha folga, nem domingo, nem feriado. Quando faziam jogos à noite, eu tinha que servir até 10, 11 horas da noite", relembra.

Ana trabalhava uniformizada e não podia sair do apartamento. O baixo salário ia direto para a família em Viradouro. Quando pensa nessa fase da vida da mãe, a filha Luciana desabafa: "Minha mãe trabalhava como escrava".

As férias dos fazendeiros levavam Ana de volta a Viradouro. Nesses períodos, ela trabalhava na casa grande e mal tinha tempo de visitar a família na cidadezinha. Foi nessas idas e vindas que ela conheceu Santo Dias da Silva.

> Ana discursa em ato realizado em plena ditadura para denunciar o assassinato de Santo Dias enquanto panfletava em frente à fábrica Sylvannia. Crédito: Carolina Vilaverde, 2019/Arquivo pessoal

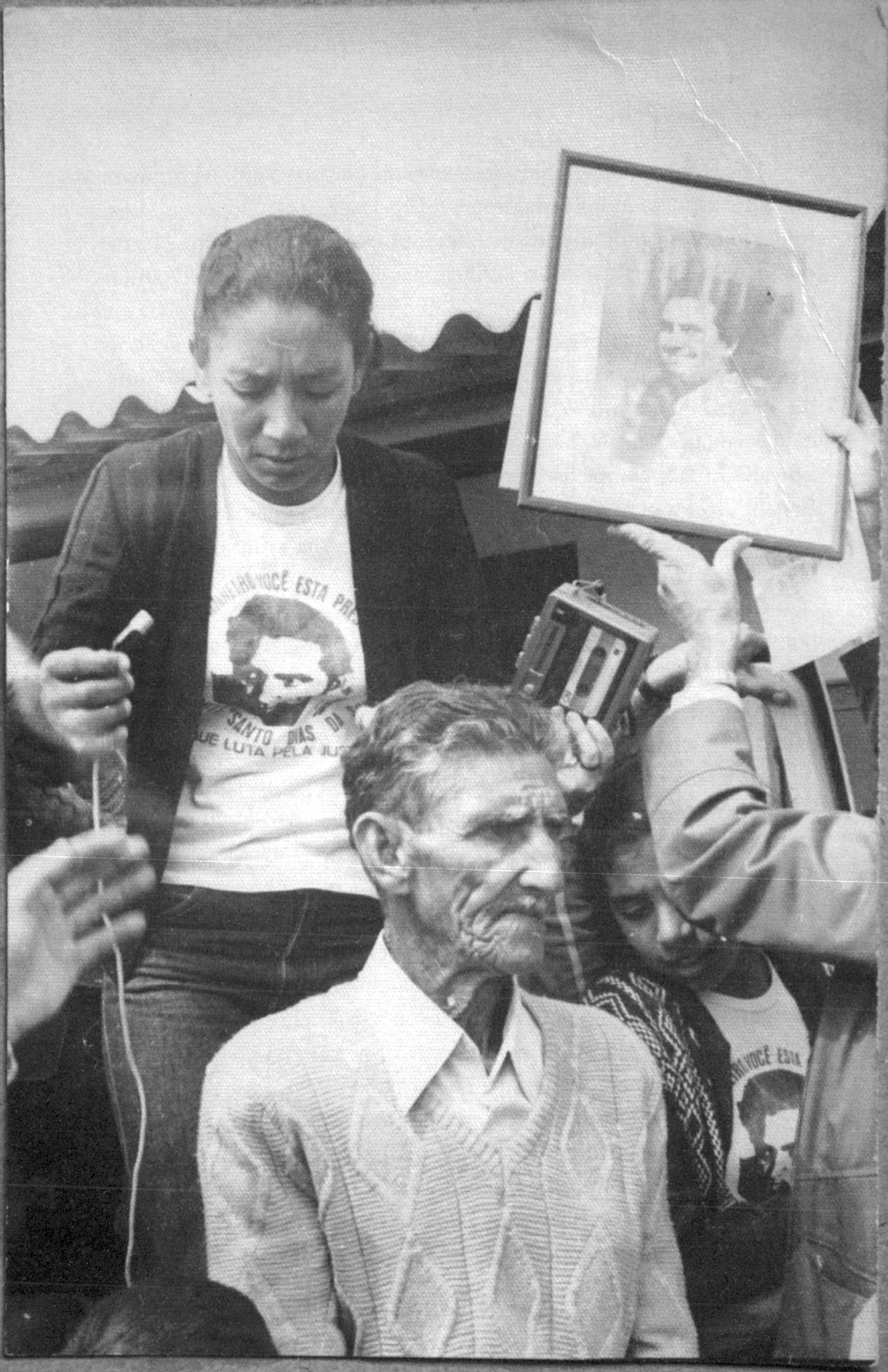
VOCÊ ESTA
SANTO DIAS DA
LUTA PELA

Missa, fábrica e jardim

Feio. Magro. Desengonçado. Assim lhe pareceu Santo na primeira vez que o viu. Foi numa festa promovida pela igreja católica em Colina, município a 45 quilômetros de Viradouro, ao sul de Barretos. Nesse dia, não chegaram a se falar: "Olhei para ele e deixei para lá. Não faz minha praia", lembra Ana.

Mas eles passaram a se cruzar em Viradouro e na fazenda. Os dois trabalhavam para a mesma família. O namoro começou: "Todo mundo achava o Santo muito inteligente. O pai dele trabalhava de meeiro, cuidava de pés de café. Santo não queria ficar trabalhando só na roça, no café. Então, ele mexia com bomba, engenho, eletricidade, trator. Era curioso, caipira, tímido. A inteligência dele era maior do que toda aquela timidez. Ele era pau pra toda obra. Não lia muito; gostava de descobrir as coisas", conta.

O namoro entre Santo e Ana, naquele momento, parecia ser um bom arranjo para o fazendeiro: era vantajoso ter dois bons trabalhadores ligados à propriedade. "O patrão queria que eu namorasse o Santo. Como ele era muito envolvido dentro da fazenda, achava que seria útil para tudo", relata.

Na virada para os anos 1960, as mobilizações por direitos, maiores salários e melhores condições de trabalho começaram a agitar o campo no Brasil. Associações e sindicatos rurais foram organizados pelo interior. A reforma agrária passou a ser tema nacional.

Nessa época, passou pela região de Viradouro um advogado falando sobre a exigência da carteira assinada para o trabalhador rural. Houve até uma greve no alambique da fazenda. O proprietário reagiu e expulsou os camponeses. O clima passou a ficar tenso. O movimento de reivindicação crescia, enquanto aumentava a pressão patronal para que os trabalhadores abrissem mão de direitos.

"Os patrões queriam mandar matar quem se envolvesse. Santo quis saber. Eu era alheia, não sabia de nada. Ficava com medo, achava perigoso. Santo e outros trabalhadores começaram a se organizar. Quando ele se envolveu com esse negócio de querer carteira assinada, sindicato, o patrão falou que ele era comunista. Expulsou Santo da fazenda. Ele teve que sair em 24 horas. Com a cara e a coragem. Ele, que era pessoa de confiança, passou a ser perigoso. Não podia mais entrar na fazenda. E o patrão achou que eu não devia mais namorar com o Santo."

Mas o namoro seguiu. Santo e a família foram morar em Viradouro. Alugaram uma casa em frente à dos pais de Ana, na rua José Bonifácio. As famílias passaram a ter convivência próxima. Para Santo e os irmãos, o caminho esperado era buscar trabalho como boia-fria. "Eu continuei na fazenda, mas não era a mesma coisa, pois não gostavam mais do meu namorado. Continuamos namorando. Um dia ele me disse: 'Não vou ficar aqui. Vou para são Paulo'. E foi trabalhar numa metalúrgica em Santo Amaro."

Dois meses foram suficientes para Santo se decidir a deixar de ser boia-fria e partir para a grande metrópole – como estavam fazendo centenas de milhares naquela época no Brasil. A industrialização deslanchava, e a oferta de oportunidades de emprego aumentava. Sem reforma agrária, a falta de perspectiva e as condições precárias de vida no campo empurravam os trabalhadores para as grandes cidades.

Dois meses foram suficientes para Santo se decidir a deixar de ser boia-fria e partir para a grande metrópole – como estavam fazendo centenas de milhares naquela época no Brasil.

"A gente namorava por carta. Era uma delícia. O dia que eu recebia a carta dele eu lia uma vez, duas vezes. Eram umas cartas bobas, mas para a gente era uma maravilha", relembra ela. Luciana Dias e as coautoras do livro *Santo Dias: quando o passado se transforma em História* (2004) reproduzem algumas delas.

Em 7 de setembro de 1962, ainda em Viradouro, Santo escreveu para Ana:

"Ana Maria, você me pergunta se tenho passeado muito, mas meus pensamentos são poucos... é só missa e trabalho, tenho também o jardim, mas não vale sem você ao meu lado, porque você é única coisa embeleza o meu sonho, é a única coisa que me faz viver sorrindo, e, parece, é a única que entrou no meu coração para me fazer amar tanto assim".

Já em São Paulo, em 16 de outubro de 1962, Santo manda outra carta:

"Estou morando em Santo Amaro, na casa de um tio meu, cheguei dia 9 e vou entrar em serviço dia 18, na Metal Leve, vou trabalhar na fundição. [...] Ana Maria, tenho muita saudade sua, mas algum dia nos encontraremos, talvez em janeiro, aonde ficamos tratados, não sei se você esqueceu, mas procure relembrar porque eu não esqueci do que tratamos".

O casamento, na igreja, foi em 1965, em Viradouro.

Desespero para sair do aluguel

– O senhor não quer alugar a casa? É para um casal.

– Ele é preto?

– É.

– Ihhhh! Eu não alugo para preto.

– Mas se o senhor soubesse como esse preto é decente...

– Ah, mas eu tenho medo. Eu não gosto de preto.

A conversa aconteceu entre um amigo de Santo e o dono de uma casinha na avenida das Belezas, na Zona Sul de São Paulo. O amigo tentava convencer o proprietário a alugar um imóvel para os recém-casados. Depois de certa hesitação, o negócio foi fechado, e o amigo contou o diálogo a Ana.

Ela ia fazer 22 anos, era miudinha: quarenta quilos, 1,55 metro de altura. Em pouco tempo engravidou. Santo estava empenhado no trabalho. "Ele logo entrou no sindicato. Fazia tudo o que era curso, Sesi, Senac, porque era só ajudante."

Em casa, Ana queria ajudar nas contas da família. Santo preferia que ela cuidasse do filho que estava a caminho. Dizia que tinha condições de sustentar a todos. "Mesmo assim, eu arrumava roupa para lavar, para fazer. Fazia bordado. Tudo para ajudar no financeiro de casa. Eu era muito minha mãe. Queria sair do aluguel", diz Ana.

Ela se lembra que "a casa tinha uma cozinha bem pequenininha. O banheiro era lá fora. Horrível! O quarto era um pouco maior. Na sala não tinha nada. A gente não tinha TV, geladeira, sofá. Não tinha nada.

Só os móveis do quarto. O resto a gente improvisava com caixote de feira". Mesmo com essa precariedade, a casa estava sempre cheia. Eram cunhados, irmãos, parentes que vinham tentar a vida em São Paulo e tinham no casal um ponto de acolhimento e apoio. "Até quase o dia em que o Santo morreu, tinha gente morando conosco", afirma Ana.

Os dois filhos do casal vieram um depois do outro. Santo Dias da Silva Filho nasceu em 21 de novembro de 1965. Luciana chegou em 21 de junho de 1967. A vida era dura naquela parte da periferia paulistana, efervescente pela expansão fabril e pela chegada de novas levas de trabalhadores. Faltava todo tipo de infraestrutura urbana. Com duas crianças pequenas, Ana se desdobrava para cuidar da família.

"Vivíamos numa pindaíba. Ele chegava com o salário. Se era para gastar dez, eu gastava cinco. Coloca cinco no pé de meia para comprar um terreno. Demos a entrada e depois tínhamos quarenta prestações. Para fazer um quarto, uma cozinha e um banheiro, a gente trabalhava no fim de semana. Eu e ele. Que nem uns loucos. Quantas vezes eu chorava. Mas meu Deus do céu! Como é possível não ter um cruzeiro! Não ter uma gota de óleo para pôr no arroz! Eu deixava tudo para as crianças. Era o leite, o pão. Não passava fome, mas não comia o que era necessário. Peguei uma anemia brava."

A vida era dura naquela parte da periferia paulistana, efervescente pela expansão fabril e pela chegada de novas levas de trabalhadores. Faltava todo tipo de infraestrutura urbana.

Ana evitava reclamar da falta de dinheiro para Santo. Ele tinha outra visão, menos afoita, sobre a economia familiar.

"Ele falava assim: 'Ana, você quer as coisas muito rápido. Vamos tentar nos alimentar, comer alguma coisinha melhor, mesmo que demore um pouquinho mais [o terreno, a casa]'. E eu naquele desespero: 'Tenho que sair desse aluguel'. Poupar, poupar, poupar. Eu não como, mas eles comem, não tem problema. Isso eu fiz muitas vezes e não me arrependo, não. A gente conseguiu. Mas quando ele estava com 37 anos, a gente tinha acabado de aumentar três cômodos. Não tinha piso, não tinha forro, não tinha muro, não tinha nada. Era só a cara e a coragem. Era muito sofrimento. Quando a gente começou a melhorar, ele não morre?"

Questionar tudo

Na altura do número 200 da rua Quararibeia, na Zona Sul de São Paulo, algumas dezenas de pessoas se aglomeram. Portam faixas, cartazes, latinhas de tinta e rolinhos para pintar. No chão, as palavras pintadas em letras maiúsculas ganharão um reforço em vermelho: "Aqui foi assassinado o operário Santo Dias da Silva no dia 30 de outubro de 1979 pela Polícia Militar".

Ano após ano, a cerimônia se repete, sempre no aniversário da morte de Santo. Reúne familiares, amigos, sindicalistas, ativistas, religiosos em frente ao lugar onde funcionava a fábrica de lâmpadas Sylvania, no exato local do assassinato. Sempre às 14 horas do dia 30 de outubro. O grupo pinta o asfalto, canta, reza, discursa.

Ana pega o microfone: "Temos o povo que teima e vai continuar na luta. Eles derrubaram o Santo, derrubaram muitos, mas não vão matar a todos. A luta continua!".

O povo teima. Ana, a teimosa, entra na passeata rumo ao cemitério de Campo Grande, onde Santo foi enterrado. Vai cumprimentando todos, abraça, beija. No caminho de poucas centenas de metros, encontra vizinhas daqueles tempos de militância na Zona Sul da capital.

A auxiliar de enfermagem Maria Lúcia Correia da Silva é uma delas. Há mais de cinquenta anos, ela fez a viagem de Salvador a São Paulo para buscar oportunidades. Foi morar na mesma rua que Ana. As duas participaram dos clubes de mães e do Movimento Contra a Carestia, que mobilizou milhares pelo país. "A Ana procurava sempre ajudar as pessoas. Ela lutou muito. Sempre na correria", conta Maria Lúcia.

A pedagoga Odete Marques é outra que participou ativamente daquele momento. Com Ana, atuava nas Comunidades Eclesiais de Base (CEB) e nos clubes de mães. Lembra das reuniões e das ações: "Sentávamos na sala da casa de Ana para conversar em círculo. Tinha bolinho de chuva, bolacha, café, suco. Depois, fomos fazer várias pesquisas de porta em porta. Perguntávamos quanto a família ganhava, quanto gastava. As mulheres eram as que mais participavam. Era um trabalho de formiguinha", diz.

Eram as mulheres as que mais sentiam, naquela época, a política de concentração de renda imposta pela ditadura. Os salários não conseguiam acompanhar a alta dos preços. Elas tentavam esticar ao máximo o dinheiro e improvisavam bicos.

As famílias trabalhadoras, jogadas para regiões sem a mínima infraestrutura urbana, penavam com a falta de transporte, de escola, de creche, de posto de saúde, de calçamento, de esgoto, de água, de luz. Faltava tudo. E tudo o que depois passou a existir, ainda que de forma precária, foi resultado de luta.

Ao lado de Ana, a professora Irma Passoni estava no epicentro daquelas transformações nas periferias do Brasil. Religiosa, ela resolveu morar em um bairro operário, seguindo as recomendações do Concílio Vaticano II, que pregava uma Igreja Católica voltada principalmente para os pobres.

"A Igreja sempre dizia para cuidar da alma, a vida eterna é depois. Nós entendíamos que não, que as mensagens bíblicas e as mensagens do Vaticano nos desafiavam a fazer mudanças aqui e agora. A salvação de agora, conseguindo ônibus, conseguindo escolas, conseguindo moradia, é aí que a gente ia se salvando, na verdade", declara Irma.

O cardeal dom Paulo Evaristo Arns apoiava a construção das comunidades de base, as pastorais. Nas reuniões com os moradores, discutia-se a Bíblia e, num segundo momento, os problemas das pessoas. Nos clubes de mães, a primeira parte do tempo era reservada ao ensino de trabalhos manuais (bordado, costura) e ao debate sobre a educação dos filhos. Depois, havia discussões sobre a situação geral dos trabalhadores e do país.

Irma conheceu Ana e Santo no início dos anos 1970. "Eram muito atuantes. Todo mundo conhecia os dois", diz Irma. O casal mergulhava de cabeça na militância: nos clubes de mães, nas CEBs, na Pastoral Operária.

Ana traz na memória a primeira reunião da qual participou: "Foi em 15 de novembro de 1971. Houve um convite da igreja para encontro. Era para falar do valor da pessoa humana. E eu lá sabia que pessoa tinha valor? Foi na capelinha de Santa Margarida, dentro de um brejo.

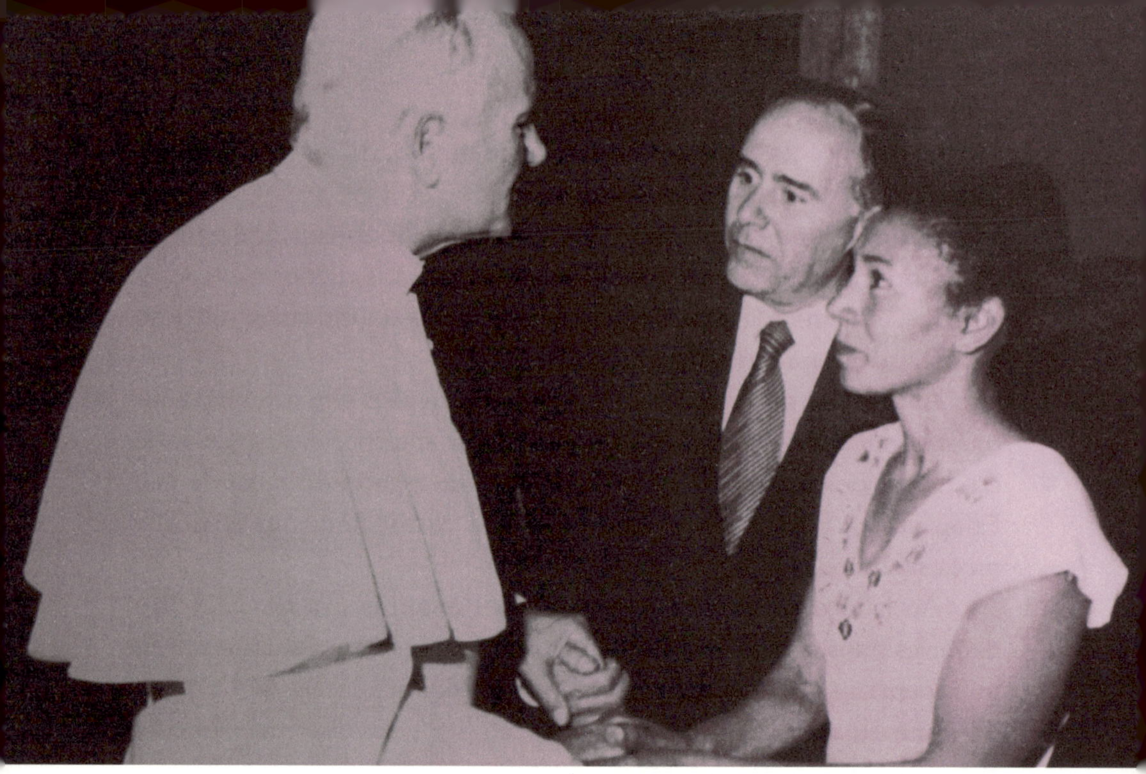

^ Papa João Paulo II recebe Ana Dias em Roma como parte das ações em defesa de memória, verdade e justiça para o companheiro morto. Crédito: Arquivo pessoal

O Santo foi junto. A gente era assim [nesse momento, Ana une e mexe os dois indicadores e sorri], onde estava um, estava outro. Encontramos lá a Irma, o Aurélio e a Conceição [Peres]. Foi bom e discutimos como dar continuidade e veio a ideia dos grupos de mulheres".

Aurélio Peres, que mais tarde seria eleito deputado federal, analisa: "Na Zona Sul de São Paulo, começamos a dar cursos nas paróquias para preparar lideranças. Os clubes de mães já existiam na Igreja, no estilo tradicional, mas eles ganharam um novo impulso, eu diria, a partir do tempero que deu sabor aos clubes de mães. Esse tempero foi a política".

Irma, que também foi eleita deputada pela força daquele movimento, lembra que a ideia do primeiro documento do grupo surgiu quando ela e Ana estavam lavando roupa. As duas fizeram um rascunho e levaram as anotações para as reuniões.

Tratava-se de uma carta para o presidente da República. Com a data de 23 de outubro 1973, foi assinada por "mães da periferia de São

Paulo". Num trecho, questiona: "Por que o Brasil é uma terra tão rica, mas as mães choram na hora de pôr a panela no fogo para fazer comida para os seus filhos?".

Foi o embrião do Movimento Contra a Carestia, que se espraiou pelo Brasil, tendo reunido 1,3 milhão de assinaturas em um abaixo-assinado que pedia o congelamento de preços e aumento de salários. O movimento organizou, em 27 de agosto de 1978, um ato na Catedral da Sé, que reuniu 20 mil pessoas.

Ana, Santo e os dois filhos, que tinham sido essenciais para toda aquela mobilização, estavam lá. Foram de ônibus de linha e saíram um pouco antes de começar a pancadaria da polícia contra os manifestantes. "Estávamos a dois quarteirões da catedral quando escutamos os estouros das bombas de gás lacrimogênio", lembra Santo Filho, o Santinho, hoje um arquiteto.

Luciana, formada em Pedagogia, também se recorda bem daqueles tempos intensos. Fala das reuniões que eles acompanhavam noite adentro. Destaca, ainda, a determinação da família em enfrentar hostilidades. Na escola, por exemplo, ela e Santinho eram chamados de "filhotes de subversivos". "Eu fui proibida de entrar na escola porque era taxada de comunista. Passamos a ser vistos como perigosos e, na rua, a gente se achava perseguido. Isso me deixava mal", diz Ana.

Nada disso abalava a disposição de seguir lutando, organizando, estudando. Ana se lembra das aulas que estudantes universitários iam dar na sua casa. De História, Política, Economia, Brasil. Naqueles anos, grupos políticos de esquerda passaram a participar, ainda que clandestinamente, da mobilização nas periferias.

Hoje, ela lamenta que um desses professores – justamente o que lhe ensinou sobre a Revolução Chinesa – tenha se tornado um apoiador da extrema direita. Para ela, uma virada incompreensível.

Luciana relembra a insistência dos pais na formação dos filhos: "A gente tinha que ler todos os dias, nem que fosse o boletim do sindicato". Aos domingos, depois da missa, a família fazia passeios, sempre com uma preocupação didática. "A diversão tinha que ter um sentido político", conta Luciana. Assim, foram ver com os pais a peça *Os saltimbancos*, fábula musical italiana adaptada por Chico Buarque. No cinema, a pedida era os clássicos *Tempos modernos*, de Charlie Chaplin (1936), e *Sacco e Vanzetti*, de Giuliano Montaldo (1971).

Sobre a efervescência daqueles anos, Ana faz um balanço: "A gente, que vinha da roça, da enxada, da cozinha, começou a questionar tudo. O Santo me apoiava em cem por cento. Ficava cuidando as crianças para eu ir às reuniões. Foi um aprendizado. Era uma organização. A gente conseguiu fazer com que a mulher saísse de casa, dividisse as tarefas com o marido, educasse o filho de forma diferente, conhecesse o papel do trabalho na sociedade. A gente nunca ficava na frente da discussão; deixava brotar. E brotava cada coisa bonita das próprias mulheres! É coletivo, uma construção".

Ela se emociona ao lembrar: "Você vê a mulher desabrochar. Uma analfabeta que, de repente, sabe que pode encarar o marido, encarar os filhos, a sociedade, a política. É um desabrochar. Não tem volta".

Rememorando a analogia da mãe – que achava que os analfabetos eram como cegos –, Ana diz que esse desabrochar é como se curar de uma cegueira e dizer: "Eu posso ter voz, vez, direito, voto". "Eu não só desabrochei, como ensinei minha filha e, agora, as minhas netas, que querem saber, querem ler. A gente fez e faz história. O que gente pode deixar é o testemunho de vida", afirma Ana.

Tratada como cachorro

Era para pegar todo o material e ir para a secretaria da escola. Quando Santinho recebeu o recado, naquela tarde de 30 de outubro de 1979, sabia que não era notícia boa. Com 13 anos, ele já acompanhava os pais às reuniões. Cansou de dormir em bancos de igrejas, como sua irmã Luciana, enquanto Ana e Santo participavam de debates.

Naqueles dias, a repressão era tema de conversa na hora do jantar. Santinho se lembra do pai falando que poderia ser preso. Para Ana, Santo tinha sido mais sombrio: "A coisa está meio violenta. Acho que vai ter muita gente presa. Isso se não tiver morte", disse ele à mulher, dois dias antes de ser assassinado. Mesmo assim, continuavam.

Ela se lembra de estar num Fusca com Santo horas antes, distribuindo panfletos em portas de fábricas. Pelo retrovisor, o marido a orientava sobre o melhor momento para jogar a papelada sem chamar a atenção da polícia, que estava por todo lado. Depois, teve maus pressentimentos: "Falei para os meninos: 'Vai acontecer coisa ruim'".

Quando o garoto entrou na sala da direção da escola, percebeu a tragédia. A diretora, uma pessoa conservadora, estava com os olhos marejados. O padre, que trazia a notícia, também. De início, ele falou em acidente. Luciana, então com 11 anos, perguntou se o pai estava bem. Santinho respondeu: "O pai da gente morreu". O choro desabou em todos.

Da escola, os filhos foram para o IML. Lá, encontraram a mãe numa sala. Santinho conta que, ali mesmo, a família foi xingada sem freios. "Subversivos! Baderneiros! Vagabundos!"

"Fui tratada como um cachorro", conta Ana. Ameaçavam enterrar Santo como indigente, pediam advogados, papelada. A hostilidade só acabou com a chegada de dom Paulo, que abriu caminho entre os policiais.

"Olha o que vocês fizeram!", exclamou o cardeal ao ver o corpo de Santo.

Em seguida, alguém se prontificou a pegar um copo d'água para Ana. Com firmeza, ela afastou políticos e sindicalistas que buscavam os holofotes do momento. Lá fora, o movimento operário se fortalecia. "Eles acharam que iam matar e que ia acabar a greve. E a greve só aumentou."

"Se a gente não tivesse tão envolvido, será que ele estaria vivo? Não sei", diz ela, rememorando o terremoto emocional daqueles dias.

Por dentro, Ana vivia momentos de angústia e questionamento. "Se a gente não tivesse tão envolvido, será que ele estaria vivo? Não sei", diz ela, rememorando o terremoto emocional daqueles dias. Mesmo despedaçada, conseguiu fazer um discurso impactante na missa de sétimo dia do marido: "O sangue que o Santo derramou foi em favor da luta operária. Que todos os operários que acham que não é certo morrer assim, pensem que só dá certo, só se consegue as coisas quando se luta", falou para a catedral lotada.

O que se seguiu foi dor. "Eu ficava prostrada na cama, não comia, não dormia, não aceitava. Eu, com 36 anos, era viúva com duas crianças.

Tinha uma freira que dizia: 'Por que que não mataram antes? Era comunista, durou muito'. Na minha família, falavam que ele tinha sido morto porque ele estava envolvido com comunista, subversivo. Tinha que ouvir que o Santo era bandidão!".

Logo depois do assassinato, o pai e o irmão de Ana vieram do interior para levá-la de volta. Disseram que ela estava envolvida em coisas perigosas. Ana se recusou a ir. "Não fui. Fui para Roma falar com o Papa."

De fato, logo ela começou a sua peregrinação pelo Brasil e pelo mundo em defesa da memória de Santo. Poucos dias após a morte do marido, foi para a Bahia participar de um congresso pela anistia, numa viagem cheia de imprevistos. Ao mesmo tempo que seguia atuando, sentia medo. "Andava sempre em sobressalto. Não atendia à porta", relembra.

Em meio ao sofrimento, encontrou conforto: "A gente tem muitas pessoas que nos encorajam. Não estava sozinha". Lembra-se de receber folhas cheias de marcas de óleo com anotações em azul e vermelho. Eram as páginas da vaquinha que os operários faziam para ajudar Ana e as crianças. "Eles iam em casa levar o dinheiro. Era ateu, crente, evangélico, católico, todos", conta. "Continuei atuando com clube de mães e trabalhava na creche que eu tinha ajudado a criar. Trabalhei até o ano 2000, quando me aposentei."

Enquanto lutava para reconstruir a vida com os filhos, corria o processo judicial sobre o assassinato. Em 8 de abril de 1982, o policial Herculano Leonel foi condenado pelo crime a seis anos de prisão. "Foi o dia mais feliz. Estava de frente para o assassino. Achei importante." Um ano e meio depois, a decisão foi revertida pelo Tribunal de Justiça Militar.

A vida seguiu, e Ana, em 1985, conheceu Sebastião, um metalúrgico. "Eu estava num ônibus. Ele morava perto da minha casa. Começamos a conversar. É dez anos mais velho do que eu. Quando veio para a minha companhia, achou que era muito agito. Eu fiz a ele duas propostas, como fazíamos nos clubes de mães. Se você quiser ficar comigo com o meu modo de ser, você fica. Se quiser ir embora, pode ir que não tem problema. Isso faz trinta anos e ele ainda está aí."

Apreensão com o futuro

"Uma corajosa, uma grande lutadora de causas simples e pequenas." Assim o padre Jaime Crowe, da Paróquia Santos Mártires, Zona Sul de São Paulo, define Ana. Ele trabalhava na coordenação da Pastoral Operária quando Santo foi assassinado. Acompanhou de perto aquele dia dramático de 1979.

Em 2018, na cerimônia pelo 39º aniversário da morte do operário, realizou a celebração final, no cemitério de Campo Grande. Todos estavam apreensivos com o futuro político, social e cultural do Brasil. Os discursos clamavam por resistência.

Nas conversas ali na rua onde Santo foi assassinado, Ana pede a retomada daquele movimento que deixou tantos frutos. Participa de tudo o que for preciso para defender as mesmas ideias de justiça e igualdade que abraçou na juventude.

Seus filhos falam da determinação da mãe na preservação da memória de Santo. Pelo país, em torno de cinquenta locais homenageiam o operário assassinado. Seu nome está em escola, ponte, parque, rua. Luciana ressalta: "Foi por conta dela que não o corpo de nosso pai não desapareceu".

Para dom Angélico Bernardino, bispo emérito de Blumenau e também protagonista de todo aquele movimento ocorrido em São Paulo, "Ana Dias é uma pessoa de resistência extraordinária. É daquelas heroínas do dia a dia".

Ana faz um resumo de sua trajetória até agora: "Fui mais teimosa do que toda a pressão que eu sofri". ■

Crédito: Fernanda Cernea

ELEONORA DE LUCENA

É jornalista. Nascida em Porto Alegre em 12 de novembro de 1957, graduou-se na Universidade Federal do Rio Grande do Sul (UFRGS). Atuou na imprensa de combate à ditadura civil-militar e em publicações como *Zero Hora* e *Gazeta Mercantil*. Foi editora-executiva da *Folha de S.Paulo* (2000-2010), onde trabalhou por 32 anos. Com Rodolfo Lucena, seu companheiro há quatro décadas, edita o TUTAMÉIA (https://tutameia.jor.br).

Crédito: Arquivo pessoal

DIANA PILÓ DE OLIVEIRA

A dona da história

Ines Garçoni

Tenho impressa no meu rosto
E no peito
Lado oposto ao direito
Uma saudade
Que saudade!
Sensação de, na verdade,
Não ter sido nem metade
Daquilo que você sonhou

Trecho de "Samba do Irajá", de Nei Lopes

Nos fundos de um armário, quase tão inacessíveis quanto os esconderijos de sua memória, Diana Piló de Oliveira guarda pilhas de folhas soltas e diários, nos quais despejou fragmentos de sua dor ao longo das últimas cinco décadas. São cartas e mais cartas escritas à mão, sempre à noite, endereçadas ao filho. Declarações de amor e de saudade que nunca puderam ser enviadas e que hoje sobrevivem como testemunhos de uma história angustiante.

Das lembranças de Pedrinho na casa da mãe, restam apenas uma pulseira banhada em prata e, na parede, um velho retrato em preto e branco do filho aos 20 anos. O apartamento da família, em Copacabana, é o mesmo onde Diana viveu a maior parte da vida, desde que chegou de Belo Horizonte, em meados dos anos 1970. Na sala, repleta de plantas e quadros de arte no estilo natureza-morta, há um grande armário de louças em madeira maciça, uma mesa de jantar com seis cadeiras e outros móveis antigos. A impressão que se tem é de que pouco ou quase nada mudou por ali nas últimas décadas.

Sentada à mesa numa cadeira de rodas, com cabelo escuro e curtinho penteado para trás, levemente maquiada, Diana parece ter dez anos a menos que os 95 que de fato tinha quando nos encontramos, em dezembro de 2018. Mantém o olhar distante quase o tempo todo. Quando comento sobre o calor que faz no Rio, ela retruca, enquanto prova uma fatia de abacaxi que lhe servem de sobremesa: "O Rio era muito mais quente quando vim morar aqui". Tudo parece em ordem na rotina de Diana e do marido, César Parga. Mas há um assunto sobre o qual a família decidiu não falar mais há cerca de dois ou três anos: o desaparecimento de Pedrinho. Se o tema vem à tona por iniciativa da própria mãe, marido e filhas fazem ouvidos de mercador. É como se não restasse mais nada a fazer senão evitar o sofrimento de uma nonagenária; o silêncio talvez seja o único refúgio possível para a sua dor.

Registros de uma saudade

Pedro Alexandrino de Oliveira Filho deixou a família no dia 25 de dezembro de 1969 para se juntar aos guerrilheiros do Partido Comunista do Brasil (PCdoB) na região do Araguaia. Desde então, nunca mais foi visto pela mãe nem por qualquer outro parente ou amigo. Alguns meses antes de sua partida, ele havia sido levado da casa da irmã Ângela por agentes do Departamento de Ordem Política e Social, o DOPS, num episódio traumático para as sobrinhas pequenas, na época com 3 e 4 anos, obrigadas a assistir à sessão de tortura na sala. Manchas de sangue ficaram nas paredes.

Foi então que Diana descobriu o envolvimento de seu filho na militância contra a ditadura civil-militar que se instalara no país desde 1964, e teve medo por ele. Dias depois, solto graças à influência de um tio, Pedrinho estava surdo de um ouvido e com o outro seriamente prejudicado. A camisa abotoada até o colarinho escondia as marcas de tortura no pescoço. "Pior do que apanhar e levar choques foi ver toda noite os policiais tirando cara ou coroa para saber quem comandaria o espancamento", contou às irmãs. "Eles gostam."

O delegado responsável era Marcelo Paixão, personagem nefasto da história da ditadura em Minas Gerais. Ângela lembra: "Mais de uma vez, esse homem arrebentou e revirou nossa casa e a de mamãe em busca de documentos, botava homens de tocaia atrás da gente, sempre tinha um carro parado na esquina de casa. Fazia o diabo". Diana lembraria num dos rascunhos de memória que traz guardados: "Paixão e seus companheiros tinham orgasmos ao torturá-lo. Foi quebrado por dentro e por fora, com fios elétricos".

Com Pedrinho longe das mãos do algoz, a mãe cuidou de seus ferimentos ainda mais carinhosa do que já costumava ser. Queria ver seu menino recuperado, mas ignorava completamente sua intenção de se juntar à luta armada muito em breve. "Mamãe, estão na minha cola, então, a hora que eu puder desaparecer, eu vou desaparecer", avisou Pedrinho dias antes de sumir. Ela sabia dos riscos, claro, porém jamais passou por sua cabeça vê-lo engajado a ponto de colocar a própria vida em risco. Conhecia apenas o lado amoroso – até mesmo ingênuo – do jovem de 22 anos, que gostava de cantar e tocar violão, era doce com ela e com as irmãs. Imaginava que ele fosse incapaz, física e emocionalmente, de segurar uma arma.

Tratava-se de uma das facetas da personalidade do filho que a mãe não teve tempo de conhecer. Seu menino não só era plenamente capaz de segurar uma arma, como deveria fazê-lo com habilidade. O quebra-cabeças montado com as diferentes versões já ouvidas sobre seu desaparecimento revela a imagem de um exímio combatente: teria sido um dos últimos a morrer no Araguaia, já em agosto de 1974 – cinco anos depois de cair na clandestinidade, quando a repressão conseguiu esmagar o levante por completo. Tudo indica que um corajoso Pedrinho tenha sobrevivido escondido na mata até os derradeiros suspiros da guerrilha. Encontrado pelos militares, foi morto em circunstâncias e local até hoje absolutamente desconhecidos, a despeito da brava luta empreendida pela mãe em busca de informações desde o dia que se seguiu àquele fatídico Natal.

As versões desencontradas e a completa ausência de dados concretos sobre o desaparecimento do rapaz talvez representem uma grande parte do sofrimento de Diana. A outra parte, maior e mais íntima, a história nunca compreenderá nem sequer conseguirá traduzir com o que chamamos de saudade. Mas há uma enorme fatia dessa dor imensa, muitas vezes ignorada por quem não a vive diretamente: a que diz respeito aos anos não vividos ao lado do filho. Em uma das cartas escritas para ele, a mãe lamenta: "Perdi o convívio com você, perdi a alegria de

^ Diana em uma das poucas fotos ao lado de Pedrinho, no casamento da filha Eliana Piló, em setembro de 1967. Crédito: Arquivo pessoal

acompanhar seu desenvolver, sua trajetória. Ficaram as lembranças do tempo de infância".

Se a identidade de cada um de nós também é forjada por nossas memórias individuais e coletivas, a ausência de Pedrinho fez de Diana uma mulher incompleta desde os 45 anos, idade com que o viu pela última vez. "Que pena ter perdido você, uma parte de mim também se foi. Caminho aparentemente bem, mas trôpega em meu coração, ferida que não cicatriza, incertezas, o grande mistério não elucidado até hoje. O que lhe aconteceu, filho querido, pedaço de minh'alma? Por que não pude estar pertinho de você para abrigá-lo em meus braços?", escreveu ela, em uma carta sem data sobre uma angústia atemporal. E permanente. Nessa incompletude trôpega, ceifada de parte de sua própria identidade, Diana nunca mais pôde reconhecer a si mesma, porque lhe faltam as memórias de momentos nunca vividos ao lado do filho.

Conhecer o destino do jovem guerrilheiro, as circunstâncias de sua morte e enterrá-lo talvez a ajudasse a dominar a angústia. Não foi

^ Filha de um comerciante abastado de Belo Horizonte, sobre Diana se acumulavam expectativas: casamento, filhos, tarefas domésticas. Crédito: Arquivo pessoal

possível. Em vez disso, atravessou décadas na completa escuridão carregando para sempre a esperança vívida de reencontrar o filho. O vazio de informações concretas levou a mãe a considerar factíveis várias hipóteses possíveis para o sumiço. Talvez estivesse escondido em algum lugar do país ou do mundo, disfarçado e com outra identidade. Outros militantes fizeram isso, por que ele não poderia ter feito também? Quem sabe não estaria perambulando por aí, perdido e desmemoriado, quiçá doente em consequência das torturas? "Nós não sabíamos o que podiam ter feito com ele, mas sabíamos do que eram capazes", diz a irmã Ângela. Pensava, ainda, na possibilidade de ter deliberadamente abandonado a família para se juntar a algum movimento de esquerda armada em outro país. "Pedrinho era muito idealista..." Na ignorância dos fatos, tudo é possível.

Diana se alimentou de relatos às vezes até incongruentes, mas que serviam para mantê-la firme em sua busca. Por exemplo, passou anos atormentada pela ideia de que Pedrinho teria sido traído ou abandonado – talvez ambos, pelos seus próprios companheiros de guerrilha. Ecos desta e de outras histórias jamais comprovadas nunca a deixaram. É como se a falta de dados plausíveis a levasse a crer em tudo e ao mesmo tempo em nada que lhe dissessem sobre os anos não passados ao lado dele.

Enquanto esteve absolutamente lúcida, todas as noites Diana chorou. O marido César, psiquiatra, não pôde fazer muito por ela. "Eu a consolava com a única ferramenta que o patriarcado me ofereceu: o discurso do herói, de que ele viveu e se sacrificou por uma causa. Mas nunca funcionaria para amenizar a dor de uma mãe pela ausência do filho. Ela não queria saber disso. Queria o Pedrinho."

"Mil vidas em uma só"

Numa tarde de agosto de 1960, um estampido seco ecoou por toda a casa da família Piló de Oliveira. Pedro Alexandrino, primeiro marido de Diana e pai dos seus quatro filhos, estava no quarto do casal limpando uma arma de fogo. Um descuido, morte instantânea. O cheiro de pólvora ainda não havia se dissipado quando Eliana entrou.

Pedrinho tinha apenas 13 anos. "Quando Pedro, meu querido marido, partiu, foi com ele um pedaço de meu coração. Era um ser humano especial. Me senti despedaçada", escreveu Diana. Na mesma carta, relembra a sequência de acontecimentos trágicos que viveu naqueles anos 1960. Depois da morte do marido, as três filhas sofreram um grave acidente de carro, e a caçula Diana, ainda adolescente, ficou gravemente ferida.

A viuvez precipitou seu grito de independência. Começava ali a primeira grande mudança de rota na trajetória traçada para Diana por seu pai: casamento, filhos, tarefas domésticas... Comerciante abastado de Belo Horizonte, dono de imóveis, padarias, armazéns e outros pequenos comércios na cidade, ele integrava a Congregação Mariana, uma legião católica conservadora, e educou os oito filhos com severa rigidez. "Mamãe foi corajosa quando disse que não voltaria a morar com ele depois da morte de papai", dizem as filhas.

Diana fez datilografia, arranjou um emprego em uma autarquia do governo estadual mineiro. Achava que talvez fosse tarde para entrar na faculdade, sonhava em frequentar o curso de Química. "Vá estudar, mamãe. Cuide de você, saia de Belo Horizonte, vá morar no Rio de Janeiro. Refaça sua vida", estimulava o filho recém-saído da adolescência, vendo a mãe tatear o seu próprio caminho. Numa época em que fumar cigarros era, para as mulheres, uma espécie de libertação dos padrões femininos tradicionais, Pedrinho repetia: "Fume, mamãe, fume!".

Diana fumou por alguns anos. E seguiu o outro conselho: mudou-se para o Rio. As filhas, Eliana e Ângela, já casadas e com filhos, e a caçula, Diana, ficaram em Belo Horizonte. Àquela altura, o único homem de sua prole já estava engajado na luta armada nas matas do Araguaia. No entanto, seus conselhos ainda ressoavam pelas paredes da casa, sobretudo, na cabeça de Diana. A mãe já pensava em se mudar antes mesmo da partida de Pedrinho. Mas foi mais tarde, já nos anos 1970, que tomou a decisão definitiva. Talvez porque tivesse esgotado as possibilidades de descobrir informações sobre ele estando em Minas, e, nesse caso, o Rio era um mundo a ser explorado, com seus comandos, gabinetes e quartéis das Forças Armadas. Ou talvez porque precisava apenas ir em busca de si mesma. Diana mudou de cidade, de profissão, de vida.

Andava, sim, e andaria para sempre consumida pela angústia de não saber o paradeiro do filho. A despeito disso, não se viu paralisada. Ao contrário: queria movimento. Nas memórias da família, era uma mulher ativa, dinâmica, irrequieta. A ausência de Pedrinho talvez a tenha libertado de vez – não tinha mais nada a perder. A decisão de abandonar Belo Horizonte e ir sozinha para o Rio não foi exatamente uma surpresa para ninguém. Imprevisível foi a guinada tão impressionante quanto rápida que deu no seu destino enquanto esteve às voltas com a busca pelo filho.

Na bagagem para o Rio, levou consigo a cópia de uma carta recebida um ou dois anos antes. Em 1972, já do Araguaia, Pedrinho fez chegar à porta da casa de Ângela, irmã com quem tinha mais afinidades ideológicas, um envelope sujo e surrado destinado à mãe. Foi a primeira e seria a última carta enviada por ele. Uma única folha de papel manuscrita renovou as esperanças de todos em Belo Horizonte. Pedrinho estava vivo e bem, ainda que não fosse possível descobrir por onde andava. Descobriu-se que o menino deixara de ser menino. "Aqui de meu lado a vida tem sido densa e dura, há muito trabalho e trabalho e trabalho. [...] Alegre-se em saber que o trabalho cada vez mais faz de mim um homem. Aos poucos vou sabendo que só assim vale a pena viver. [...] Nada há mais difícil que viver e trabalhar, mas também só aí há dignidade. Digo essas coisas enfim com a intenção que sintas que estou feliz, cheio de confiança, juventude e energia." A cópia guardada até hoje foi feita à mão por sua irmã Eliana, antes de ver a mãe queimar a carta original com medo de que caísse em mãos erradas.

Diana quis descobrir sozinha uma nova cidade, sua grandeza, beleza, possibilidades, aterrissar num lugar diferente, onde os espectros da sua vida mineira não a alcançassem. Recomeçar.

Diana quis descobrir sozinha uma nova cidade, sua grandeza, beleza, possibilidades, aterrissar num lugar diferente, onde os espectros da sua vida mineira não a alcançassem. Recomeçar. Diana renovou sua liberdade. Passava seus dias cariocas, verão após verão, entregue à realidade, vivendo. À noite, seus fantasmas se materializavam em folhas

^ César Parga e Diana se conheceram quando ela trabalhava com Nise da Silveira, no Rio de Janeiro – ele, recém-formado em Psiquiatria, e ela, estudante de Psicologia. Crédito: Arquivo pessoal

de papel, como jamais deixaria de ser: "Estou só, eu e meu eu maior, eu e minha alma, e me entrego a Deus pedindo que se manifeste para me permitir viver a alegria, o otimismo e a disposição e muita saúde". Chorava e dormia, e no dia seguinte continuava a vida. "Tenho vivido mil vidas em uma só", escreveu uma vez.

A mudança para o Rio tinha ainda para ela um forte objetivo: voltar a estudar. Nos meados de seus 40 anos, viúva e com quatro filhos, Diana prestou vestibular para a Universidade Gama Filho e passou em Psicologia. As filhas especulam que a mãe, determinada a realizar o sonho de fazer uma faculdade, tenha escolhido o curso que melhor poderia ajudá-la a lidar com a dor e a saudade, e talvez buscar respostas depois da partida de Pedrinho: quem era aquele menino, afinal? E quem era Diana sem ele? Como superar tamanho sofrimento? Diana nunca falou sobre por que escolheu ser psicóloga. O que se sabe é que logo descobriu um talento raro para o exercício da nova profissão. Quem a ajudou nessa descoberta foi a maior psiquiatra da história brasileira, e uma das mais importantes do mundo: Nise da Silveira.

Diana aperfeiçoou seus estudos ao longo dos anos e tornou-se grande especialista nas teorias de Carl Gustav Jung, o psiquiatra suíço fundador da psicologia analítica – de quem Nise chegou a ser aluna e cujas ideias introduziu no Brasil. Mas, antes disso, Diana trabalhou por quase dez anos com Nise no Centro Psiquiátrico Nacional, em Engenho de Dentro, hoje Instituto Municipal de Assistência à Saúde Nise da Silveira, onde se tornou uma de suas pupilas. Começou ainda estudante, num estágio não remunerado na enfermaria psiquiátrica do antigo manicômio, lugar onde sequer o médico-chefe tinha coragem de entrar. Aprendeu com Nise a se comunicar com aquelas pessoas, a falar sua linguagem e a tratá-las como seres humanos merecedores de afeto. Quando os caminhos de Nise e Diana se cruzaram, a mãe de Pedrinho reforçou em si a faceta humanista despertada anos antes ao ver filho "quebrado por dentro e por fora" pelas sessões de torturas no DOPS. Nise fez da luta contra a tortura de pessoas com transtornos mentais a sua principal razão de viver, e o eletrochoque, do qual Pedrinho também fora vítima, era um de seus principais inimigos. Diana havia encontrado seu lugar.

Um divisor de águas

César Parga tem quinze anos a menos que Diana e muitos centímetros a mais. Conheceram-se quando ela trabalhava ao lado de Nise, e ele, recém-formado em Psiquiatria pela antiga Universidade do Brasil – atual Universidade Federal do Rio de Janeiro, era médico do pronto-socorro psiquiátrico no mesmo complexo do Engenho de Dentro. Durante anos, César considerava o que Nise fazia, "ensinar doentes a pintar, a fazer bonequinho, a tomar conta de gato e tapear para eles não tomarem eletrochoque", um conjunto de bobagens. "Segundo a medicina que estudei, fundada no pensamento europeu, ela até fazia mal aos pacientes porque, teoricamente, 'não tratava' deles como mandava a Psiquiatria tradicional." Mas o interesse de César por Jung o fez expandir sua perspectiva, e ele passou a frequentar o centro psiquiátrico onde elas trabalhavam. Enfim, conheceu Diana.

Pouco tempo depois ela se formou, aos quase 50 anos, e eles se casaram. Com ela, César também se engajou diretamente na busca por

Pedrinho. As buscas nos órgãos oficiais de governo não resultaram em nada. Tudo parecia indicar que Pedrinho não havia sido preso depois daquela carta enviada em 1972. A ausência de qualquer registro de prisão ia aos poucos eliminando a possibilidade de ele ter sido morto nos centros de repressão oficiais ou clandestinos. Por um lado, Diana se sentia aliviada por saber que o seu menino não estava sendo alvo de tortura e maus tratos. Mas, por outro, para além dos domínios das prisões, o lado de fora é o mundo inteiro. Não sabia por onde começar a procurá-lo.

Sete anos depois de ter recebido a carta do filho, o país viu irromper a anistia. A família comemorou. E esperou telefonemas, cartas, telegramas. Qualquer notícia, de qualquer lado, que dissesse que o menino voltaria seja lá de onde, no auge dos seus 32 anos, pronto para retomar sua vida. "Ele teria procurado a gente, sabia como nos encontrar em Belo Horizonte", pensava Eliana. "Se estivesse escondido ou exilado, teria voltado naquele momento." Os meses foram passando e nada de Pedrinho aparecer. "Nada sei a esse respeito e isso é uma morte lenta que vai me consumindo dia após dia", lamentaria Diana anos depois.

Um dia, o telefone tocou na casa de Diana e César, em Copacabana. "Por favor, nessa casa mora uma senhora chamada Diana Piló de Oliveira?" A voz masculina se apresentou como Edgar Corrêa. Dizia ser pai de dois militantes desaparecidos e convidou-a para participar de uma reunião. Naquele início dos anos 1980, o país já ensaiava inspirar ares democráticos. O encontro na casa de Edgar e Irene, pais de Elmo e Maria Célia Corrêa e sogros de Telma Corrêa, três guerrilheiros desaparecidos no Araguaia, contava ainda com outros parentes convocados por eles. Estavam todos atrás de informações. O casal anfitrião já havia conversado com muitos militantes e ex-participantes do conflito, conhecia alguns personagens envolvidos, estavam avançados em sua busca. Ali, mais de dez anos depois daquele Natal de 1969, Diana finalmente soube que Pedrinho, sob o nome de guerra Peri, era um combatente. Agora tinha em mãos uma informação concreta para ajudá-la a procurar por ele: seu filho saiu de casa para se embrenhar, armado, nas matas do Araguaia. Tinha planos para construir um Brasil comunista.

"Diana nunca comprou as ideias de que Pedrinho foi lutar pelos ideais, ela sempre achou uma loucura", diz César. Nas cartas ao filho escritas anos depois da descoberta, por vezes a mãe lamenta que seu menino ingênuo tenha sido "enganado". Reclama do que considerava uma luta inglória. "E seus ideais, onde eles ficaram? No infinito? [...] Fico, querido filho, perguntando a Deus: por que tudo isso aconteceu? E lhe pergunto: onde está meu filho amado, no desconhecido do universo, entre nós aqui embaixo ou no seio de Deus? Nada sei, nada me restou a não ser a espera, a procura de uma luz que me guie para alguma coisa que me traga um pouco de você, embora esteja sempre, sempre pertinho de mim. Que Deus o abençoe nesta noite e me dê um pouco de resignação para não sucumbir com tanta dor, com tanta saudade, com tanto amor para lhe dar. Mil beijos, Mamãe."

Um divisor de águas: foi o que significou para a família Oliveira a reunião na casa de Edgar e Irene. Era preciso procurar outros ex-participantes da guerrilha para entender melhor os passos de Pedrinho e tentar descobrir o que tinha acontecido com ele. Os governos naqueles anos 1980 não mexeriam uma palha nesse sentido, todos sabiam. A cada conversa, novas informações levavam a outras pessoas, outras cidades. Diana e César perderam as contas de quantos lugares visitaram. O ex-guerrilheiro José Genoíno recebeu os dois em casa, em São Paulo, e contou que esteve com Peri algumas vezes no Araguaia. Prometeu ajudá-los, mas César diz que ele nunca mais deu notícias. Estiveram também com Glênio Sá, outro militante que havia conhecido Pedrinho na região, mas nada de concreto surgiu. Outros davam informações desencontradas, contraditórias. A tentativa de costurar uma colcha com estes retalhos não vingava.

Restou uma colcha inacabada, precária, que já fazia parte da rotina de Diana tanto quanto a lembrança do filho. Será que a mãe buscava o menino nos rostos de desconhecidos, nas ruas de Copacabana?

Restou uma colcha inacabada, precária, que já fazia parte da rotina de Diana tanto quanto a lembrança do filho. Será que a mãe buscava o menino nos rostos de desconhecidos, nas ruas de Copacabana? É possível, porque mesmo quando o seu dia a dia ficava em suspenso, como nos quarenta dias de férias anuais em que sempre viajavam para o exterior, achava que poderia cruzar com ele. Diana e César conheceram mais países do que hoje podem se lembrar. Ela não viajava para procurar o filho, mas procurava, acredita o marido: "A ideia de que pudesse esbarrar com ele sempre a perseguiu. Eu acho que ela sempre teve um sonho de, por exemplo, Pedrinho estar na China... Ou em algum país da antiga Cortina de Ferro; nós conhecemos muitos. Ela viveu assim, o Pedrinho nunca deixou de fazer parte da vida dela".

O consultório que ela mantinha pertinho de casa permitiu que fosse a pé para o trabalho durante mais de três décadas. No caminho, parava quase diariamente na casa da filha caçula, Diana, que havia se mudado para o Rio depois de se formar em jornalismo. "Tomávamos cafezinho, chá, sempre que ela passava aqui para dar um oi", lembra a filha. E quase diariamente a ouvia dizer: "Será que nunca mais vamos ver seu irmão?", "O que aconteceu com ele, minha filha?", "Preferia enterrá-lo do que não saber de nada". Em Belo Horizonte, Eliana conversava regularmente por telefone com a mãe sobre notícias da repressão durante a ditadura que, depois da abertura do regime, começaram a surgir. Passaram anos trocando recortes de jornais e revistas pelo correio. Qualquer artigo ou reportagem escrita sobre o período, sobre mortos e desaparecidos, interessava.

Fiel depositária dos recortes, documentos, dossiês que foram reunindo ao longo dos anos, Eliana se considera herdeira da luta da mãe. No meio da papelada que me mostra durante a entrevista, surge uma foto de Pedrinho abraçado a Tuca, sua namorada na época de sua partida. Tuca era Luiza Augusta Garlippe, nascida em Araraquara, no interior de São Paulo, também uma das integrantes da guerrilha do Araguaia. Os dois se conheceram na capital, quando o filho de Diana passou uma temporada trabalhando como bancário e dando seus primeiros passos dentro do PCdoB. Ninguém da sua família chegou a conhecê-la pessoalmente, exceto Ângela, que morou com o irmão em São Paulo

> Trechos da única carta enviada por Pedrinho à mãe, em 1972; apesar de desconhecer seu paradeiro, Diana passou longos anos escrevendo a um filho sempre esperado. Crédito: Clara Cavour, 2019/Arquivo pessoal

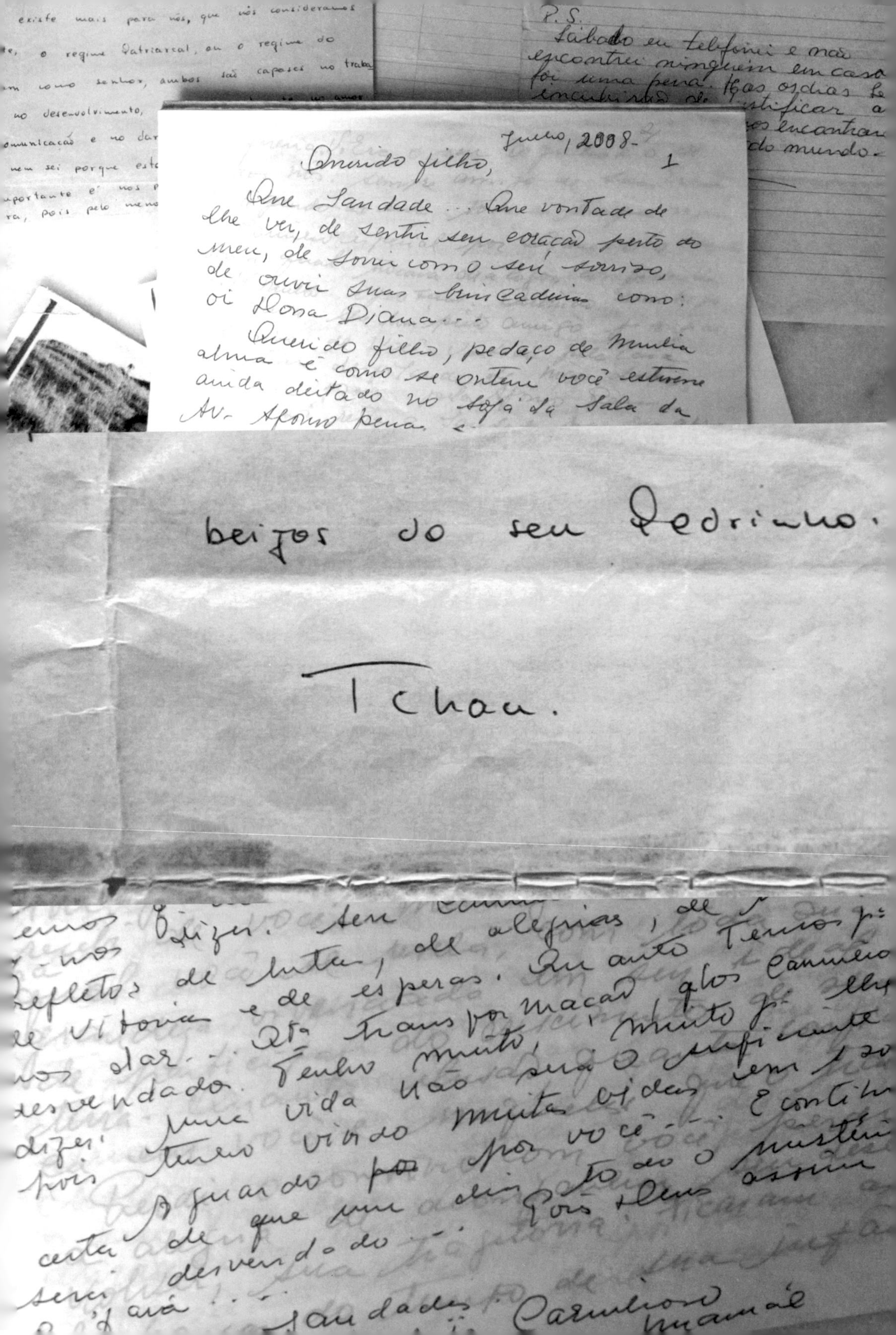
existe mais para nós, que nós consideramos […] o regime patriarcal, ou o regime do […] como senhor, ambos são capazes no traba[…] no desenvolvimento, […] comunicação e no […] nem sei porque […] importante é nós […] pois pelo menos […]

P.S.
Sábado eu telefonei e não encontrei ninguém em casa foi uma pena. Mas os dias […] justificar […] nos encontrar […] do mundo.

Julho, 2008 — 1

Querido filho,

Que saudade... Que vontade de lhe ver, de sentir seu coração perto do meu, de sorrir com o seu sorriso, de ouvir suas brincadeiras como: oi Dona Diana...

Querido filho, pedaço de minha alma é como se ontem você estivesse ainda deitado no sofá da sala da Av. Afonso Pena […]

beijos do seu Pedrinho.

Tchau.

[…] dizer. Sem caminhos, de alegrias, de […] repletos de lutas, de esperas. […] de vitórias e de esperas. […] transformação […] dar. […] desvendado. […] uma vida não […] muitas vidas […] pois tenho vivido muitas por você. E continuo aguardando […] certa de que um dia […] desvendado […] Pois Deus assim será […]

Saudades

Carinhoso

mamãe

e participou de algumas reuniões do partido, tendo panfletado na companhia dos dois. Tuca era enfermeira-chefe do Departamento de Doenças Tropicais do Hospital das Clínicas, o que fez dela uma importante personagem da guerrilha, por ter ajudado a cuidar da saúde de muitos camponeses na região e também de militantes feridos. Como a maioria dos companheiros, desapareceu. Seus restos mortais também nunca foram encontrados.

Enquanto Pedrinho viveu em São Paulo, boa parte do tempo abrigado na casa da tia Auxiliadora, irmã de Diana, e do tio Antônio, a família recebia suas visitas esporádicas sozinho, em Belo Horizonte. Recebia também algumas cartas, em que o menino revelava sinais do homem que estava se tornando, como a que enviou a Eliana no início de 1969: "Não há amor maior que o amor de um comunista, acredite. [...] Um comunista é diferente, é uma pessoa que sempre tem o povo e suas exigências acima das exigências pessoais. [...] Ninguém se torna um comunista só porque de repente resolveu ser. Não, pelo contrário. [...] Estou no começo da caminhada". Em outra, dava pistas sobre a sua condição de militante já perseguido pela polícia da ditadura, mensagens que talvez nem Diana nem ninguém da família decifrasse. "Infelizmente, não tenho por agora um endereço para onde você possa me escrever, mas assim que tiver, eu mando. PS.: Não mostre esta carta para ninguém."

Cartas para a história

Eliana atendeu o telefone na sua casa, em Belo Horizonte, num dia qualquer de março de 2004. Do outro lado da linha, a mãe, aos 80 anos chorava copiosamente. "O que é isso, minha filha, que estão dizendo na revista?! Será que é verdade?" No Rio, a mãe tinha acabado de abrir a edição n. 302 da revista *Época*, de 1º de março de 2004, e lido, desavisadamente: "Dois corpos na mesma vala. Peri e Batista chegaram mortos", dizia o subtítulo de uma matéria que anunciava revelações sobre mortes no Araguaia. Logo no primeiro parágrafo, as linhas que ela gostaria de nunca ter lido. "Dois corpos crivados de balas foram despejados na pista. Sem camisa, vestiam bermudas jeans desfiadas, presas com cintos de couro. Um deles estava descalço. O outro usava tênis Topa Tudo. Foram chutados pelos militares. Um soldado pegou o facão e abriu um buraco no peito de um dos mortos. 'Tem gordura aí', zombou. O cadáver com o peito aberto a facão era do guerrilheiro Peri, de 27 anos."

Nunca se soube se os relatos concedidos à revista pelos dois ex-soldados do Exército eram verdadeiros ou não. Assim são as histórias do Araguaia: tantas e, ao mesmo tempo, tão frágeis. Eliana esteve quatro vezes em Xambioá, palco mais famoso da guerrilha, tanto em expedições independentes quanto do próprio Ministério da Justiça e, posteriormente, da então Secretaria de Direitos Humanos da Presidência da República. "Já ouvi, em outras idas, que o Pedrinho tinha sido pego na mata, colocado vivo num helicóptero e jogado lá de cima, na base do Exército", conta. "É uma das versões. Você escuta várias." Todas as noites em que Eliana dormiu na região, Diana lhe telefonava à noite no hotel. Queria saber as novidades do dia e esperava sempre que, por milagre, alguma notícia factível surgisse. Mas, não. A resposta sempre foi não.

"Senhor presidente, onde estão os desaparecidos da ditadura no Brasil?" A pergunta foi feita por Ângela em Washington, no início de 1994, durante uma visita do então presidente Fernando Henrique Cardoso aos Estados Unidos, onde vivia desde os anos 1980. "Sou irmã de Pedro Alexandrino Oliveira, que está desaparecido desde que foi para a guerrilha do Araguaia, em 1969. Que informações o senhor tem para me dar sobre o desaparecimento dele?", perguntou, e logo desabou em lágrimas. Assim como a própria Ângela, outros jornalistas de vários países estavam na coletiva de imprensa dada por FHC em Washington. "Não tenho uma resposta para te dar, mas vou buscar informações sobre o que pode ser feito", respondeu o presidente.

O início dos anos FHC renovou as esperanças para Diana e as filhas. Que logo se dissiparam.

O início dos anos FHC renovou as esperanças para Diana e as filhas. Que logo se dissiparam. Em 1994, o então ministro da Justiça, Nelson Jobim, recebeu familiares de desaparecidos em seu gabinete. Ouviu suas histórias, registrou seus pedidos por informações, entre eles os de Diana, Eliana e César. Na mesma época, passaram a enviar cartas e mais cartas às autoridades, parlamentares, jornalistas, advogados, representantes de organizações não governamentais. Como resposta, receberam relatórios das Forças Armadas, do Ministério da Justiça e das comissões especiais que nada revelavam sobre as circunstâncias da morte de Pedrinho. Um dos relatórios chega a "informar" que o militante foi visto participando de uma reunião política em São Paulo em 1981. Nem o coração esperançoso de Diana acreditou. Outro, enviado em 1993 pela Marinha ao Ministério da Justiça e entregue à família no mesmo ano, diz que Pedro Alexandrino morreu em Xambioá no dia 4 de agosto de 1974. Mas ela nunca aceitou. Dizia que, enquanto não o enterrasse, não poderia acreditar.

Na luta de uma vida em busca do filho, a mãe de Pedrinho ganhou uma companheira: Carmen Navarro, mãe de outro ex-guerrilheiro, Hélio Luiz Navarro, também desaparecido no Araguaia. Assinavam juntas a maioria das cartas e pedidos ao governo e à imprensa. Juntas, recusaram a indenização do Estado à qual passaram a ter direito assegurado pela Lei 9.140/95, que reconheceu as pessoas apontadas até então pelos familiares como desaparecidos políticos como vítimas de Estado. Numa carta a Miguel Reale Júnior, presidente da Comissão Especial sobre Mortos e Desaparecidos Políticos criada pela mesma lei junto ao Ministério da Justiça para cuidar dos casos, reiteraram: "É necessário ficar claro que não buscamos ou esperamos qualquer pagamento em troca de reparação de torturas, violências e profanação ao ser humano pelo direito de viver". E pedem: "Esperamos que se abra o caminho da verdade que está nas mãos daqueles que a possuem".

"Se a gente aceitar o dinheiro, vão parar de procurar o Pedrinho, como se o problema estivesse resolvido", disse Diana às filhas quando as proibiu também de pedir reparação financeira. Ângela, que se tornaria monja budista anos depois, tentou convencer a mãe sob o argumento de que o dinheiro poderia servir para prestar alguma homenagem a ele. "Não, não quero homenagens. Quero respostas", repetia a mãe. "Será que vou morrer sem saber o que foi feito com meu filho, onde ele está?" Em uma das cartas, inconformada, escreve: "Hoje só resta a saudade para nos aproximar...".

Enquanto teve forças, Diana foi à luta. Durante os dias. À noite, conversava com o filho por meio das cartas nunca enviadas, como se soubesse da importância que memórias tão íntimas pudessem ter um dia. Graças àqueles registros do passado sua história pode ser contada no presente – para que não se esqueça, para que nunca mais aconteça. Hoje, possivelmente, ela pouco se lembra do que escreveu ao longo dos últimos cinquenta anos. Ou talvez apenas prefira o silêncio. Aquelas palavras já não habitam o seu cotidiano, nem escritas nem faladas. Mas ainda gritam, dos fundos de um armário para o mundo, mesmo que Diana não as ouça mais. ■

Crédito: Isabel Garçoni

INES GARÇONI

Começou a trabalhar como estagiária na revista *IstoÉ* em 1999. Apaixonada pelo jornalismo político, aprendido em casa com a mãe, foi repórter e editora do extinto *Jornal do Brasil* e da revista *Poder*. Também escreveu reportagens para dezenas de veículos, da revista *Marie Claire* ao site The Intercept. É filha de ex-militantes da POLOP, a Organização Revolucionária Marxista Política Operária. Jurandir, arquiteto, foi preso e torturado durante um ano, em 1971, e Cecília, atuante nas grandes greves do ABC, passou alguns dias na cadeia em 1979. Este texto é dedicado à luta deles.

Crédito: Alcione Ferreira

MARIA JOSÉ ARAÚJO

A que fazia nascer

Fabiana Moraes

"Venha de novo, você dorme aqui. A gente fica mais tempo conversando, toma um Campari". Maria José Araújo me levava até a porta do seu apartamento depois de quase três horas de conversa. Saímos para o corredor, ela ficou ao meu lado esperando o elevador. "Venha mesmo, você dorme, janta aqui."

Quarenta e oito horas antes, ela era a mulher que eu tentava insistentemente encontrar. Tudo indicava que a nossa entrevista não iria acontecer: ela estaria cansada de falar do filho desaparecido, da ditadura civil-militar, das inúmeras idas a delegacias. Cansada de se lembrar de seu ex-marido, da pobreza em São Paulo, das centenas – ou milhares – de partos que realizou. Cansada de evocar a dor, o passado, o que lhe escapava. E também da imprensa, de documentaristas, de pesquisadoras. Estaria, assim, previamente cansada de mim. Mas como culpar uma mulher com mais de 90 anos de idade, um casamento arranjado, um aborto forçado, um filho desaparecido nas mãos do Estado, outro assassinado estupidamente, por isso?

Achei que eu voltaria para casa sem vê-la. Foi quando recebi uma mensagem com seu número de celular. Três horas depois, ela abria a porta e a impressão que tive ao ouvir sua voz pela primeira vez se confirmou: à minha frente, sobrancelhas arqueadas e marcadas a lápis, estava uma mulher vivaz, que se movimentava sem problemas pela casa onde vivia.

Eu descobriria mais: sua fala não é baixa, seus modos não são contidos, como se costuma equivocadamente esperar de uma nonagenária. Às vezes, entre uma memória e outra, gargalhava. Parece que tomou há muito uma firme decisão: prefere dançar, ainda que sozinha, a se deixar acompanhar pela dor.

Maria José tinha apenas 14 anos e estava pulando corda na rua quando seu pai tocou em seu ombro e disse, apontando para um homem que a observava um pouco mais adiante: "Aquele vai ser o seu marido". João Araújo tinha 27 anos e fora o escolhido para ser o esposo daquela garota bonita, filha de dono de engenho, um "título" naquela época ainda poderoso no contexto de imensa desigualdade social brasileira. Nos anos 1940, a cana-de-açúcar já havia perdido valor para o café, mas o status perdurava entre as famílias, principalmente em pequenas cidades do interior, como Anadia, no estado de Alagoas, a menos de 100 quilômetros de Maceió. A adolescente não guardou grandes impressões do rapaz apresentado pelo pai: pediu licença, voltou para junto de suas amigas e continuou a pular corda.

Casaram, como então tinha de ser. Foi preciso alterar a certidão de nascimento de Maria, pois, aos 14 anos, ela não poderia ser esposa de ninguém – dizia a lei já àquela altura. Passaram a morar em uma casa simples, onde, no dia 27 de agosto de 1943, nasceu Luiz, o primeiro filho do casal. Pouco depois, mudaram-se para Palmeira dos Índios, a 60 quilômetros dali. Maria José tinha somente 15 anos.

Parir, o parir das outras, era algo que a comovia há tempos. Há muito acompanhava nascimentos feitos pelas parteiras da região. Estava grávida novamente quando a chamaram a um casebre, onde pela primeira vez realizou um parto. "Aprendi a fazer, a tirar a placenta, a limpar. Tinha uns 18 anos. Aí era chamada a todo momento, a qualquer hora. Eu ia a cavalo, ia a pé, ia de madrugada, atravessava o mato." Foi com esse ofício que se manteve e sustentou todas as filhas e filhos que veria nascer – e morrer.

Enquanto ia trazendo os filhos de Palmeira e Anadia ao mundo, ela também tinha os seus. Depois de Luiz, veio Manoel, depois Pedro, Maria das Graças, Maria do Amparo. Gostava de fazer as roupas das crianças, alimentá-las, cuidar da casa. Seguia o script da mãe, Maria Mendes, que cuidava do lar com enorme dedicação.

Olegário Lino Freire, seu pai, era, na verdade, padrasto: Maria tinha apenas seis meses quando seu pai biológico, Manoel Ribeiro de

Almeida, morreu. Mas a falta de laços sanguíneos com Olegário nunca foi um impedimento: era a ela que ele costumava chamar quando precisava de cuidados.

Casada, trabalhava muito em casa: separava o feijão, que chegava em sacas com mais de trinta quilos que João Araújo comercializava na feira. Guardava o algodão nos depósitos, limpava o couro de bode que o marido vendia aos artesãos de bolsas e sandálias. Além de tudo, cuidava com esmero das crianças – basta ver a foto da primeira comunhão do filho Luiz, ou Lula, seu apelido em família, em que ele aparece de gravatinha e roupa branca, para saber o quanto ela zelava pela aparência dos filhos e filhas.

Na primeira metade dos anos 1950, ela descobriu que estava grávida pela sexta vez. Mas, a pedido do marido, o filho não nasceu. Ele vivia outra relação e sua segunda companheira também estava grávida. O agricultor e comerciante resolveu, da melhor maneira para ele, todo o processo: mandou a esposa para Garanhuns, no agreste de Pernambuco, onde um médico próximo a ele realizou o procedimento. Foram dias brutais: além do aborto, ela – logo ela, uma parteira profissional – penou com o corpo adoecido por uma infecção generalizada em decorrência da placenta não completamente retirada. Perdia ali o primeiro filho. "Era homem. Estava com quatro meses." Estava ainda convalescendo, na casa de uma amiga em Maceió, quando suas roupas chegaram dentro de um saco: João avisava, daquela forma, que assumiria o outro relacionamento. Além do filho, Maria também perdia seu lar e sua família.

A partilha dos bens – e das crianças – foi decidida: com João, ficariam Luiz, Pedro e Maria das Graças. Maria do Amparo ficaria com os avós maternos em Anadia, e Manoel, com a mãe. Essa situação não provocou nos vizinhos a reprovação da moral de João, e sim da dela. "Naquele tempo, você sabe, mulher separada era puta, rapariga. Minhas irmãs casadas só iam até minha casa quando eu não estava, os maridos não permitiam contato comigo." Resolveu, então, partir para Maceió com Manoel. Um dia, de manhã, abriu a porta, e Luiz estava lá. Deixara o pai. Ela não lembra como o menino conseguira atravessar os 250 quilômetros que separavam Anadia e a capital.

Em Maceió, tomou a decisão de comprar uma farmácia sem dinheiro algum: o antigo dono receberia os pagamentos à medida que ela fosse vendendo o estoque. O estabelecimento daria um caráter mais profissional ao seu trabalho como parteira. Na porta, ela colocou uma placa com o nome pelo qual era chamada em sua antiga cidade: Neusa Mendes. Há várias histórias sobre esse codinome, desde uma implicância vinda da segunda esposa de João até uma necessidade de distinguir Maria José de uma homônima. O fato é que o nome Neusa colou: era assim que chamavam a parteira.

Passou dois anos na cidade, trabalhou muito, mas nem a proximidade do mar azul a seduziu: resolveu fechar a farmácia e ir embora. Como destino, escolheu São Paulo. "Eu queria levantar voo." Combinou com os pais, deixou os filhos em Anadia. Amparo, Luiz e Manoel ficaram com seus avós, Maria e Olegário; Pedro, com parentes do pai, seus tios Luiz e Cordélia, enquanto Graça fora enviada para uma escola de freiras em Maceió.

No dia de sua partida, os pais de Maria José a acompanharam. Ela se lembra do carinho da mãe e do choro do homem de cujos pés ela cuidava. Havia amor, mas também certo ceticismo. "Não acharam que eu ia trabalhar, que eu ia vencer. Era como se eu fosse me prostituir; não era coisa que uma mulher 'certa' faria." No dia 25 de março de 1957, às sete da noite, Maria José descia do avião e colocava os pés na cidade de São Paulo. Só voltaria para Alagoas 34 anos depois. Sua história recomeça aqui.

No dia de sua partida, os pais de Maria José a acompanharam. Ela se lembra do carinho da mãe e do choro do homem de cujos pés ela cuidava. Havia amor, mas também certo ceticismo.

Do gado ao pão com carne

– Quer suco? Salgadinho? – pergunta ela, enquanto suas gatas circulam pela casa.

Faz muito calor, algo comum mesmo nos prédios mais próximos à orla de Maceió, que teve suas árvores trocadas por cimento e cerâmica. O apartamento é novo e confortável, a decoração, simples: há uma mesa grande, uma máquina de costura, algumas cadeiras. A geladeira está lotada de comida, como se ela não vivesse sozinha ali e os filhos fossem chegar a qualquer momento. Talvez isso seja um modo de compensar os duros tempos de São Paulo, quando precisava separar parte do almoço do hospital para alimentar os seus.

Nos anos iniciais na "cidade grande", viveu primeiro em uma pensão no Anhangabaú. Estava há cinco dias na capital, a mala no quartinho, quando conseguiu um emprego: soube de uma maternidade no bairro de Santa Cecília e foi até lá se apresentar. Disse que era parteira, que tinha conhecimento e podia fazer um pouco de tudo. O dono do local, o Sr. Passos, a contratou: ela atendia telefones, limpava o chão, informava o que estava faltando. Andava cerca de 8 quilômetros, somando ida e volta, de casa para o trabalho, do trabalho para casa. Com pouco dinheiro, alimentava-se de carne moída e pão. "Aquilo era uma grande novidade para mim, que só tinha visto o gado inteiro."

Seu mundo não tinha mais qualquer relação com a menina alagoana de barriga cheia, vestido branco de cambraia, filha de gente poderosa, boa cozinheira e dedicada aos partos e ao lar. Estava só, mas não por muito tempo: no dia 12 de junho de 1957, véspera do Dia de Santo Antônio, Luiz e Manoel chegaram a São Paulo. "De avião", frisa Maria. Luiz com 14 anos, Manoel com 12. A história de ambos também recomeçaria – e terminaria – naquela cidade.

Com a chegada dos meninos, ela mudou-se com eles para um porão na rua Francisco Morato, na Zona Oeste de São Paulo, sob uma tinturaria. Fazia frio, fazia calor. Apesar da dureza, Maria não quis voltar para Anadia: ao contrário da cidade pequena, ali ninguém estava interessado se ela tinha marido ou não, se era uma mulher solteira ou se namorava. Logo os filhos também arrumaram um trabalho diário: Luiz foi "adotado", como diz Maria, pela administração da loja Clipper, no largo de Santa Cecília. "Ele trabalhava de gravatinha, uma camisa branca que eu lavava todos os dias à noite e enxugava no ferro. Manoel foi empregado em uma padaria. Eu deixava, pois nos ajudava a comer."

^ Maria José com os filhos Amparo e Luiz Almeida Araújo, desaparecido durante a ditadura civil-militar. Crédito: Arquivo pessoal, 1964

Há duas fotos de Luiz trabalhando no estabelecimento, uma delas com a camisa que ela tanto lavou e engomou.

Maria fez um curso de Enfermagem bancado pelo dono do hospital em que trabalhava, ao final do qual foi oradora da turma. Depois de lá, passou por muitos hospitais e maternidades durante os 34 anos em que esteve em São Paulo e arredores: Santa Casa de Misericórdia de São Paulo e de Santos, Maternidade Maria Goretti em Santo André, maternidades da Lapa e de São Bernardo, entre diversos outros locais. No bandejão de um deles, em lugar de se alimentar, guardava o que podia na bolsa, principalmente carne, e levava para casa, tudo para Luiz e Manoel. Eram dois meninos e uma mãe em busca de sobrevivência.

"Eu não tive medo. Eu não sabia o que era medo. Eu era feliz, era bonita, era disposta. Eu sempre fui uma mulher forte. Eu sou forte. Levanto todo dia cedo, olho o dia chegando. Tomo café da manhã com o sol."

Enquanto trabalhavam, Luiz e Manoel também seguiam uma vida escolar no ensino público. Maria alinhavava o tempo entre dois ou até três empregos, o que deu uma quase obrigatória autonomia aos filhos. No início dos anos 1960, Luiz, matriculado no Colégio Santa Inês, entrou para o movimento estudantil e para a Juventude Estudantil Católica (JEC). Em pouco tempo, saiu de casa e passou a morar em um pequeno apartamento na Zona Central de São Paulo. Começava a se envolver com os movimentos de resistência à ditadura.

Maria José e Manoel deixaram o porão em que viviam: agora eles já conseguiam pagar o aluguel de um pequeno sobrado na Lapa de Baixo, também na Zona Oeste. Era o ano 1964. Finalmente, sete anos após ter saído de Maceió para levantar voo, ela gozava de algum conforto.

Foi quando sua filha Amparo chegou a São Paulo, aos 14 anos. A família se preocupava com a "reputação" da adolescente naquela pequena cidade de Alagoas, onde já era conhecida como "a filha daquela que partira sozinha para o Sudeste". Outra preocupação era com o seu envolvimento em atividades políticas. Filiada à União dos Estudantes Secundaristas de Alagoas (UESA), ela se envolveu em um protesto contra a suspensão das aulas em sua escola devido à falta de energia elétrica, criando um sério entrevero com o prefeito da cidade de Anadia.

Naquele mesmo ano, seu irmão mais velho seria preso e torturado pela primeira vez. Era o começo de uma separação. Na verdade, de várias. Maria ficou assombrada com aquela prisão: Luiz vinha aparecendo muito raramente para visitá-la, e suas ausências eram cada vez mais comuns. Mas, apesar da mudança de comportamento, ela não desconfiava que o filho pudesse estar envolvido em uma organização política. Ela, uma inquieta, não poderia estranhar a inquietude dos seus.

Amparo ficou pouco mais um de ano com Maria José. Logo foi para um internato em Mogi Mirim, a 128 quilômetros da capital paulista, e depois, em meados de 1967, passou a morar com o irmão e sua então companheira, Carmem Jacomini, em um apartamento alugado em Santa Cecília. Fazia algum tempo que Luiz emaranhava intensamente sua vida com o ativismo político, assim como Amparo. Entre eles, houve um reencontro de almas.

Quando Lula foi para o Chile após uma nova prisão, Amparo voltou a morar com Maria José. A jovem concluiu o ginásio e iniciou um curso supletivo. Lá, conheceu alguns dos futuros companheiros da Ação Libertadora Nacional (ALN): Francisco Seiko Okama, metalúrgico – em alguns documentos, lemos Okano –, Venâncio, Benedetti e Miguel Nakamura – seu futuro marido e um dos nomes de peso da organização. Venâncio deu a Amparo um presente significativo: um revólver calibre 38, que teve seu número de série raspado por Francisco.

Os passos de Luiz estavam sendo seguidos pelo Estado brasileiro no Chile: assim que ele retornou ao Brasil, foi preso novamente. Maria José passou a incluir em seu cotidiano corrido de parteira as idas até delegacias em busca do filho mais velho, que, em 1967, apenas um ano depois de iniciar o curso de Ciências Sociais na Pontifícia Universidade Católica de São Paulo (PUC-SP), seria preso mais uma vez.

Sobre ele, pesava a acusação de fomentar a luta armada no país ao lado de Carlos Marighella, que abandonara o Partido Comunista Brasileiro (PCB) para fundar uma dissidência, a ALN. Seu carro, um Volkswagen, fora identificado como o veículo usado em duas ações do grupo de Marighella. Foi a partir desse momento que os órgãos de segurança ligados ao Segundo Exército o ficharam como terrorista. O alagoano saiu da prisão para seguir para a União Soviética e, em seguida, para Cuba, onde realizou treinamento de guerrilha, tanto urbana quanto rural, junto ao pernambucano Luiz José da Cunha, chamado de comandante "Crioulo" – o racismo, repare, não era, e ainda hoje não é, uma particularidade da direita. Em Alagoas, o pai estava a par – até onde podia – da vida do filho mais velho e, preocupado, conseguiu-lhe uma arma automática.

Seu carro, um Volkswagen, fora identificado como o veículo usado em duas ações do grupo de Marighella. Foi a partir desse momento que os órgãos de segurança ligados ao Segundo Exército o ficharam como terrorista.

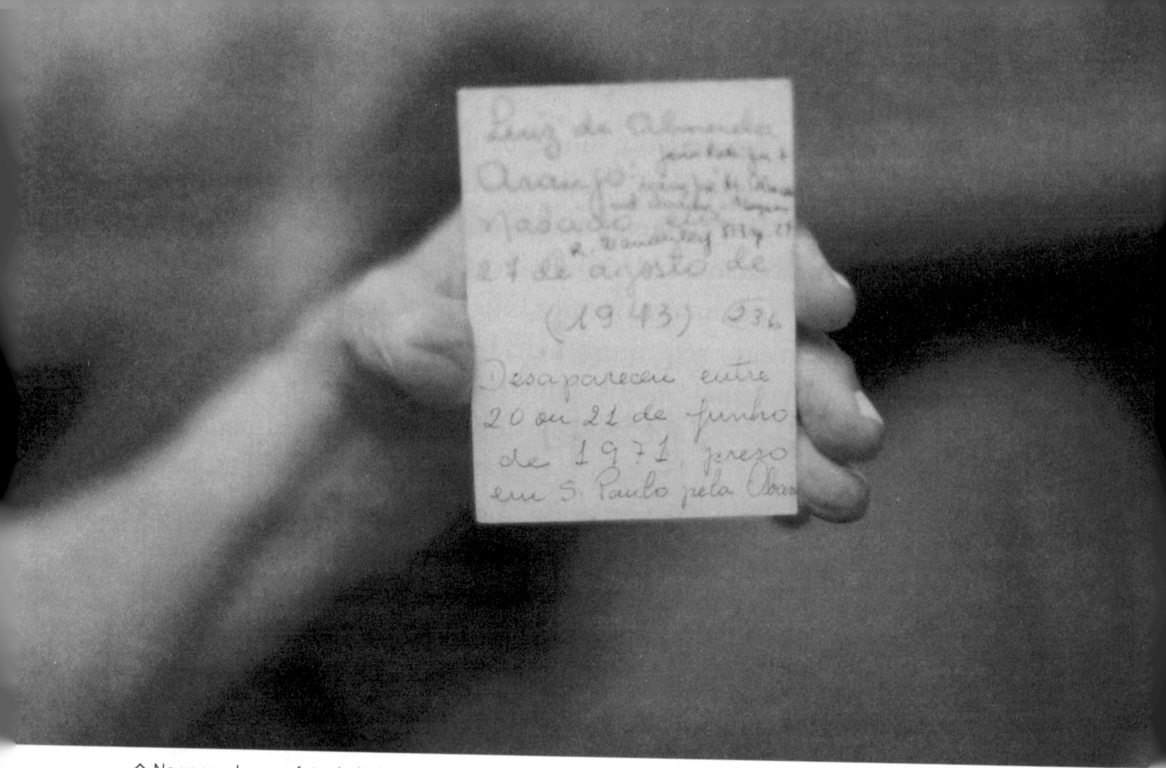

^ No verso de uma foto de Luiz, as datas de seu nascimento e desaparecimento. Crédito: Alcione Ferreira, 2019

Pouco tempo antes de montar seu próprio "aparelho" – nome dado aos esconderijos usados pelas organizações políticas de esquerda da época para organizar suas estratégias de resistência –, Luiz decidira ver a mãe. Era a virada de 1970 para 1971, e ele desejava a companhia da mulher pela qual havia atravessado, ainda criança e sozinho, boa parte de Alagoas. Surpresa, Maria José viu Lula chegar, no dia 31 de dezembro, à sua casa em Santo André. Estava com uma amiga e com Francisco Okama, também amigo de Amparo e Luiz. Foi a última vez que o viu.

Seu desaparecimento, cinco meses depois, é uma história conhecida, que pode ser encontrada em livros, sites, relatórios. Maria já deu entrevistas a respeito dezenas de vezes, bem como Amparo. A jovem também aguardava o irmão que nunca voltou a aparecer. Ambos costumavam se ver aos sábados, mais por motivos de luta política do que por razões familiares, embora o afeto entre eles estivesse sempre presente. Passaram o dia 10 de junho de 1971 juntos, comemorando o aniversário de Amparo. Ela fazia 21 anos e ganhou de presente dele um xale, uma caixa com chocolates e um treinamento de tiro. Viram-se novamente no dia 16 e combinaram de se encontrar duas semanas depois, na avenida Ipiranga. Mas ele nunca chegou.

Os companheiros da ALN que dividiam o aparelho com Luiz – Iuri e Alex Xavier e Francisco Okama – deram a notícia do seu desaparecimento a ela. Era preciso repassar a informação a Maria José. "Abordei uma pessoa na rua e pedi para ela ligar lá pra casa e avisar que Luiz tinha sido preso, que ele precisava de um advogado. Eu sabia que o telefone estava grampeado", diz Amparo. Ela calcula que seu irmão teria desaparecido entre 16 e 26 de junho. No Nordeste, era tempo de festa, de celebrar a colheita.

Maria José, que a essa altura já havia adquirido certa prática no lidar com delegados, policiais, investigadores, espiões, achava que aquela seria mais uma incursão no Destacamento de Operações de Informação – Centro de Operações de Defesa Interna (DOI-CODI), que ouviria falar de Lula dias depois. Mas não. Aquela visita foi diferente. Ela passou horas ali. Foi até lá com seu outro filho, Manoel, que havia se alistado no Exército aos 18 anos. Foram escutados em salas separadas; os agentes da repressão tentavam pescar inconsistências em seus depoimentos.

Sem respostas, continuaram a procurar pelo mais velho: foram até a Segunda Auditoria Militar. "É clandestino e está foragido", foi a informação breve recebida sobre Lula, que também usava como codinomes "Sebastião" ou "Zé Rui", esses últimos vindos de dois tios seus. Maria voltou ao DOI-CODI paulista, mas não conseguiu mais nada. Não soube, por exemplo, que enquanto ela circulava por aqueles corredores tinha gente sendo torturada a poucos metros, gente que era próxima aos seus filhos militantes. Não sabia que em 1971 a carga para acabar com a ALN havia se tornado total. Como afirma o jornalista Marcelo Godoy, autor de *A casa da vovó: uma biografia do DOI-CODI (1969-1991), o centro de sequestro, tortura e morte da ditadura militar* (2014), naquele ano houve um aumento de repressão no qual "o cotidiano de violência e morte foi disciplinado".

Sob o comando do Estado brasileiro, o filho de Maria José fora sequestrado. Ela, que sempre cuidara de deixar sua camisa impecavelmente branca nos tempos da Clipper, ainda hoje não sabe sequer qual a cor da roupa que ele usava. Ao desaparecer, Lula deixou Josephina Vargas Hernandes, sua companheira na época, grávida de Alina de Paula.

Maria buscou pelo rapaz diversas vezes, foi interrogada novamente tantas outras. Lembra-se das inúmeras horas no Departamento de Ordem Política e Social (DOPS), dos documentos assinados, de Manoel a acompanhando em mais outras buscas, sendo interrogado, também assinando documentos. Era como se vivesse num *looping*. Hoje, décadas distante daquela saga – e com o certo anteparo emocional que o passar do tempo às vezes proporciona –, ela diz que até fez amizade com os agentes da repressão, que a tratavam muito bem. "Eles gostavam de mim", repete nas duas vezes em que nos vimos. "Eles estavam te enganando, mãe. Só agiam assim com a senhora porque queriam saber da gente", retruca Amparo.

O que se passou com Luiz nesses aproximadamente dez dias sem que se soubesse de qualquer notícia até hoje não é claro. Em depoimentos dados às comissões que se debruçaram sobre o caso, companheiros relatam ter ouvido seus gritos durante horas no DOI-CODI paulista. Outros contam falam tê-lo visto ser arrancado de um carro na avenida Angélica pouco depois de um encontro com José Anselmo dos Santos, que mais tarde descobriram ser um agente infiltrado da ditadura, conhecido como cabo Anselmo. Dúvidas que ainda acompanham Maria José.

A opção de dois dos filhos pela vida política, pela luta armada e, consequentemente, pela clandestinidade privou Maria José do convívio mais próximo com eles por muitos anos. A parteira só veio a conviver, de fato, com sua filha depois de 1979, quando, após oito anos se escondendo para não ser morta pelo Estado, Amparo decidiu voltar. A essa altura, a mãe achava que os sumiços só poderiam significar desaparecimento eterno ou morte. "A gente teve pouca oportunidade de ficar juntas", diz Maria José, sem esconder a mágoa.

A um novo casamento, disse "não"

Com o rumo dissonante dos filhos, viu-se novamente sozinha. Pedro e Maria das Graças seguiam bem em Alagoas. Manoel, Lula e Amparo haviam decidido seus caminhos. Pela primeira vez, Maria José podia também se colocar como prioridade. No espaço oco deixado por mortes e desaparecimentos, ela adicionava inquietude: não se engessaria no papel da mãe que permanece em casa à espera de alguma felicidade.

No plano sentimental, desde a separação do pai de seus filhos, Maria estava só – o que era, antes de tudo, uma escolha sua. "Quando meu marido me deixou, não quis mais casar. Com aquela penca de filhos, eu não ia casar de novo. Mas namorei muito, muito, e isso foi bom." A decisão tinha relação também com a liberdade que experimentava após a vida amarrada e cheia de obrigações – que não eram exatamente as dela – com João Araújo, seu primeiro marido.

Com um espanhol, Lucas, quase chegou a se casar. No entanto, sem querer sair do Brasil, acabou desistindo. Outra relação foi extremamente marcante: seu namoro com Francisco Seiko Okama, a quem conheceu em um ônibus quando estava trabalhando em São Bernardo, na segunda metade da década de 1960. Era o mesmo Francisco que tempos depois apareceria com o filho no último dia de 1970, o mesmo que apagara o número de série do revólver que Amparo havia ganhado de Venâncio. Quando o conheceu, Maria não imaginava que aquele rapaz simpático tivesse essa ligação com seus filhos. Okama trabalhava na Aços Villares, perto de São Bernardo, e morava em Mauá. Nesse trajeto, ele passava por Santo André, onde parava para trocar o trem por um ônibus.

Nessas rotas e linhas cruzadas, deu-se o encontro do metalúrgico com a mãe dos seus amigos de militância. Maria e Francisco iniciaram uma relação, passaram a se encontrar, a contar a vida um para o outro – embora, no caso dele, somente até certo ponto. "É, eu namorei um amigo do Lula. Francisco era uma graça. Gostei muito dele." Lula sabia da relação, segundo revela Amparo. "Sempre apoiamos a mamãe em seus relacionamentos; queríamos muito que ela fosse feliz." Na primeira vez que a parteira levou o rapaz para casa, poucos meses depois do encontro no ônibus, Amparo se espantou, mas tanto ela quanto Francisco disfarçaram e fingiram não se conhecer, como aprenderam na resistência política.

Maria fala bastante e parece revelar, mas não revela. Conta com afeto os últimos momentos passados com Francisco em uma quitinete que ela havia comprado na avenida Brigadeiro Luiz Antônio. Foi lá onde ela se encontrou com ele no dia 14 de março de 1973. Passaram a noite juntos. Pela manhã, no dia 15, ela foi trabalhar em São Bernardo e ele seguiu para encontrar Arnaldo Cardoso Rocha e Francisco Emanoel Penteado, também integrantes da ALN. Antes disso, combinaram de se ver novamente à noite: ela cozinharia, a pedido dele, uma nordestiníssima macaxeira com charque. "Ele adorava minha comida e pedia sempre esse prato."

À noite, Maria estava no apartamento cozinhando, a televisão ligada, quando ouviu a notícia: um grupo contrário ao regime militar havia sido "desmontado" – isto é, assassinado – pela polícia. Aproximou-se da TV e viu a foto: Francisco era um deles. "Eram umas seis da tarde. Eu olhei a tela e vi aquilo lá. Eu sabia, eu já sentia, já vivia com a cabeça cheia. Eu já sentia." No dia seguinte, a notícia também estava estampada nas bancas de revista, chamando-os de "terroristas". Francisco foi executado por agentes do DOI-CODI poucos metros adiante de seus colegas. Ele já estava ferido quando tentou fugir. Tinha 25 anos.

Maria ficou aos pedaços. Dois anos depois do desaparecimento do filho, perdia o namorado. Procurou o companheiro de sua filha Amparo, Miguel Nakamura, e com ele tentou acompanhar o movimento da polícia no DOI-CODI, de longe. Decidiu se disfarçar e ir sozinha até o local onde os corpos estavam. Vestiu sua roupa de enfermeira e circulou pelo Instituto Médico Legal (IML) sem ser reconhecida. Viu o corpo de Francisco crivado de balas. Naquele mesmo dia, acompanhou o enterro, mantendo-se à distância. "Me apaixonei e sofri muito com a morte dele." Guarda consigo as fotos do sepultamento, em Mauá, até hoje.

"Quando tiver um menino para me dar, eu quero"

Nem tudo foi perda naquele período: em abril de 1973, quase dois anos depois do desaparecimento de Lula e um mês após a morte de Francisco, Maria José, a mulher que fazia nascer, abria espaço em sua vida para mais um filho. "Era Manoel que dizia: 'Mãe, adota uma criança pra ficar com você'". Ela estava trabalhando no Hospital São Vicente e começou a se oferecer para cuidar dos filhos que ali nasciam

> Altiva, Maria José mantém a aparência impecável, com o mesmo rigor com que cuidava dos filhos. Crédito: Arquivo pessoal, 1966

e nem sempre eram acolhidos pela família. "Quando tiver um menino para me dar, eu quero", dizia ela pelos corredores. O sexo masculino era determinante: ela diz que não teve sorte com as filhas, pois ambas não estavam ao seu lado "para cuidar dela". Os filhos homens também não, é verdade, mas é sobre elas, em uma sociedade machista, que recai esse tipo de expectativa.

Sua procura não durou muito tempo: logo foi chamada a um apartamento em Santos, onde encontrou um bebê, com apenas nove dias, a quem deu o nome de Vinícius. O novo filho era todos os outros que havia perdido. O garoto passou a ser seu maior companheiro – e ainda é. Foi ele, aos 46 anos no momento em que nos encontramos, quem mais procurou evitar que a mãe se desgastasse ao contar seu passado e seu presente para este livro. Atualmente mora perto dela, em Maceió, onde vive com a esposa e uma filha.

Maria fala com enorme carinho de Vinícius, que não vê o período militar como um momento sombrio do país, mesmo após os fatos dolorosos envolvendo sua família. Ele acredita que o irmão que nunca conheceu foi doutrinado para a militância. Repete esse e outros discursos comuns a um revisionismo perigoso da história do Brasil. Afirma: "Todos dizem que o Brasil era melhor na ditadura". Nunca houve roteiro óbvio na novela Mundo.

Com Vinícius ainda bebê, ela seguiu trabalhando em maternidades e hospitais. Continuava a buscar Lula e via o interesse da polícia por sua família esmorecer até sumir. Com o tempo, deixou de ser seguida. Em 29 de novembro de 1973, Luiz foi absolvido em um processo na Segunda Auditoria Militar por insuficiência de provas. A essa altura, fazia oito meses que Francisco fora assassinado.

No fim do ano de 1977, exatos oito anos após o último encontro com Luiz, Maria recebeu de Manoel um convite para passar a virada de ano com ele e a família na Vila Mangalot, Zona Oeste de São Paulo. Queria comemorar o aniversário de um ano de seu novo negócio, uma lanchonete. Maria, que nessa época vivia em Santos, planejava ir a Porto Alegre com Vinícius e um namorado, Tonho, mas cancelou tudo e resolveu atender ao chamado do menino que estivera com ela e Lula em seus primeiros anos de sufoco em São Paulo.

Sentia falta do filho, que, na ausência de Amparo e Lula, era o mais próximo: saíam juntos, jantavam fora. Na véspera de ano novo, Maria José chegou cedo, na hora do café da manhã. Marinês, sua nora, organizou a casa para a passagem do ano, fez comidas de festa, separou roupas novas para Manoel e as colocou sobre a cama. Perto da hora do almoço, foi chamá-lo. Pouco tempo depois, uma notícia absurda chega até a casa que até então brilhava: Manoel sofrera um ataque à bala na saída da lanchonete, perto de casa. Estava morto. Um vizinho da família, que alguns acreditavam ser esquizofrênico, chamou Manoel pelo nome e atirou. Cometeu suicídio logo depois. "Levamos Manoel para o hospital. Eu meti a cara no sangue dele, o beijei muito, muito. Meu filho… o que fizeram com meu filho?"

Desta vez, o luto de Maria, que perdia ali seu terceiro garoto, era tangível – ela podia enterrar Manoel, diferentemente de Luiz. O ex-soldado deixou-lhe dois netos: Douglas e Débora. Foi vendo os dois de tempos em tempos, cuidando de Vinícius e fazendo mais uma centena de partos e também cuidando de pessoas atingidas pela hanseníase que ela passaria mais uma década em São Paulo. Mas desde o ocorrido com seu filho Manoel costuma se recolher cedo nas noites de Réveillon. "Sabe o que eu faço? Eu fecho as portas."

Nesse período, conta que tentou adotar novamente uma criança: Venâncio nasceu na casa da parteira e foi ela que cuidou da mãe, Nice, que vivia pelas ruas antes de Maria José levá-la para casa.

Nesse período, conta que tentou adotar novamente uma criança: Venâncio nasceu na casa da parteira e foi ela que cuidou da mãe, Nice, que vivia pelas ruas antes de Maria José levá-la para casa. Vinte e dois dias após o nascimento, no entanto, o bebê morreu.

As notícias vindas de Alagoas sobre seus pais a preocupavam: eles estavam doentes e ela temia que partissem sem que antes pudessem fazer qualquer novo contato. Também havia uma questão: a São Paulo que a fizera levantar voo era também cidade que serviu de berço para a morte de um filho, o desaparecimento forçado de outro. Trinta e dois anos depois

^ Maria José na Praça da República, no centro de São Paulo, cidade na qual ela "levantou voo". Crédito: Arquivo pessoal, 1962

de buscar o desconhecido no Sudeste do país, resolveu retornar para a sua terra natal. Em sua imaginação, seguiria com Vinícius e o namorado Tonho para um lugar grande, até mesmo uma fazenda ou um sítio, onde poderia viver mais sossegada depois de anos de tanto esforço, sangue e suor. Mas não foi bem assim: Tonho ficou apenas dois meses em Maceió e partiu.

Maria José não contava, no entanto, com o retorno tão materializado de seu passado: João, o homem que a trocara por outra mulher – e outra família – soube da presença da mãe de seus primeiros filhos em Alagoas e passou a procurá-la. Nunca havia deixado de visitar os antigos sogros e sogras em Anadia. Nesse longo período, ele também sofreu a ausência dos filhos. Não demorou muito para João aparecer em reuniões familiares nas quais sabia que encontraria a ex-mulher.

No apartamento quente onde Maria vive, perto do mar, ela ri da lembrança e começa a cantar: "Índia, sangue tupi/ Tens o cheiro da flor/ Vem que eu quero te dar/ Todo o meu grande amor". Era essa a canção – escrita originalmente nos anos 1940 pelos paraguaios Manuel Ortiz Guerrero e José Asunción Flores – que João sempre entoava quando queria cortejar a mãe de seus primeiros filhos. "Ele tentava se aproximar de todas as maneiras, inventava formas de me tocar, pegar na minha mão. Fazia poesias lindas para mim", comenta.

Não quis reatar o casamento interrompido, mas esteve com João até sua partida, cuidando dele, doente e separado da mulher. O visitou em seu leito de morte em um hospital, e se recorda de sua voz baixinha, dizendo quando ela se aproximou: "Você está bonita, como sempre". João foi o homem que a ensinou, duramente, a cuidar de si antes de tudo – e é com essa premissa que Maria José vive.

Poucos dias depois de nosso primeiro encontro, ela estrelava um comercial de uma clínica dentária, onde surge sorrindo e abraçando as funcionárias do local. Mostra os dentes perfeitos e diz que o implante foi uma das melhores coisas que já fez para si. Também planejava fazer um curso de maquiagem para aprender de uma vez por todas a usar cílios postiços. Maria é um estandarte da alegria: em nenhum momento deixa que a vistam com trajes de comiseração.

No apartamento de Maceió, Lua, Lea e Flor, suas gatas, passeiam por suas pernas enquanto ela mostra as roupinhas que vestiam seus dois

^ Maria José em seu apartamento em Maceió (AL). Crédito: Alcione Ferreira, 2019

poodles, já mortos. Os animais, mais que companheiros, são confidentes. "É como se tivesse gente comigo." Ao ver seu carinho com eles, pergunto se deseja ter outro cão. "Eu não posso. Não dá mais tempo."

Meia hora depois dessa frase, que me tocou profundamente, me despedi na porta do elevador. Exatamente um mês depois, num sábado que antecedia o dia das mães, nos reencontramos na casa de Amparo, que vive em Recife com a filha Suzana. Pedro, filho de Maria que também mora na cidade, havia sido hospitalizado poucos dias antes. Estava bem, mas não podia viajar até Alagoas. Levei de presente para ela uma garrafa de sua bebida preferida, Campari, para dar chances ao nosso pacto de um futuro drinque juntas. Postergamos para um terceiro encontro – naquele dia, com mais gente ao nosso redor, bebemos apenas café.

Durante aquele mês, tinha pensado muito em uma frase de Maria José: "Minha vida foi linda, apesar de tudo", dita após relatar suas enormes perdas. Há sempre de nossa parte certa dificuldade – ou fascínio

– em entender essas imensas capacidades de recuperação. Queria que ela me explicasse como aquilo era possível. Minha pergunta era a mesma de muitas outras mulheres Brasil afora, eu sabia. Não só as que perderam seus filhos, irmãos, maridos para a ditadura civil-militar: é, na verdade, o questionamento atual de todas aquelas que viram e veem morrer os seus amores no contexto da violência brasileira, sobretudo contra pessoas negras, gays, transexuais, pobres.

A fotógrafa Alcione Ferreira e eu pedimos para Maria olhar para uma câmera e dividir conosco um pouco mais do que aprendeu. Ela se posicionou em frente à lente e falou seu nome completo.

– Maria, o que motivou você a continuar?

– Minha filha, eu não tinha outra opção.

Naquele dia, antes de nos encontrarmos, ela já havia tomado seu café da manhã na companhia do sol. ■

Crédito: Priscila Euhr

FABIANA MORAES

Jornalista e professora da Universidade Federal de Pernambuco, doutora em Sociologia, tem pesquisas acadêmicas e reportagens voltadas para a questão da hierarquização social. Estuda celebrificação e subjetividade jornalística. É vencedora de prêmios Esso com as reportagens: "Os sertões" (2009), "O nascimento de Joicy" (2011) e "A vida mambembe" (2007); prêmio Petrobras de Jornalismo com a série Casa Grande e Senzala (2015), além de prêmios Embratel, Cristina Tavares e Comissão Europeia de Turismo. Lançou cinco livros, entre eles *Os sertões* (2009), *Nabuco em pretos e brancos* (2012) e *O nascimento de Joicy* (2015).

Como as mulheres construíram e lutaram pelos direitos humanos desde a ditadura

Maria Amélia de Almeida Teles

Os direitos humanos não são evidentes nem algo dado, são uma construção histórica, social e política. É o que nos ensina a obra de Hannah Arendt, filósofa alemã e pensadora política de origem judia que se exilou para fugir do nazismo. Eles significam um esforço coletivo da humanidade, uma conquista histórica e política que exige luta constante em busca do reconhecimento de que a pessoa humana, primordialmente pelo fato de ser humana, tem direito a ter direitos. O Estado autoritário, no entanto, não reconhece tais direitos.

É necessário que movimentos sociais organizados e mobilizados cobrem justiça e formulem, junto às instituições públicas e correlatas, ainda que em condições desfavoráveis e desiguais, medidas para reduzir ou eliminar as violações de direitos praticadas pelo Estado e pela sociedade, sejam elas de caráter econômico, social ou político. Com uma atuação mais efetiva desses movimentos, é possível exigir, no mínimo, melhores condições de sobrevivência e dignidade.

Os direitos humanos, bem como sua efetivação, têm sido assim construídos, ao longo da história com a perspectiva de conquistar uma convivência razoável entre as diversas forças sociais e políticas presentes na sociedade. Contudo, eles são ainda uma meta a ser alcançada, e somente aqueles que se encontram em situação de fragilidade e de violência ou que fazem a defesa dos segmentos historicamente violados se lembram do que esses direitos significam na prática e lutam para efetivá-los. São essas pessoas as que mais cobram do poder público o cumprimento de medidas para erradicar essas violações, além da efetivação de mecanismos para que tais crimes não se repitam.

Na ditadura militar brasileira (1964-1985), a expressão "direitos humanos" foi censurada, proibida e reprimida com rigor pelos órgãos de repressão política. Proibiram seu uso sob a alegação de que falar sobre esse tema significava fazer a "defesa de bandidos", argumento este que até hoje, em alguns setores conservadores, tem sido usado para não se divulgar nem implementar políticas efetivas nesse âmbito.

As mulheres, entre os diversos segmentos sociais que resistiram ao autoritarismo, lutaram contra a ditadura e foram as mais atuantes na defesa desses direitos. Muitas delas saíam de suas casas ou de seus locais de trabalho em busca do paradeiro de seus familiares sequestrados e desaparecidos. Essas mulheres lutaram quando foram para a linha de frente, reunidas na oposição política ao autoritarismo, à censura, às ameaças e em defesa das liberdades políticas e da anistia; protestaram contra o recrudescimento da exploração da classe trabalhadora e da carestia. Foram diversas: ativistas, atrizes e demais artistas, sindicalistas, donas de casa, operárias. Mas sobretudo mães, esposas e companheiras, irmãs, parentes e amigas de pessoas que, por sua militância política, desapareciam após serem sequestradas por agentes da repressão naqueles anos de chumbo.

O histórico maio de 1968 – que ficou conhecido como "primavera dos povos" – teve início em Paris, espalhou-se pelo mundo e chegou ao Brasil. Na época, estudantes brasileiros procuraram se integrar ao movimento cultural que então eclodia. Houve também greves operárias como as de Contagem (MG) e as de Osasco (SP), ao mesmo tempo que ocorriam as passeatas estudantis.

Estudantes foram presos, alguns assassinados. Foi criada a União Brasileira de Mães, organização civil de defesa dos direitos humanos que teve sede provisória no Convento Dominicano do Leme, no Rio de Janeiro, com mais de quinhentas mães filiadas. No entanto, foi proibida e fechada em 1969.

Operárias e operários foram à luta contra o arrocho salarial e as intervenções estatais nos sindicatos. A greve da cidade de Contagem foi a primeira de uma série de paralisações e surpreendeu o então Ministro do Trabalho, o coronel Jarbas Passarinho. Há um silêncio quanto à participação das mulheres nessas greves.

Apesar disso, é importante saber que houve mulheres que lideraram a greve, como é o caso de Conceição Imaculada de Oliveira, que à época era diretora do Sindicato dos Metalúrgicos de Contagem, e de outras que tiveram papel importante na preparação do movimento, como professoras do ciclo de alfabetização em cursos noturnos da região e demais mulheres retratadas por Susel Oliveira Rosa no livro *Mulheres, ditaduras e memórias: não imagine que precise ser triste para ser militante* (2013).

As mulheres dos bairros operários ajudaram a divulgar as ações dos trabalhadores em greve. Houve as que participaram da greve de Osasco, em 1968; três delas foram presas e tiveram suas prisões registradas. Foi esse o caso de Ana Maria Gomes: na época, ela tinha 20 anos, trabalhava na antiga fábrica de lâmpadas OSRAM e destacou-se na atuação sindical. Conforme relatou à Comissão Estadual da Verdade do Estado de São Paulo "Rubens Paiva" em 14 de junho de 2013, ela ouviu de um dos delegados do Departamento de Ordem Política e Social (DOPS) que era muito jovem, que devia pensar em casamento, filhos e abandonar a vida sindical, que ali não era lugar para uma moça.

Houve algumas mulheres que tiveram seus nomes gravados na história, como Therezinha Zerbini, Ruth Escobar, Madre Cristina, Margarida Genevois, Clarice Herzog, Maria Augusta Capistrano. Mas houve também outras tantas anônimas, cujos feitos também deram passos decisivos na construção histórica dos direitos humanos em nosso país. Foram mulheres que, por sua dedicação e coragem, consolidaram, ainda que com bastante restrições, a defesa do que essas garantias representam, na calada da noite, na vigência do silêncio imposto pelos atos institucionais e decretos da ditadura que intensificaram a truculência do Estado.

O governo militar, ao decretar o Ato Institucional Número Cinco (AI-5) em 13 de dezembro de 1968, suspendeu o direito ao *habeas corpus*, fechou o Congresso Nacional, impôs o terror nas ruas, nos locais de trabalho, nas escolas, igrejas e nas casas. Advogados que buscavam informações sobre seus clientes ouviam dos agentes da repressão coisas do tipo "Vocês já ouviram falar da Declaração Universal dos Direitos Humanos? Se já ouviram falar dela, esqueçam-na", conforme se vê no documentário *15 filhos*, de Marta Nehring e Maria Oliveira (1996). Parecia não haver mais nada a ser feito: o terror e o obscurantismo haviam tomado conta da situação.

Foi então que, mais uma vez, as mulheres saíram em defesa desses direitos frontalmente atacados pelo Estado autoritário. Por vezes tímidas, intimidadas, mas determinadas, compreendiam e difundiram os direitos humanos como um instrumento de denúncia da tortura e de busca da verdade e da justiça. Ao dedicarem a maior parte de suas vidas, em suas práticas diárias, à defesa de seus familiares perseguidos, torturados e mortos pelo regime, ao irem de forma corajosa e altiva até os órgãos da repressão e a outras instituições com o intuito de obter informações, deram início à construção histórica dos direitos humanos no Brasil em plena vigência da ditadura.

Elas escreveram cartas e documentos, mas também tomaram a palavra em espaços públicos e clamaram por justiça. Não temeram contestar a versão dada pela repressão, que ora negava os fatos, ora trazia uma versão falsa, ora chegava mesmo a dizer que não sabia do paradeiro dos militantes desaparecidos e forjava fatos desencontrados no intuito de confundi-las e dissuadi-las de sua luta – em vão, entretanto.

A ditadura encontrou uma incômoda oposição – que se deu no cotidiano e de forma aberta – já nos seus primeiros meses, quando as mulheres denunciaram a tortura sofrida por seus familiares. Por exemplo, no dia 13 de setembro de 1964, o jornal carioca Correio da Manhã publicou uma entrevista com Norma Conceição Mortorelli, viúva do 2º Sargento do Exército, Manuel Alves de Oliveira (1934-1964), na qual ela informa que seu marido foi torturado com choques elétricos e morto no Hospital Central do Exército, conforme consta do *Dossiê ditadura: mortos e desaparecidos políticos no Brasil (1964-1985)*, publicado pelo Instituto de Estudos de Violência do Estado (2009): "Numa das poucas vezes em que consegui visitá-lo... verifiquei que seu corpo estava coberto de marcas, que mais tarde soube serem de ferro quente.

Estava transformado em um verdadeiro flagelado, com a barba e os cabelos crescidos [...]".

Outro exemplo que marca a história da luta dessas mulheres é o de Dilma Borges Vieira, esposa do dirigente comunista Mário Alves (1923-1970), uma das precursoras do Movimento dos Familiares de Mortos e Desaparecidos Políticos. Mais tarde, com a luta pela anistia ampla, geral e irrestrita a presos e perseguidos políticos, esse movimento daria suporte para a criação da Comissão de Familiares de Mortos e Desaparecidos Políticos. Desde o desaparecimento de seu marido, Dilma esteve em todos os lugares possíveis para buscar notícias e denunciar o fato. Chegou a escrever uma carta para o Comandante do 1º Exército, Syseno Sarmento e, por isso, foi presa, sob a alegação de que estaria caluniando a instituição. Mas ela não se deixou intimidar: entrou com uma ação judicial para responsabilizar a União pelo desaparecimento de seu marido, obtendo sentença favorável em outubro de 1987. Abriu caminhos. Seu exemplo foi seguido.

Ao buscarem seus parentes presos, mortos e/ou desaparecidos por agentes do Estado, essas mulheres tiveram que lidar com instituições nacionais e internacionais, com políticos, com a imprensa escrita, autoridades e integrantes do setor judiciário, com argumentos convincentes sobre a necessidade de defenderem seres humanos por serem humanos.

Embora as leis digam o contrário, na prática as mulheres não são iguais em direitos. Não têm as mesmas condições e oportunidades. Seus compromissos políticos, éticos ou utópicos podem não ser os mesmos. Não são iguais entre elas mesmas: negras, brancas, indígenas, pessoas com deficiência, de diversas classes sociais, de diversas etnias, de diversas orientações em relação a sua sexualidade e a outros interesses. As questões intergeracionais, econômicas e regionais as colocam, muitas vezes, em posições desiguais e distantes.

No entanto, todas elas estão submetidas à organização social de gênero, que as coloca em desigualdade em termos de direitos e deveres. Devido a essa discriminação milenar que as desvaloriza, seja no plano econômico ou no social, elas veem suas ações e propostas políticas serem desprezadas. São invisíveis, silenciadas, esquecidas e desconsideradas do ponto de vista de sua subjetividade, de suas ações e de suas proposições.

O protagonismo das mulheres só vem sendo reconhecido muito recentemente. Contudo, ainda nos dias de hoje, não se pode garantir sua visibilidade como *sujeitas políticas* e precursoras de movimentos emancipatórios da humanidade. Há um apagamento de suas ações, narrativas e trajetórias em relação a sua participação social nos enfrentamentos ao autoritarismo, assim como na construção de proposições sociais, democráticas e humanistas. Há uma espécie de "amnésia sexista" – termo criado por Rosa Montero no livro *História de mulheres* –, em decorrência da qual os considerados guardiões da memória não inscrevem as mulheres e seus atos e feitos nos anais da história.

No Brasil, as mulheres lutaram contra a ditadura militar de diversas maneiras: inseridas no mercado de trabalho; nas universidades e nas escolas; nas ciências; nas artes; na música; na cultura; na imprensa escrita e falada; nos serviços domésticos; nas áreas urbanas, nos subúrbios e periferias; nas áreas rurais; na saúde; na educação; clandestinas ou não clandestinas; na luta pela anistia dos presos e exilados políticos da ditadura; na mobilização contra a alta do custo de vida; na busca de familiares desaparecidos e dos corpos ocultados que não tiveram sepultamento.

Elas criaram e reinventaram movimentos. Ao lutarem contra a alta do custo de vida, ressignificaram uma reivindicação aparentemente de ordem econômica que questionava as estratégias políticas de manipulação dos índices dos preços dos alimentos e do reajuste salarial na ditadura, o que provocou o famigerado arrocho salarial. Eram centenas de mulheres, espalhadas pelas periferias de São Paulo e de outras cidades, que passaram a se reunir com o apoio das Comunidades Eclesiais de Base (CEB) da Igreja Católica. Praticavam a defesa dos direitos sociais e econômicos, que nada mais são do que direitos humanos. Criaram, assim, o Movimento do Custo de Vida, que ficou conhecido como o Movimento Contra a Carestia, que colheu mais de um milhão de assinaturas num abaixo-assinado, mobilizando amplos setores da sociedade.

A advogada e ex-presa política, Therezinha Zerbini criou o Movimento Feminino Pela Anistia, que logo se estendeu por diversos estados brasileiros e se juntou ao Comitê Brasileiro pela Anistia (CBA), culminando num amplo movimento. Outras mulheres fizeram jornais alternativos para defender os direitos das mulheres, figurando como precursoras na luta pelos direitos das mulheres. Atuaram no campo da oposição à ditadura, no ano de 1975. E é bom lembrar que o primeiro número do jornal *Brasil Mulher* saiu em outubro, no exato mês em que foi assassinado em São Paulo o diretor da TV Cultura, o jornalista Vladimir Herzog, no Departamento de Operações de Informação – Centro de Operações de Defesa Interna de São Paulo (DOI-CODI/SP).

As mulheres foram o segmento da população que mais sofreu mudanças nas suas relações – com o trabalho, com a família, com os homens, com a questão política –, o que trouxe modificações no seu comportamento e nas suas maneiras, subjetiva e objetiva, de enfrentar a vida. Logo após a ditadura, as mulheres foram de imediato em busca do mercado formal de trabalho, que passou a absorver de maneira expressiva a mão de obra feminina. Sentiram a sobrecarga de trabalho por serem mulheres, mães ou não, e terem que conciliar o trabalho doméstico com o trabalho fora de casa. Outras passaram a estudar e entraram nas universidades. Questionaram a divisão sexual do trabalho tão desigual e onerosa para as mulheres. Denunciaram a violência doméstica. Reivindicaram democracia em casa e na rua.

As ações dessas mulheres aconteceram em condições diversas, mas todas inventaram estratégias de resistência. Conscientes ou não, souberam enfrentar as desigualdades de gênero numa postura corajosa e romperam, de certa forma, com barreiras patriarcais históricas. E trouxeram para o cenário brasileiro a possibilidade de se chegar à democracia.

A pouca visibilidade e importância dada às mulheres fez com que elas tomassem o espaço público de maneira audaciosa e não previsível pelos repressores. Para a maioria da sociedade, direitos humanos ainda era algo tão abstrato, tão utópico, inatingível. Talvez os próprios homens da repressão não tivessem percebido o alcance das ações e das narrativas dessas mulheres que clamavam por justiça.

Há nomes de algumas delas que, quando mencionados, remetem à luta pelos direitos humanos, como é o caso de Helena Greco (1916-2011), de Minas Gerais. Como ela dizia: "A luta pelos direitos humanos é também uma luta contra o machismo e a violência contra as mulheres". E acrescentava: "Apesar de sermos pequenos e pulverizados, nada aconteceu que não tenha passado pelos movimentos feministas". Os políticos conservadores a acusavam de "querer passar talco nas axilas dos bandidos" por ela ter estado à frente na defesa da cultura dos direitos humanos.

Assim, o fortalecimento desse campo no Brasil conta com o protagonismo das mulheres, que, entre as várias formas de luta, também marcam seus atos com flores, lenços e fotos de seus entes amados desaparecidos. Suas experiências foram mais fortes do que o medo imposto pelo terrorismo de Estado. Sempre determinadas, levaram sua dor e o cotidiano de suas vidas para o espaço público. Vale lembrar que foram as mulheres que levantaram a bandeira da licença paternidade e do direito à pensão para os viúvos.

Mulheres foram perseguidas, torturadas, assassinadas pela ditadura e tiveram seus corpos ocultados – vítimas de desaparecimento forçado. Mas a ditadura as identificava primordialmente com a maternidade, e seu lugar na família devia ser de mãe e cuidadora, responsável pelo bem-estar de todos os integrantes da casa. Não por acaso, controlar seus corpos, violar sua sexualidade por meio do estupro e outros crimes sexuais foi o *modus operandi* usado contra elas, com o objetivo de desmoralizá-las, disseminar a desconfiança e reforçar a ideia de que as mulheres deveriam se submeter aos ditames patriarcais.

Lúcia Murat, uma das militantes da época e hoje cineasta conhecida e vencedora de vários prêmios, em depoimento prestado à Comissão Nacional da Verdade (CNV) em 28 de maio de 2013, relatou as torturas sexuais a que foi submetida: [...] Gritavam, me xingavam, me puseram de novo no pau de arara. Mais espancamentos, mais choque, mais água e dessa vez entraram as baratas. Puseram baratas passeando pelo meu corpo, colocaram uma barata na minha vagina. Hoje parece loucura, mas um dos torturadores de nome de guerra "Gugu" tinha uma caixa onde ele guardava as baratas amarradas por barbantes e através do barbante ele conseguia manipular as baratas pelo meu corpo. [...] (*Relatório Final da Comissão Nacional da Verdade*, volume I, parte III).

A partir do momento em que essas mulheres começaram a defender seus filhos e parentes que estavam desaparecidos por terem escolhido o que os agentes entendiam como "mau caminho" – o que, na ditadura, era qualquer desejo de democracia –, elas passaram a ser consideradas inimigas do Estado. Em suas estratégias de sobrevivência cotidiana, as mulheres se adaptaram muito mais rapidamente, pois antes já haviam tido que lidar com a invisibilidade e a desvalorização a elas imposta pela sociedade patriarcal. Tais habilidades de resistência contribuíram para que desenvolvessem ações políticas de diálogos, de demonstração da dor da perda e de manifestações de sua indignação.

Transformaram a dor em luta e em dignidade. Entenderam, com a dor em sua própria pele, que luto é verbo, é ação, é construção, é resistência. ■

MARIA AMÉLIA DE ALMEIDA TELES

Amelinha Teles, como é conhecida Maria Amélia de Almeida Teles, foi presa política na época da ditadura militar. É feminista, fundadora da União de Mulheres de São Paulo, integrante da Comissão de Familiares de Mortos e Desaparecidos Políticos, ativista de direitos humanos. Educadora popular em direitos, coordena o Projeto de Promotoras Legais Populares, juntamente com outras mulheres. Autora de diversos livros, entre eles *Por que a creche é uma luta das mulheres?* (2018), *Breve história do feminismo no Brasil e outros ensaios* (2017) e *Da guerrilha à imprensa feminista* (2013). Integrou a Comissão da Verdade do Estado de São Paulo – "Rubens Paiva".

Ditadura inconclusa, impunidade permanente

Francilene Gomes Fernandes

No terrível maio de 2006, a violência atingiu e dilacerou brutalmente a vida de muitas famílias no estado de São Paulo, na capital e na Baixada Santista. Famílias como a minha.

Entre os dias 12 e 20 daquele mês, mais de 600 vidas foram dizimadas em execuções sumárias – com uma média de seis tiros por vítima, em sua maioria jovens negros e periféricos de 15 a 24 anos. A ação ficou conhecida como os "Crimes de Maio de 2006". Foram mortes brutais perpetradas pelo Estado brasileiro por meio de seu braço armado local, a Polícia Militar (PM) de São Paulo, em resposta à chamada "onda de ataques do Partido do Comando da Capital (PCC)", como foi veiculado à época. Uma revanche covarde e desproporcional do governo estadual, que decretou pena de morte à queima roupa e ceifou inúmeras vidas inocentes.

Nomear aquela barbárie de "ataques do PCC" é uma forma equivocada e parcial de referir-se à carnificina que transcorreu em nossos bairros durante semanas. É um termo que de pronto toma lado, ao recusar a olhar também para os crimes praticados pelas forças policiais, que resultaram em mais de 600 mortes após a ofensiva do Estado, contra os 43 agentes públicos mortos pelo crime organizado.

No bojo dessas ações, cinco jovens foram vítimas de desaparecimentos forçados, com o envolvimento de policiais das Rondas Ostensivas Tobias de Aguiar, a ROTA, e da Força Tática, tropas de elite da PM paulista. "Desaparecimento forçado" é o nome que se dá quando alguém é sequestrado por forças do Estado ou com sua anuência, desaparecendo involuntariamente sem qualquer registro. Trata-se de um crime de lesa-humanidade reconhecido pela comunidade internacional desde a aprovação da Declaração sobre a Proteção de Todas as Pessoas contra o Desaparecimento Forçado pela Assembleia Geral das Nações Unidas, em 1992, assinada pelo Brasil em 2007 e finalmente ratificada em 2016.

Meu querido irmão, Paulo Alexandre Gomes, de 23 anos, era um deles. Após uma abordagem da ROTA, por volta das 23 horas do dia 16 de maio, ele foi levado do bairro de Itaquera, Zona Leste de São Paulo. Segue desaparecido e já não temos esperanças de encontrá-lo vivo. Seu corpo jaz insepulto por aí ou enterrado como indigente num cemitério qualquer, sem o direito humano a um enterro digno. Desde então, vivo neste vazio da não resposta, da ausência da verdade, na expectativa de justiça.

Nesta longa busca, me vejo refletida e multiplicada por tantas outras mulheres, mães, irmãs, filhas de vítimas da violência de Estado. Do passado e do presente. Nessas ausências, nos identificamos; nos silêncios, nos unimos. Mas não nos calamos. Ao contrário, transformamos o luto em luta, como costumamos dizer. Assim como fizeram as familiares dos mortos da ditadura civil-militar brasileira, assim como seguem fazendo tantas outras mães da Sé, da Maré, da Candelária, da Leste e as Mães de Maio, movimento do qual tenho orgulho de fazer parte.

Violência de Estado ontem e hoje

Os Crimes de Maio foram uma violação de direitos humanos sem precedentes. Uma expressão de barbárie que, tanto pela ação como pela omissão do Estado, teve respaldo oficial. Na certeza da impunidade, que permanece firme e forte desde a ditadura, com uma Lei de Anistia que impede o julgamento de torturadores e assassinos, tais práticas continuam ocorrendo, vitimizando a classe trabalhadora. Movimentos sociais são criminalizados e perseguidos, bem como os que se propõem a romper com esse ciclo perverso de atrocidades praticadas por aqueles que legalmente deveriam zelar pela segurança de todas e todos, garantindo e respeitando nossos direitos civis. Mas que, no entanto, em plena vigência de um regime dito democrático e de direito, infringem sistematicamente todas as prerrogativas legais.

A violação de direitos que marcou nossas vidas para sempre é resultante de um passado ditatorial que não foi suficientemente reparado. Exatamente por isso, em tempos de avanço ultraconservador, esse passado é conclamado e comemorado como um tempo glorioso. Os Crimes de Maio são, portanto, a expressão de uma ditadura inconclusa e da impunidade permanente.

Vale dizer que a violência de Estado e o racismo estruturante não são novidades trazidas pela ditadura. Ao contrário, marcam a história do nosso país desde a invasão portuguesa, que matou milhares de indígenas e escravizou populações negras, firmando essa cultura de violência que até hoje legitima e incita o ódio contra grupos vulneráveis e vulnerabilizados. Durante a ditadura civil-militar, a violência contra a população periférica, sobretudo contra jovens e negros, se intensificou e ganhou requintes institucionais, principalmente pela ação dos esquadrões da morte, grupos de extermínio criados naquele período com a participação de agentes públicos e que passaram a atuar como uma força paralela para exterminar os "indesejáveis".

No período pós-redemocratização, a polícia atua como agente eficaz na criminalização da pobreza até as últimas consequências, expressas nas execuções sumárias de milhares de jovens, estudantes e trabalhadores, da cidade e do campo. Sim, vivemos numa ditadura inacabada. Uma ditadura que nunca foi de fato interrompida do lado de lá da ponte, e que agora ressurge ainda mais voraz. Os agentes de Estado que dizimaram e seguem dizimando nossa juventude negra e periférica agem legitimados pela impunidade do passado e imbuídos dos ensinamentos adquiridos nas escolas da polícia e demais cursos necessários à sua formação, muitas vezes ministrados por militares da reserva que atuaram durante a ditadura. É como um motor que se retroalimenta e alimenta a cadeia de extermínio da população pobre.

Assim, podemos dizer que o mesmo braço armado do Estado que matava por perseguição política os opositores do regime, também já matava a população preta e pobre nas quebradas. Com a abertura democrática, a perseguição aos oponentes do regime arrefeceu, mas o extermínio nas periferias nunca cessou de fato. Porque não foi suficientemente denunciado e esclarecido e, assim como os crimes ditos políticos – se é que não seriam todos políticos, já que resultantes de uma política de Estado –, nunca foi julgado.

Prova são os números oficiais da Comissão Nacional da Verdade (CNV), criada em 2011 para apurar os crimes da ditadura. Embora reconheça a atuação dos esquadrões da morte e sua vinculação com o aparato repressivo, não incorpora no cômputo de mortes as vítimas desses grupos de extermínio nem consegue dar-lhes nomes, resgatar suas biografias. O mesmo acontece com os indígenas, dos quais o relatório registra ter ultrapassado oito mil mortes.

Outras formas de resistir

Para suportar a dor causada pelo desaparecimento forçado do Paulinho, ao longo desses anos, tive o privilégio de estudar e pesquisar a fundo a lógica da violência policial no Brasil, e aprofundar a compreensão dos Crimes de Maio de 2006. Digo privilégio, porque para nós, mulheres periféricas, é um desafio ingressar e manter-se numa Universidade, historicamente um lugar restrito à burguesia. E mais ainda para estudar um tema que nos afeta diretamente.

Minhas pesquisas tiveram início na graduação em Serviço Social na Pontifícia Universidade Católica de São Paulo (PUC-SP). Eu estava no meio do curso quando meu irmão foi morto. Continuei perseguindo esse tema, pela inquietação ante tanta injustiça. Minha pesquisa se concretizou na dissertação de mestrado, intitulada *Barbárie e direitos humanos: as execuções sumárias e os desaparecimentos forçados de maio (2006) em São Paulo,* que tem sido utilizada como referência bibliográfica em países da América Latina e nos Estados Unidos por pesquisadores que estudam violência policial no Brasil. Sigo as pesquisas, agora no doutorado também na PUC-SP.

Nesses anos, pude compreender ser impossível estudar a atuação das polícias sem entender o significado do período ditatorial no Brasil (1964-1985), bem como o papel por ela desempenhado no controle social. Se, naquela época, a violência policial era essencial para a sustentação do regime na luta contra o chamado "inimigo interno" – ou seja, aqueles que subvertiam a ordem política autoritária –, foi também nesse período que grupos de extermínio surgiram, atuando essencialmente nas regiões periféricas. Hoje, assim como no passado, esse inimigo interno estende-se também, e principalmente, para as classes e grupos sociais menos favorecidos, excluídos, "marginalizados" por sua condição de pobreza e/ou de resistência ao poder do capital.

Esse percurso acadêmico foi fundamental para que eu pudesse identificar as motivações presentes nos Crimes de Maio, entendendo-os não como um fato isolado, mas como uma política sistemática de genocídio da população periférica. Foi possível ainda refletir sobre como as relações sociais se encontram cada vez mais banalizadas e desumanas, estando a violência tão enraizada no nosso cotidiano que assassinatos e chacinas são vistos quase como "fatos naturais" – como se já tivessem sido incorporados ao modo de ser da sociedade.

A barbárie de Maio de 2006, em pleno período dito "democrático", é uma das evidências disso. Embora seja uma das maiores violações de direitos humanos de nossa história recente, mais de dez anos se passaram e quase nada se fala sobre o assunto, a não ser pela persistência dos familiares, sobretudo das mães dos meninos assassinados. As mães das vítimas e seus familiares e amigos têm transformado essa dor em luta, mesmo que represente sofrimento, revolta, saudades; mesmo sendo reviolentadas diuturnamente desde então. Mães que, como a minha, esperaram pela chegada de seus filhos e sonharam com cada momento de suas breves estadas entre nós.

Foi a necessidade de justiça que nos fundou

Maio de 2006 foi um divisor de águas na vida das famílias que tivemos pessoas queridas arrancadas de nós. Para nos mantermos lúcidas, fomos obrigadas a nos construirmos mulheres-militantes na luta pela verdade e pela justiça, culminando em um longo e árduo caminho percorrido junto a várias instituições dos Poderes Executivo, Legislativo e Judiciário, todos parte da engrenagem da violência do Estado.

Engrenagem que mói e dizima nossos filhos e irmãos, seja encarcerando-os de forma tão indigna, matando-os lentamente e simbolicamente; seja executando-os pelo arbítrio do policial, que determina, a julgar pela cor, pelo lugar em que moram, pelo que representam, a sua sentença de morte, sua pena. Pena esta que se estende a suas famílias e mães e que nos impacta diretamente, material e imaterialmente.

Foi a necessidade de justiça que fundou o Movimento Mães de Maio, criado para se contrapor a esse mecanismo perverso. Ele surgiu a partir da iniciativa de quatro mães, Débora Maria da Silva, Ednalva Santos, Vera de Freitas e Vera Lúcia Gonzaga dos Santos, que conseguiram, ao longo de anos, politizar a sua dor.

O filho de Débora, nossa atual coordenadora, Rogério Silva dos Santos, de 29 anos, gari havia 6 anos, era pai de um menino que à época tinha 3 anos de idade. Vera Soares, faleceu em 2018 sem ver avançar o processo pelo assassinato de sua filha, Ana Paula, grávida de Bianca, e de seu genro, Eddie Joey. Assim como outras nove mulheres da Baixada Santista, que morreram de câncer ou outras doenças que se sucederam após as duras perdas, conforme aponta o estudo *Violência de Estado no Brasil: uma análise dos Crimes de Maio de 2006 na perspectiva da antropologia forense e da justiça de transição*, realizado em 2018 pelo Centro de Arqueologia e Antropologia Forenses da Universidade Federal de São Paulo (Unifesp).

Mesmo com suas vidas esfaceladas pela brutal perda de um filho, mulheres como elas resistiram e resistem, lutando vorazmente por memória, verdade e justiça. Essas são as Mães de Maio. Nosso movimento nasce, portanto, da dor e do sofrimento de mães de vítimas da Baixada Santista, que conseguiram transformar algo individual numa bandeira de luta coletiva pela defesa de direitos e, principalmente, para exigir a efetividade de investigações sobre os Crimes de Maio de 2006.

Assim como a Comissão de Familiares de Mortos e Desaparecidos Políticos da ditadura, desde seu surgimento, as Mães de Maio tiveram como objetivo trazer à tona a verdade sobre os Crimes de Maio e exigir justiça. Hoje integramos a Rede Nacional de Familiares de Vítimas de Violência Policial, bem como uma Rede Global, que inclui o movimento Black Lives Matter [Vidas negras importam], dos Estados Unidos, e coletivos da Colômbia e do México.

É verdade, vale dizer, que o grupo também é formado por "pais de maio", como o seu Francisco Gomes, pai de Paulo Alexandre Gomes, e por “irmãos de maio”, como Paulo Robson Gonzaga dos Santos, filho de Vera e irmão de Ana Paula, morta quando estava no último mês de gravidez – um dos tiros, na barriga. Mas os homens são minoria no nosso movimento, assim como nos demais que permanecem em guarda. É comum que, no início, quando a morte ainda é recente, eles se juntem a nós e engrossem nosso coro de revolta. Mas não demoram muito a retomar suas rotinas, culpando a companheira por não fazer o mesmo. Não raro os casamentos acabam, pois uma mãe não consegue mais viver para outra coisa que não seja saber o que aconteceu com seu filho. A luta permanente, essa que não cessa, de quem não desiste, de quem não abaixa a cabeça e não se cala, é mesmo uma luta majoritariamente feminina. É o que eu tenho visto empiricamente no doloroso dia a dia da resistência.

Um crime imprescritível

Nessa terrível engrenagem da violência, o policial tem um papel determinante ao impor e executar ao mesmo tempo, em questão de minutos, diversas sentenças: sequestrar, torturar, matar e ocultar o corpo. Esse comportamento não faz parte de desvios de conduta, como costumam dizer quando os crimes são revelados, mas sim de uma política incentivada pela corporação. É também legitimada pelo descaso e pelo silêncio da Justiça paulista, que age ao arrepio das normativas nacionais, como a Constituição Federal de 1988, e internacionais, como a Declaração sobre a Proteção de Todas as Pessoas contra o Desaparecimento Forçado, adotada pela Assembleia Geral das Nações Unidas pela Resolução 47/133 de 18 de dezembro de 1992.

De acordo com esses instrumentos, o desaparecimento forçado de pessoas é definido como crime de lesa-humanidade. Ainda, segundo a Convenção Interamericana sobre o Desaparecimento Forçado de Pessoas, de 1994, configura crime de sequestro qualificado executado ilegalmente com o consentimento do Estado. Trata-se, portanto, de um crime permanente, que só cessa quando forem encontrados os restos mortais das pessoas desaparecidas. A referida Convenção, em seu Artigo VII, determina que a ação penal decorrente desse crime não está sujeita à prescrição e que se, por obstáculos legais fundamentais, não for possível aplicar a imprescritibilidade do delito, o prazo deverá ser o equivalente ao maior previsto na legislação do país.

No entanto, em outubro de 2018, apesar de passados doze anos de luto sem corpo, os desembargadores do Tribunal de Justiça do Estado de São Paulo negaram provimento ao recurso da Defensoria Pública Paulista acerca do processo iniciado pela minha família em 2013. Nesse processo, o Governo do Estado, representado pela ROTA, tropa de elite que atua no genocídio da juventude negra e periférica, é responsabilizado pelo sequestro do Paulinho.

Mesmo com todo o arcabouço legal internacional, os magistrados – que têm se mostrado peças-chave no *modus operandi* da violência de Estado – mantiveram o entendimento da primeira instância, decidindo pela prescritibilidade do caso. A decisão foi tomada em julgamento por teleconferência, sem a notificação das partes, tampouco da Defensoria. Nossa família só soube porque segue acompanhando de perto o processo eletrônico. Quando tive notícias do arquivamento, em meados de janeiro de 2019, denunciei à imprensa alternativa e comprometida com a justiça social, e uma longa matéria sobre o caso foi publicada em 04/02/19 na *Ponte Jornalismo.*

Essa decisão absurda, desumana e de descaso me faz ter certeza absoluta de que a (in)Justiça brasileira e paulista tem classe e tem cor. Para esses excelentíssimos senhores, meu irmão e todos os demais corpos negros dizimados – um a cada 23 minutos (na conta da PM-SP, 851 civis foram mortos em decorrência de ação policial em 2018) – são pessoas dispensáveis e matáveis. Essa postura tem nos indignado tanto quanto o descaso por parte de alguns defensores públicos, que, em que pese contatos distintos em busca de informações, não nos têm dado atenção e/ou orientações, salvo as obtidas após muita insistência.

De forma geral, as tentativas junto à Defensoria e ao Ministério Público permanecem morosas e pouco expressivas. É lamentável, revoltante e indigno que façamos esse percurso por justiça sem o apoio devido de instituições que têm por objetivo exatamente viabilizar acesso à justiça.

Apenas em meados de dezembro de 2018, após muita pressão dos familiares de vítimas, o Ministério Público de São Paulo, na pessoa do promotor Eduardo Valério, da Promotoria de Direitos Humanos, impetrou Ação Civil Pública contra o Estado de São Paulo, em face da omissão estatal em prover segurança pública, dever constitucional, às vítimas executadas pela PM, bem como por sua participação nessas execuções.

Vivemos em um país onde, legalmente, não existe pena de morte. No entanto, sabemos que na prática ela existe e é imposta à classe pobre e trabalhadora pela ação da polícia. Tal violação de direitos humanos é praticada todos os dias nas periferias de São Paulo, no passado e no presente. Nesses extremos da cidade, a presença do Estado se dá de uma única forma: pela violação do principal direito humano, o direito à vida.

Como se vê, embora coletiva, nossa caminhada tem sido solitária, intensa e dolorosa. Sinto parte de mim amputada por não saber a verdade sobre o que aconteceu com meu irmão caçula. A falta de acesso à justiça e o descaso das instituições com nosso sofrimento fazem desta dor algo insuportável, sufocante, que me deixa em permanente estado de alerta, mas que, contraditoriamente, me mobiliza a resistir e persistir, junto aos outros familiares em suas imprescindíveis articulações coletivas, como Mães de Maio, Mães da Leste, Mães Mogianas, Mães de Manguinhos e Rede de Comunidades e Movimentos contra a Violência, no Rio de Janeiro.

Nenhum passo atrás. Denunciaremos a Justiça paulista à Organização das Nações Unidas pelo desrespeito às normativas internacionais. Paulinho vive em mim e na nossa luta por justiça para ele e para todos os Paulinhos de todos os demais meses e anos de violência de Estado. ■

FRANCILENE GOMES FERNANDES

Mestre e doutoranda em Serviço Social pela PUC-SP, atualmente trabalha como assistente social na Prefeitura de São Paulo e é docente em cursos de Serviço Social. Irmã de Paulo Gomes, vítima de desaparecimento forçado em 2006, é integrante do Movimento Mães de Maio.

Agradecimentos especiais

Às perfiladas deste primeiro livro, bem como a seus familiares e amigos:

Ana Dias, Angela Mendes de Almeida, Carolina Rewaptu, Clara Charf, Clarice Herzog, Crimeia de Almeida, Damaris Lucena, Diana Piló de Oliveira, Egle Vannucchi Leme (*in memoriam*), Elizabeth Teixeira, Elzita Santa Cruz (*in memoriam*), Eunice Paiva (*in memoriam*), Ilda Martins da Silva, Maria José Araújo e Marli Pereira Soares

Agradecimentos gerais

Abraão Pedro Teixeira
Adilson Lucena
Adriano Diogo
Alexandre Croner
Alexandre Schneider
Aline Feitoza de Oliveira
Aline Rodrigues
Alípio Freire
Almir Paulo
Amarilis Busch Tavares
Amelinha Teles
Ana Carolina Delgado
Ana Paula Tauhyl
Ana Paula Velloso
Ana Raquel Teixeira
Anaclara Volpi Antonini
Anatilde Targino Alves
André Herzog
Ângela Piló Oliveira
Ângela Telma Oliveira Lucena
Angélico Bernardino
Anivaldo Padilha
Aton Fon Filho
Augusto Santa Cruz
Beatriz Vannucchi Leme
Beto de Jesus
Bianca Santana
Bruno Simões
Caco Barcellos
Camila Alvarez Djurovic
Camilo Vannuchi
Candela Martinez
Carina Borges
Carlos Antônio Teixeira
Carlos Borges
Carolina (Ganga) Velásquez
Carolina Pinheiro
Catarina Merlino Ojeda
Cecília Garçoni
Célia Santa Cruz
Celso Imperatrice
Cesar Parga
Chico Paiva
Clara Castellano
Claudia Belfort
Claudia Jardim
Cláudia Regina Plens
Cláudia Rodrigues Carvalho
Cosme Rite
Cristina Schein
Dácio Nitrini
Daniel Mello
Deborah Regina Leal
Diana Temporão
Djamila Ribeiro
Dom Paulo Evaristo Arns
(*in memoriam*)
Dyego Oliveira

Edilene Lima
Edileuza Pimenta
Edson Gomes Moreno
Edson Teixeira
Edson Teles
Eduardo Coutinho (*in memoriam*)
Eduardo Ferreira Valério
Eduardo Reina
Edwirges Vannucchi
Eleonora Menicucci
Eleonora Santa Cruz
Eliana Piló Oliveira
Eliane Paiva
Elzira Vilela
Elzita Santa Cruz
Emilio Ivo Ulrich
Érika Sottili
Esther Solano
Eugênia Augusta Gonzaga
Fábio Franco
Fátima Maria Guimarães
Fátima Pacheco Jordão
Felipe Milanez
Francilene Gomes Fernandes
Francisco Jesus da Paz
Gilberto Francisco Campos
Glenda Mezzaroba
Glínia Cardoso Nascimento
Gregório Gomes da Silva
Gunnar Carioba
Henrique Vieira
Iara Ferraz
Igor Ojeda
Iracy Martins Carine
Irma Passoni
Isa Grinspum Ferraz
Isaac Pedro Teixeira (*in memoriam*)
Isabel Maria Gomes da Silva
Isabela Maya
Isaura Coqueiro
Iuri Barcellos
Ivan Seixas
Ivana Wolf
Ivani Monjon
Ivete Borges
Ivo Herzog
Jaime Cabral Filho
Jaime Crowe
Janaína Teles
Javier Amadeo
Joana Zylbersztajn
João Carlos Schmidt de Almeida Grabois
João Pedro Teixeira Filho (*in memoriam*)
José Augusto Vannucchi Leme
José Eudes Teixeira (*in memoriam*)
José Luiz Del Roio
Juana Kweitel
Juca Kfouri
Julia Gumieri
Julia Pá
Julia Sottili
Juliana Pagul
Juliana Amoretti
Juliana Bueno
Juliana Gomez Mejía
Juliana Teixeira
Laíssa Carvalho
Laura Canto de Lucena
Leane Ferreira
Letícia Sobrinho
Lola Campos
Lorena Gonzaga
Luana Antoneto Alberto
Luana Brandt

Lucas Paolo Vilalta
Lucas Pedretti
Lucas Vasconcelos
Luciana Dias da Silva
Luciane Zenenga Scherer
Luis Ludmer
Luísa Abbott Galvão
Luiz Weis
Luiza Giandalia
Luiza Sottili
Maíra do Nascimento
Maíra Kubik Mano
Malak Popovic
Marcelo Costa
Marcelo Rubens Paiva
Marcelo Santa Cruz
Márcia Lika Hattori
Márcio José de Morais
Maria Alice Rocha
Maria Amélia de Almeida Teles
Maria Ana Correa
Maria Auxiliadora Arantes (Dodora)
Maria Cristina Vannucchi Leme
Maria das Neves Teixeira
Maria do Amparo Almeida Araújo
Maria Enríquez Silva
Maria Eugenia Meggiolaro
Maria José Gomes da Silva
Maria José Teixeira
Maria Lúcia Correia da Silva
Maria Luiza Vannucchi Neves da Silva
Maria Regina Vannucchi Leme
Maria Teresa Moraes
Maria Victoria Benevides
Mariana Filgueiras
Mariana Giorgion
Mariana Inglez
Mariana Segura
Marília Bonas
Marina Caruso
Marina Gratão
Marina Di Giusto
Marinês Altina Teixeira
Marlon Weichert
Marluce Altina Teixeira (*in memoriam*)
Marta Cristina Teixeira
Maurice Politi
Míriam Vannucchi Leme
Nádia Rebouças
Naomi Xavier
Ñasaindy Barrett de Araújo
Nelson Massao Okamoto
Nemércio Nogueira
Nicolau Leonel
Odete Marques
Oswaldo Malatesta
Patricia Bernardi
Patricia Bigarelli
Patrícia Fischer
Patrick Sonata
Paula Franco
Paula Jancso Fabiani
Paula Sacchetta
Paulo Abrão Pires Jr.
Paulo Maldos
Paulo Pedro Teixeira (*in memoriam*)
Paulo Tavares
Paulo Thomaz de Aquino
Paulo Vannuchi
Pedro Araújo
Pedro Borges
Pedro Russo
Povo A'uwe Uptabi da Aldeia de Madzabdzé
Rafael Pereira de Araújo
Rafaela Lamas

Ramon Szermeta
Raphael Buongermino
Regina Merlino
Rejane Santos
Renan Quinalha
Renata Cotrim
Rodolfo Lucena
Rosalina Santa Cruz
Rose Nogueira
Roxana Enriquez
Santo Dias da Silva Filho
Sarita Grinspum
Sayonara Maria Oliveira da Silva
Sebastião Neto
Sonia Regina da Silva
Suzana Lisboa
Tais Lima
Talita Lima de Castro Espicalsky
Talita Máximo
Tatiana Santa Cruz
Teresa Lima Díaz
Terra Indígena Marãiwatsédé
Valeska Martinez
Valter Bruno Oliveira dos Santos
Vandeck Santiago
Vera Paiva
Verônica Wesolowski
Victhor Ruas Fabiano
Vinícius Araújo
Vinícius Martins
Virgílio Gomes da Silva Filho
Virna Plastino
Vlademir Gomes da Silva
Vladimir Sacchetta
William Nozak
Wilson Rocha Assis

Agradecimentos Catarse

O Instituto Vladimir Herzog agradece todas e todos que participaram da campanha de financiamento coletivo para o projeto Heroínas desta História, sem o qual não teria sido possível concluir a presente edição.

Angela Maria Mendes de Almeida
Adriana Maria Neumann
Alex Galacci
Alfredo DAvila
Alfredo Figo
Álvaro Hall
Ana Luisa Santos
Ana Moura
Ana Paula Lacorte Gianesi
Ana Paula Machado
Ana Paula Marques Braz
Ana Rita dos Santos
Ana Tauhyl
Anaclara Volpi Antonini
Analice de novais pereira
Andrea Carmo Sampaio
Anna Ferrari
Ariana Renata Pavan
Beatriz Cannabrava
Bernadete Warmling
Bruno Konder Comparato
Camila Campos de Almeida
Camilo Vannuchi
Carla Juliana Pissinatti Borges
Carla Osmo
Carlos Signorelli
Carolina Spalding
Cecília Brancher
Cecilia Garçoni
Cecilia Santana
Cecilia Ungaretti
Celia Lamy
Celinha Nascimento
Cesar Barbosa
Cesar Oscar Polachini
Clara Masiero
Clara Cop
Claudia Jardim
Claudia Sobral
Claudio Maschiao
Claudio Motta
Claudio Nascimento
Conrado Ramos
Cristina Rocha
Daniel do Amaral Arbix
Daniel Fujiwara
Daniel Morais Angelim
Daniella David
Deborah Regina Leal Neves
Diego Caldas Chaves

Diogo Machado de Carvalho
Dyego Pegorario de Oliveira
Eduardo Matarazzo Suplicy
Eliana F Assis
Eliana Faleiros Vendramini Carneiro
Eliana Gonçalves
Elvira Alegre
Erika Pisaneschi
Evelyn Vaz Do Amaral
Fabiana Cristina Sbg
Fabielle Stockmans De Nardi
Fabio de Paula
Fátima Satiko Abê
Flávia Rolim de Andrade
Franklin L Feder
Gabriela Cordaro
Giordano Magri
Gregorio Gomes da Silva
Gui Merlino
Guilherme Cintra Guimarães
Helena Katz
Heloisa de Souza Dantas
Heloisa Helena Sérvulo da Cunha
Hugo Faleiros Brüner
Ilana Katz
Instituto Brasil Doméstico Cidadã (Ibradoc)
Isabel Maria Gomes da Silva
Isabella Guedes
Ismael Souza
Issis M Trindade
Ivo Herzog
Ivson Alves de Sa
Izabel Lima
Izilda Bichara
Jairo Okret
Jana Araújo
Janaina Reis
Jean Carlo Bispo da Silva
João Victor Queiroz Karan
Jonas Waks
Jorge Eduardo Levi Mattoso
José Hernani Arrym Filho
José Ramos Filho
José Roberto Filippelli
Ju Amoretti
Júlia Lima
Julia Sottili
Juliana Cristina Silva Santos
Juliana Padua Melo Alkmin
Juliana Rosalen
Juliana Sada Castro
Juraci Masiero
Katiana Ramos
Kelly Kinchoku
Lidia Cupello
Ligia Ortiz
Lilian Osmo
Lincoln Secco
Lívia Andrade
Lucas Paolo Sanches Vilalta
Lucas Pedretti
Lucas Sousa Madureira
Luis Carlos Baum Ludmer
Luis Gustavo Guimarães
Luisa Sottili
Luiz Carlos Tadeu de Jesus
Luiz Pryzant
Marcela Permuy
Marceli Ferreira Alves
Marcia Amaral
Márcia de Figueirêdo Lucena Lira
Márcio Dias
Marco Antonio S Rocha
Marco Aurélio Toscano da Silva
Marco Klein

Marcos Exposto
Maria Carolina Bissoto
Maria de Fátima Della Líbera Uzzun
Maria Elizabeth Caldellas Pedrosa
Maria Fernanda Ramos Coelho
Maria Isabel Lopes Correa
Maria Luíza Thomaz de Aquino
Marcelo Thomaz de Aquino
Maria Luiza Torres
Maria Regina Mello de Capitani
Maria Rita Bicalho Kehl
Maria Victória Benevides
Maria Virginia de Freitas
Mariana Aguard
Mariana Farias Leal
Marilia de Almeida Bezerra
Marina Gratão
Marina Iemini Atoji
Marina L. A. Serrano
Marina Perin
Mário Simões
Maurice Politi
Melissa Neves Sandrin
Mônica de Almeida Mogadouro
Monica Jurado
Nádia Gebara
Nelson Junior
Nilce Tranjan
Nilo Batista
Nilson Simbemberg
Olga Toshiko Futemma
Oswaldo Malatesta
Paola Bello
Patryck Araujo Carvalho
Paula M. Jancso Fabiani
Paulo Abrão Pires Junior
Paulo de Tarso Celebrone
Paulo de Tarso Vannuchi
Pedro Thomaz de Aquino
Péricles Pegado Cortez
Philippe Fremau
Rafael Gomes França
Raya Angel Zonana
Rejane Rubino
Renar Avelino Silva
Renata Assumpção
Renato Cymbalista
Rodrigo Rodrigues
Rogério Sottili
Rozinete Leal
Salete Valesan Camba
Sandra Peres
Sandro Merg Vaz
Silvia Helena Calmon da Costa Leite Bemfica
Sonia H. Novaes G. Moraes
Stefano Tavanielli
Tapera Taperá
Telmila Moura
Thaís Rodrigues Sombra
Thayne Pontes Garcia
Thiago Rondinelli
Thomas Beltrame
Tina Evaristo
Tulio Tavanielli
Valeria de Melo Pereira
Vania Ferreira
Vera Paiva
Vera Soares
Vera Vital Brasil
Vinicius Martins
Vitor Fabio Nuzzi
Vivian Pisaneschi
Yuri Moura Moysés
Zezé Béchade

INSTITUTO VLADIMIR HERZOG

PRESIDENTE
Clarice Herzog

PRESIDENTE DO CONSELHO
Ivo Herzog

DIRETOR EXECUTIVO
Rogério Sottili

ASSESSORA ESPECIAL
Juliana Bueno

EDUCAÇÃO EM DIREITOS HUMANOS
Ana Rosa Abreu (Diretora)
Neide Nogueira (Coordenadora educacional)
Raquel Souza (Coordenadora executiva)

JORNALISMO E LIBERDADE DE EXPRESSÃO
Giuliano Galli (Coordenador)
Ana Luisa Zaniboni Gomes (Curadora dos prêmios)

DIREITO À MEMÓRIA, VERDADE E JUSTIÇA
Lucas Paolo Vilalta (Coordenador)

COMUNICAÇÃO
Semayat Oliveira (Coordenadora)
Carol Baggio
Carolina Vilaverde
Giuliano Galli
Lucas Barbosa

ADMINISTRATIVO
Sandra Faé (Coordenadora)
Bruno Diniz
Cristina Berger
Francisco Monteiro
Rosi Barbosa
Tatiana Rocha

ASSISTENTE GERAL
Maria Aparecida Leite

ESTAGIÁRIAS
Geovana Cunha
Nathália Souza
Thayná Andrade

PUBLICAÇÃO

O projeto Heroínas desta História é uma iniciativa do Instituto Vladimir Herzog. A presente publicação é um dos produtos do projeto, que tem a intenção de gerar uma série de edições sobre a luta de mulheres por familiares mortos pelo Estado no passado e no presente. Mais informações sobre o projeto no site: https://vladimirherzog.org/heroinas-desta-historia/

COORDENAÇÃO, ORGANIZAÇÃO E EDIÇÃO
Carla Borges
Tatiana Merlino

COORDENAÇÃO AUDIOVISUAL, PESQUISA, TRATAMENTO E RESTAURO DE IMAGENS
Carolina Vilaverde

FOTÓGRAFAS E CINEGRAFISTAS
Alcione Ferreira
Carolina Vilaverde
Clara Cavour
Dayse Euzébio
Dianna Lino
Mariana Leal
Marília Luna

AUTORAS
Carla Borges
Eleonora de Lucena
Fabiana Moraes
Fernanda Ikedo
Ines Garçoni
Jéssica Moreira
Laura Capriglione
Marina Amaral
Miriam Leitão
Patrícia Cornils
Paula Sacchetta
Semayat Oliveira
Sheila Raposo
Silvia Bessa
Tatiana Merlino

REVISÃO DE CONTEÚDO
Suzana Lisboa

APOIO PROJETO GRÁFICO
Lucas Barbosa
Vinicius Martins

EDITORAS RESPONSÁVEIS – AUTÊNTICA EDITORA
Cecília Martins
Rejane Dias

PREPARAÇÃO E REVISÃO
Bruna Emanuele Fernandes
Cecília Martins
Mariana Faria

PROJETO GRÁFICO
Diogo Droschi

DIAGRAMAÇÃO
Diogo Droschi
Waldênia Alvarenga

Dados Internacionais de Catalogação na Publicação (CIP)
(Câmara Brasileira do Livro, SP, Brasil)

Heroínas desta História : mulheres em busca de justiça por familiares mortos pela ditadura / Carla Borges, Tatiana Merlino (Orgs.). – 1. ed. – São Paulo: Instituto Vladimir Herzog ; Belo Horizonte : Autêntica Editora, 2019.

Várias autoras.
Vários colaboradores.
Iniciativa: Instituto Vladimir Herzog.

ISBN 978-85-65059-13-8 (Instituto Vladimir Herzog)
ISBN 978-85-513-0622-2 (Autêntica Editora)

1. Direitos humanos 2. Feminismo - Brasil 3. Justiça social 4. Movimentos de resistência 5. Mulheres - Memórias 6. Mulheres - Relatos 7. Perseguição política 8. Vítimas - Ditadura - Brasil - História I. Borges, Carla. II. Merlino, Tatiana.

19-31800 CDD-305.42

Índices para catálogo sistemático:
1. Familiares mortos : Vítimas do regime militar :
Luta por justiça : Mulheres : Memórias e relatos : Sociologia 305.42

Maria Paula C. Riyuzo - Bibliotecária - CRB-8/7639

Rua Duartina, 283, Sumaré – São Paulo/SP
CEP: 01256-030

GRUPO AUTÊNTICA

Belo Horizonte
Rua Carlos Turner, 420
Silveira . 31140-520
Belo Horizonte . MG
Tel.: (55 31) 3465 4500

São Paulo
Av. Paulista, 2.073, Conjunto Nacional, Horsa I
23º andar . Conj. 2310-2312
Cerqueira César . 01311-940 São Paulo . SP
Tel.: (55 11) 3034 4468

www.grupoautentica.com.br

PATROCÍNIO

Lei de Incentivo à CULTURA
Klabin
sabesp
CAIXA

REALIZAÇÃO

Secretaria de Cultura e Economia Criativa
SÃO PAULO GOVERNO DO ESTADO
SECRETARIA ESPECIAL DA CULTURA
MINISTÉRIO DA CIDADANIA
PÁTRIA AMADA BRASIL GOVERNO FEDERAL

Este livro foi composto com tipografia Adobe Garamond Pro e
impresso em papel Off-White 80 g/m² na Formato Artes Gráficas.